Usar as técnicas de programação funcional pode torná-lo muito eficiente ao resolver certos problemas ou quando precisar usar por completo as técnicas de multiprocessamento para obter o benefício máximo de cada processador (ou núcleo). O paradigma de programação funcional suporta o conceito de linguagens puras (como o Haskell, que usa apenas técnicas funcionais) e impuras (como o Python, que suporta vários paradigmas da programação). E mais, a programação funcional tem uma boa base matemática: cada linha de código é, na verdade, uma expressão, não um procedimento, como em muitos outros paradigmas. Esta folha de cola o ajuda a entender as diferenças dos outros paradigmas para melhorar sua experiência com a programação funcional.

OS QUATRO PARADIGMAS COMUNS DO PYTHON

O Python é uma linguagem de programação funcional impura, significando que ele suporta outros paradigmas de programação. Dependendo da perspectiva, o suporte dos outros paradigmas pode ser uma vantagem ou não. Usar uma linguagem impura significa que você não aproveitará totalmente o uso das técnicas da programação funcional e que algumas técnicas podem nem mesmo estar disponíveis. Porém uma linguagem impura também permite resolver alguns problemas de um modo compreensível, que poderia parecer um pouco complicado usando as técnicas da programação funcional. Com esses prós e contras em mente, veja os quatro paradigmas essenciais do Python, também chamados de estilos de codificação:

- **Funcional:** Toda instrução é uma equação matemática. Esse estilo é bem adequado para usar nas atividades de processamento paralelo. Estudiosos e cientistas de dados tendem a usar esse estilo de codificação com regularidade. Porém nada o impede de usá-lo, mesmo que não faça parte de um desses grupos.

- **Imperativo:** As computações ocorrem como alterações no estado do programa. Esse estilo é mais usado para manipular as estruturas de dados. Todos os cientistas contam com ele porque demonstra os processos com muita clareza.

- **Orientado a objetos:** É o estilo comumente usado com outras linguagens para simplificar o ambiente de codificação usando objetos para modelar o mundo real. O Python não o implementa totalmente por não suportar recursos como o encapsulamento convencional, mas você ainda pode usar essa abordagem em grande parte. É o estilo que a maioria dos desenvolvedores usa, mas outros grupos podem usá-lo ao criar aplicativos mais complicados.

- **Procedural:** A maioria das pessoas começa aprendendo uma linguagem com o código procedural, em que as tarefas avançam uma etapa por vez. Esse estilo é mais usado para iteração, sequenciamento, seleção e modularização. É a forma mais simples de codificação que se pode usar. Pessoas que não são da área adoram esse estilo porque é o modo menos complicado de realizar tarefas experimentais mais simples.

RECURSOS ESSENCIAIS DO PARADIGMA DA PROGRAMAÇÃO FUNCIONAL

O paradigma de programação funcional não tem uma implementação, mas descreve os recursos que uma implementação da linguagem teria. A seguinte lista dá uma ideia de quais recursos procurar em uma linguagem que suporta esse paradigma. Quanto mais recursos uma linguagem suporta, mais pura é sua implementação.

- **Suporte do cálculo lambda:** A base da programação funcional é o cálculo lambda, que é uma abstração matemática. Sempre que você cria e usa uma função lambda, provavelmente está usando técnicas da programação funcional (de um modo impuro, pelo menos).

- **Funções de primeira classe e funções de alta ordem:** Essas funções permitem fornecer uma função como entrada, como seria ao usar uma função de alta ordem no cálculo.

- **Funções puras:** Uma função pura não tem efeitos colaterais. Ao trabalhar com uma função pura, é possível:
    - Remover a função, caso nenhuma outra conte com sua saída.
    - Obter os mesmos resultados sempre que chamar a função com certo conjunto de entradas.
    - Inverter a ordem das chamadas para diferentes funções sem nenhuma alteração na funcionalidade do aplicativo.
    - Processar as chamadas da função em paralelo sem nenhuma consequência.
    - Avaliar as chamadas da função em qualquer ordem, supondo que a linguagem inteira não permita efeitos colaterais.

- **Recursão:** As implementações da linguagem funcional contam com a recursão para implementar o loop. Em geral, a recursão trabalha de modo diferente nas linguagens funcionais porque não ocorre nenhuma mudança no estado do aplicativo.

- **Transparência referencial:** O valor de uma variável nunca muda em uma implementação da linguagem funcional porque essas linguagens não têm um operador de atribuição.

Programação Funcional

Para leigos

Programação Funcional
Para leigos

John Paul Mueller

ALTA BOOKS
EDITORA
Rio de Janeiro, 2019

Programação Funcional Para Leigos®
Copyright © 2019 da Starlin Alta Editora e Consultoria Eireli. ISBN: 978-85-508-1349-3

Translated from original Functional Programming For Dummies®, Copyright © 2019 by John Wiley & Sons, Inc. ISBN 9781119527510. This translation is published and sold by permission of John Wiley & Sons, Inc, the owner of all rights to publish and sell the same. PORTUGUESE language edition published by Starlin Alta Editora e Consultoria Eireli, Copyright © 2019 by Starlin Alta Editora e Consultoria Eireli.

Todos os direitos estão reservados e protegidos por Lei. Nenhuma parte deste livro, sem autorização prévia por escrito da editora, poderá ser reproduzida ou transmitida. A violação dos Direitos Autorais é crime estabelecido na Lei nº 9.610/98 e com punição de acordo com o artigo 184 do Código Penal.

A editora não se responsabiliza pelo conteúdo da obra, formulada exclusivamente pelo(s) autor(es).

Marcas Registradas: Todos os termos mencionados e reconhecidos como Marca Registrada e/ou Comercial são de responsabilidade de seus proprietários. A editora informa não estar associada a nenhum produto e/ou fornecedor apresentado no livro.

Impresso no Brasil — 1ª Edição, 2019 — Edição revisada conforme o Acordo Ortográfico da Língua Portuguesa de 2009.

Publique seu livro com a Alta Books. Para mais informações envie um e-mail para autoria@altabooks.com.br

Obra disponível para venda corporativa e/ou personalizada. Para mais informações, fale com projetos@altabooks.com.br

Produção Editorial	Produtor Editorial	Marketing Editorial	Vendas Atacado e Varejo	Ouvidoria
Editora Alta Books	Thiê Alves	marketing@altabooks.com.br	Daniele Fonseca Viviane Paiva	ouvidoria@altabooks.com.br
Gerência Editorial Anderson Vieira		**Editor de Aquisição** José Rugeri j.rugeri@altabooks.com.br	comercial@altabooks.com.br	

Equipe Editorial	Adriano Barros Bianca Teodoro Carolinne de Oliveira Ian Verçosa	Illysabelle Trajano Juliana de Oliveira Keyciane Botelho Larissa Lima	Laryssa Gomes Leandro Lacerda Livia Carvalho Maria de Lourdes Borges	Paulo Gomes Raquel Porto Thales Silva Thauan Gomes

Tradução	Copidesque	Revisão Gramatical	Revisão Técnica	Diagramação
Eveline Machado	Carolina Gaio	Thaís Pol Hellen Suzuki	Carlos Eduardo Pires Doutor em Tecnologias da Inteligência e Design Digital (TIDD/PUC-SP)	Luisa Maria Gomes

Erratas e arquivos de apoio: No site da editora relatamos, com a devida correção, qualquer erro encontrado em nossos livros, bem como disponibilizamos arquivos de apoio se aplicáveis à obra em questão.

Acesse o site www.altabooks.com.br e procure pelo título do livro desejado para ter acesso às erratas, aos arquivos de apoio e/ou a outros conteúdos aplicáveis à obra.

Suporte Técnico: A obra é comercializada na forma em que está, sem direito a suporte técnico ou orientação pessoal/exclusiva ao leitor.

A editora não se responsabiliza pela manutenção, atualização e idioma dos sites referidos pelos autores nesta obra.

Dados Internacionais de Catalogação na Publicação (CIP) de acordo com ISBD

M946p   Mueller, John Paul
           Programação Funcional / John Paul Mueller ; traduzido por Eveline Machado Vieira. - Rio de Janeiro : Alta Books, 2019.
           320 p. ; 17cm x 24cm. – (Para leigos)

           Tradução de: Functional Programming
           Inclui índice.
           ISBN: 978-85-508-1349-3

           1. Programação. 2. Programação Funcional . I. Vieira, Eveline Machado. II. Título.

2018-1922   CDD 005.133
                                        CDU 004.43

Elaborado por Vagner Rodolfo da Silva - CRB-8/9410

Rua Viúva Cláudio, 291 — Bairro Industrial do Jacaré
CEP: 20.970-031 — Rio de Janeiro (RJ)
Tels.: (21) 3278-8069 / 3278-8419
www.altabooks.com.br — altabooks@altabooks.com.br
www.facebook.com/altabooks — www.instagram.com/altabooks

Sobre o Autor

John Mueller é autor freelance e editor técnico. A escrita está em seu sangue, tendo produzido 110 livros e mais de 600 artigos até o momento. Os tópicos variam desde rede até inteligência artificial, gerenciamento de bancos de dados e programação completa. Alguns de seus livros atuais incluem análise de data science, aprendizado automático e algoritmos, tudo usando o Python como linguagem de demonstração. Suas habilidades em edição técnica ajudaram mais de 70 autores a aprimorarem o conteúdo de seus textos. John prestou serviços de edição técnica para diversas revistas, deu vários tipos de consultoria e escreve exames de certificação. Leia seu blog em `http://blog.johnmuellerbooks.com/`. Ele pode ser encontrado na internet em john@johnmuellerbooks.com e no site `http://www.johnmuellerbooks.com/` [conteúdos em inglês].

Dedicatória

Dedico este livro em memória de minha sobrinha Heather.

Agradecimentos do Autor

Agradeço à minha esposa, Rebecca. Apesar de já ter partido, seu espírito está em cada livro que escrevo, em cada palavra que aparece na página. Ela acreditou em mim quando ninguém mais acreditava.

Russ Mullen merece agradecimentos pela edição técnica deste livro, sobretudo ao lidar com o que resultou em um tipo completamente diferente de ciência da computação. Ele contribuiu muito para a precisão e a profundidade do presente material. Russ sempre fornece ótimos URLs para novos produtos e ideias; porém ajuda mais nos testes, trazendo lucidez para meu trabalho. Ele tem um computador diferente do meu, portanto é capaz de apontar as falhas que eu não noto.

Matt Wagner, meu agente, merece crédito por me ajudar no contrato, em primeiro lugar, e cuidar de todos os detalhes que a maioria dos autores nem considera. Sempre agradeço a sua assistência. É bom saber que há alguém disposto a ajudar.

Muitas pessoas leram este livro inteiro ou parte dele para me ajudar a melhorar a abordagem, testar os exemplos de código e, em geral, fornecer informações que todos os leitores desejam ter. Esses voluntários ajudaram de tantos modos que é impossível mencionar aqui. Agradeço em especial os esforços de Eva Beattie, Glenn A. Russell, Luca Massaron e Osvaldo Téllez Almirall, que deram informações gerais, leram este livro inteiro e se dedicaram com abnegação a este projeto.

Enfim, gostaria de agradecer a Katie Mohr, Susan Christophersen e a toda a equipe editorial e de produção.

Sumário Resumido

Introdução 1

Parte 1: Guia Rápido da Programação Funcional 7
CAPÍTULO 1: Introdução à Programação Funcional 9
CAPÍTULO 2: Obtendo e Usando o Python 19
CAPÍTULO 3: Obtendo e Usando o Haskell 47

Parte 2: Iniciando as Tarefas da Programação Funcional 61
CAPÍTULO 4: Definindo a Diferença Funcional 63
CAPÍTULO 5: Entendendo o Papel do Cálculo Lambda 75
CAPÍTULO 6: Trabalhando com Listas e Strings 89

Parte 3: Praticando a Programação Funcional 105
CAPÍTULO 7: Fazendo a Correspondência de Padrões 107
CAPÍTULO 8: Usando Funções Recursivas 121
CAPÍTULO 9: Avançando com Funções de Alta Ordem 139
CAPÍTULO 10: Lidando com Tipos 157

Parte 4: Interagindo de Várias Maneiras 181
CAPÍTULO 11: Fazendo a E/S Básica 183
CAPÍTULO 12: Lidando com a Linha de Comando 195
CAPÍTULO 13: Lidando com Arquivos 205
CAPÍTULO 14: Trabalhando com Dados Binários 217
CAPÍTULO 15: Usando Conjuntos de Dados Comuns 229

Parte 5: Capturando Erros Simples 245
CAPÍTULO 16: Lidando com Erros no Haskell 247
CAPÍTULO 17: Tratamento de Erros no Python 257

Parte 6: A Parte dos Dez 267
CAPÍTULO 18: Dez Bibliotecas Essenciais do Haskell 269
CAPÍTULO 19: (Mais) Dez Pacotes Essenciais do Python 277
CAPÍTULO 20: Dez Áreas que Usam a Programação Funcional 287

Índice 295

Sumário

INTRODUÇÃO 1
    Sobre Este Livro.. 1
    Penso que... 2
    Ícones Usados Neste Livro 3
    Além Deste Livro 4
    De Lá para Cá, Daqui para Lá 4

PARTE 1: GUIA RÁPIDO DA PROGRAMAÇÃO FUNCIONAL 7

CAPÍTULO 1: Introdução à Programação Funcional 9
    Definindo a Programação Funcional 10
        Entendendo os objetivos.................................. 11
        Usando a abordagem pura................................. 12
        Usando a abordagem impura............................... 12
    Considerando Outros Paradigmas de Programação 13
        Imperativo 13
        Procedural 13
        Orientado a objetos 14
        Declarativo 14
    Usando a Programação Funcional para Realizar Tarefas........... 15
    Descobrindo as Linguagens que Suportam
        a Programação Funcional 16
        Considerando as linguagens puras 16
        Considerando as linguagens impuras...................... 17
    Encontrando a Programação Funcional Online................... 17

CAPÍTULO 2: Obtendo e Usando o Python 19
    Trabalhando com Python Neste Livro........................... 20
        Criando um código melhor 20
        Depurando a funcionalidade 20
        Definindo por que os blocos de notas são úteis............. 21
    Obtendo Sua Cópia do Anaconda 21
        Obtendo o Analytics Anaconda 22
        Instalando o Anaconda no Linux 22
        Instalando o Anaconda no MacOS........................ 23
        Instalando o Anaconda no Windows...................... 24
        Entendendo o pacote Anaconda 26

Baixando Conjuntos de Dados e o Código de Exemplo........... 27
    Usando o Jupyter Notebook 28
    Definindo o repositório de código......................... 28
    Obtendo e usando conjuntos de dados..................... 33
Criando um Aplicativo Python................................. 34
    Entendendo as células.................................... 35
    Adicionando células de documentação 36
    Outro conteúdo da célula 38
Executando o Aplicativo Python 38
Entendendo o Uso do Recuo 39
Adicionando Comentários..................................... 41
    Entendendo os comentários............................... 41
    Usando comentários como lembretes 43
    Usando comentários para impedir a execução do código 43
Fechando o Jupyter Notebook 44
Obtendo Ajuda com a Linguagem Python 44

CAPÍTULO 3: **Obtendo e Usando o Haskell** 47

Trabalhando com Haskell Neste Livro........................... 48
Obtendo e Instalando o Haskell................................ 48
    Instalando Haskell em um sistema Linux 50
    Instalando Haskell em um sistema Mac 50
    Instalando Haskell em um sistema Windows................ 52
Testando a Instalação do Haskell............................... 54
Compilando um Aplicativo Haskell 56
Usando Bibliotecas do Haskell 58
Obtendo Ajuda com a Linguagem Haskell 60

PARTE 2: INICIANDO AS TAREFAS DA PROGRAMAÇÃO FUNCIONAL 61

CAPÍTULO 4: **Definindo a Diferença Funcional** 63

Comparando Declarações e Procedimentos 64
Entendendo Como os Dados Funcionam........................ 66
    Trabalhando com dados imutáveis 66
    Considerando o papel do estado........................... 67
    Eliminando os efeitos colaterais........................... 67
Vendo uma Função no Haskell 67

Usando funções non-curried 68
Usando funções curried 69
Vendo uma Função no Python 71
Criando e usando uma função do Python 71
Passando por referência versus por valor 72

CAPÍTULO 5: Entendendo o Papel do Cálculo Lambda 75

Considerando as Origens do Cálculo Lambda................. 76
Entendendo as Regras 78
Trabalhando com variáveis 78
Usando a aplicação....................................... 79
Usando a abstração 80
Realizando Operações de Redução............................ 83
Considerando a conversão α 83
Considerando a redução β 84
Considerando a conversão η 86
Criando Funções Lambda no Haskell 87
Criando Funções Lambda no Python.......................... 87

CAPÍTULO 6: Trabalhando com Listas e Strings 89

Definindo os Usos de Listas 90
Criando Listas.. 91
Usando o Haskell para criar listas 92
Usando o Python para criar listas 93
Avaliando as Listas 94
Usando o Haskell para avaliar listas 95
Usando o Python para avaliar listas...................... 96
Fazendo Manipulações Comuns da Lista 98
Entendendo as funções de manipulação da lista 98
Usando o Haskell para manipular as listas................ 99
Usando o Python para manipular listas 99
Entendendo o Dicionário e as Alternativas de Conjunto 100
Usando dicionários...................................... 100
Usando conjuntos.. 101
Considerando o Uso de Strings 102
Entendendo os usos das strings 102
Executando tarefas relacionadas a strings no Haskell.... 103
Executando tarefas relacionadas a strings no Python..... 104

PARTE 3: PRATICANDO A PROGRAMAÇÃO FUNCIONAL 105

CAPÍTULO 7: **Fazendo a Correspondência de Padrões** 107
Procurando Padrões em Dados 108
Entendendo as Expressões Regulares 110
    Definindo caracteres especiais com escapes 111
    Definindo caracteres curinga 111
    Trabalhando com âncoras 112
    Delineando subexpressões com construções de grupo 112
Usando a Correspondência de Padrões na Análise 113
Trabalhando com a Correspondência de Padrões no Haskell 114
    Fazendo correspondências simples do Posix 114
    Correspondendo um número de telefone com o Haskell 116
Trabalhando com a Correspondência de Padrões no Python 117
    Fazendo correspondências simples do Python 117
    Fazendo mais do que corresponder 119
    Correspondendo um número de telefone com o Python 120

CAPÍTULO 8: **Usando Funções Recursivas** 121
Realizando Tarefas Mais de uma Vez 122
    Definindo a necessidade de repetição 122
    Usando a recursão em vez do loop 124
Entendendo a Recursão 124
    Considerando a recursão básica 125
    Realizando tarefas com listas 127
    Upgrade para conjunto e dicionário 128
    Considerando o uso de coleções 130
Usando a Recursão em Listas 131
    Trabalhando com o Haskell 131
    Trabalhando com o Python 132
Passando Funções em Vez de Variáveis 133
    Entendendo quando uma função é necessária 134
    Passando funções no Haskell 134
    Passando funções no Python 135
Definindo os Erros Comuns da Recursão 136
    Esquecendo uma terminação 136
    Passando dados incorretamente 137
    Definindo uma instrução básica correta 137

CAPÍTULO 9: Avançando com Funções de Alta Ordem 139
    Considerando Tipos de Manipulação de Dados 140
    Aplicando o Fatiamento e Recorte 142
        Controlando os conjuntos de dados 142
        Focando dados específicos 143
        Fatiando e recortando com o Haskell 144
        Fatiando e recortando com o Python 146
    Mapeando Seus Dados 147
        Entendendo a finalidade do mapeamento 148
        Tarefas de mapeamento com o Haskell 148
        Tarefas de mapeamento com o Python 149
    Filtrando Dados 150
        Entendendo a finalidade do filtro 150
        Usando o Haskell para filtrar dados 151
        Usando o Python para filtrar dados 152
    Organizando os Dados 153
        Considerando os tipos de organização 153
        Classificando dados com o Haskell 154
        Classificando dados com o Python 155

CAPÍTULO 10: Lidando com Tipos 157
    Desenvolvendo Tipos Básicos 158
        Entendendo a percepção funcional do tipo 158
        Considerando a assinatura do tipo 159
        Criando tipos 160
    Compondo Tipos 167
        Entendendo os monoides 167
        Considerando o uso de Nothing, Maybe e Just 171
        Entendendo os semigrupos 173
    Parametrizando os Tipos 173
    Lidando com Dados Ausentes 175
        Lidando com os nulos 175
        Fazendo a substituição dos dados 177
        Considerando as medidas estatísticas 177
    Criando e Usando Classes do Tipo 178

PARTE 4: INTERAGINDO DE VÁRIAS MANEIRAS 181

CAPÍTULO 11: Fazendo a E/S Básica 183
    Entendendo os Fundamentos da E/S 184
        Entendendo os efeitos colaterais da E/S 184
        Usando mônadas para a E/S 186

Interagindo com o usuário 186
Trabalhando com dispositivos 187
Manipulando os Dados de E/S 189
Usando as Funções Mágicas do Jupyter Notebook...............190
Recebendo e Enviando a E/S com o Haskell....................193
Usando o sequenciamento de mônadas 193
Utilizando funções da mônada..........................194

CAPÍTULO 12: Lidando com a Linha de Comando.................195

Obtendo a Entrada da Linha de Comando.......................196
Automatizando a linha de comando 196
Considerando o uso de prompts..........................196
Usando a linha de comando na prática 197
Linha de Comando no Haskell 198
Usando o ambiente Haskell diretamente..................198
Entendendo os vários pacotes...........................199
Obtendo CmdArgs 200
Linha de comando simples no Haskell 202
Linha de Comando no Python 203
Usando o ambiente Python diretamente...................203
Interagindo com Argparse...............................204

CAPÍTULO 13: Lidando com Arquivos.............................205

Entendendo como os Arquivos Locais São Armazenados.........206
Assegurando o Acesso aos Arquivos..........................207
Interagindo com Arquivos...................................208
Criando novos arquivos.................................208
Abrindo os arquivos existentes 210
Manipulando o Conteúdo do Arquivo..........................211
Considerando o CRUD....................................212
Lendo dados 213
Atualizando dados 214
Concluindo as Tarefas Relacionadas a Arquivos 215

CAPÍTULO 14: Trabalhando com Dados Binários..................217

Comparando Dados Binários e Textuais.......................218
Usando Dados Binários na Análise de Dados 219
Entendendo o Formato dos Dados Binários 221
Trabalhando com Dados Binários.............................223
Interagindo com Dados Binários no Haskell 224
Gravando dados binários com o Haskell 224
Lendo dados binários com o Haskell 225

Interagindo com Dados Binários no Python...226
Gravando dados binários com o Python...226
Lendo dados binários com o Python...227

CAPÍTULO 15: Usando Conjuntos de Dados Comuns...229
Entendendo a Necessidade dos Conjuntos de Dados Padrão...230
Encontrando o Conjunto de Dados Certo...231
Localizando informações gerais do conjunto de dados...232
Conjuntos específicos da biblioteca...233
Carregando um Conjunto de Dados...235
Trabalhando com conjuntos de dados de miniaturas...235
Criando dados personalizados...236
Buscando conjuntos de dados comuns...237
Manipulando as Entradas do Conjunto de Dados...239
Determinando o conteúdo do conjunto de dados...240
Criando um DataFrame...241
Acessando registros específicos...242

PARTE 5: CAPTURANDO ERROS SIMPLES...245

CAPÍTULO 16: Lidando com Erros no Haskell...247
Definindo Bug no Haskell...248
Considerando a recursão...248
Entendendo as linguagens preguiçosas...250
Usando funções inseguras...251
Considerando os problemas específicos da implementação...251
Entendendo os Erros Relacionados ao Haskell...252
Corrigindo Rapidamente os Erros do Haskell...255
Contando com a depuração-padrão...255
Entendendo erros versus exceções...256

CAPÍTULO 17: Tratamento de Erros no Python...257
Definindo um Bug no Python...258
Considerando as fontes de erros...258
Considerando as diferenças na versão...260
Entendendo os Erros Relacionados ao Python...261
Lidando com os términos da vinculação tardia...261
Usando uma variável...262
Trabalhando com bibliotecas de terceiros...263
Corrigindo Rapidamente os Erros do Python...263
Entendendo as exceções predefinidas...263
Obtendo uma lista de argumentos da exceção...264
Considerando o tratamento de exceções no estilo funcional...266

PARTE 6: A PARTE DOS DEZ 267

CAPÍTULO 18: **Dez Bibliotecas Essenciais do Haskell** 269

binary 270
Hascore 271
vect 271
vector 272
aeson 272
attoparsec 273
bytestring 273
stringsearch 274
text 274
moo 275

CAPÍTULO 19: **(Mais) Dez Pacotes Essenciais do Python** 277

Gensim 278
PyAudio 279
PyQtGraph 280
TkInter 281
PrettyTable 282
SQLAlchemy 282
Toolz 283
Cloudera Oryx 283
funcy 284
SciPy 284
XGBoost 285

CAPÍTULO 20: **Dez Áreas que Usam a Programação Funcional** 287

Começando com o Desenvolvimento Tradicional 288
Optando pelo Novo Desenvolvimento 288
Criando o Próprio Desenvolvimento 289
Encontrando um Negócio Inovador 290
Fazendo Algo Realmente Interessante 290
Desenvolvendo Aplicativos de Aprendizado Profundo 291
Escrevendo Código de Baixo Nível 292
Ajudando Outras Pessoas no Campo da Assistência Médica 292
Trabalhando como Cientista de Dados 293
Pesquisando a Próxima Novidade 294

ÍNDICE 295

Introdução

O paradigma de programação funcional é uma estrutura que expressa certo conjunto de suposições, conta com modos particulares de refletir sobre os problemas e usa determinadas metodologias para resolvê-los. Algumas pessoas veem esse paradigma como sendo parecido com uma ginástica mental. Outras veem a programação funcional como o método mais lógico e fácil para codificar qualquer problema em particular já imaginado. A posição que você ocupa nessa grande variedade de perspectivas depende em parte de seu conhecimento em programação, do modo como considera os problemas e do problema que tenta resolver.

O livro *Programação Funcional Para Leigos* não tenta mostrar que o paradigma de programação funcional resolverá todo problema, mas ajuda-o a entender que essa programação pode resolver muitos problemas com menos erros, menos código, reduzindo o tempo de desenvolvimento. O mais importante: ajuda-o a entender a diferença no processo mental que envolve usar tal paradigma. Naturalmente, o segredo é saber quando a programação funcional é a melhor opção, e é isso que você aprende neste livro. Não só você vê como realizar a programação funcional com linguagens puras (Haskell) e impuras (Python), como também compreende quando ela é a melhor solução.

Sobre Este Livro

Programação Funcional Para Leigos começa descrevendo o que é paradigma e como se caracteriza o paradigma de programação funcional. Atualmente, muitos desenvolvedores de fato não entendem que paradigmas diferentes podem mudar mesmo o modo como se vê um domínio do problema, tornando alguns desses domínios muito mais fáceis de lidar. Para considerar o paradigma de programação funcional, você instala duas linguagens: Haskell (uma linguagem funcional pura) e o Python (uma linguagem funcional impura). É claro que parte desse processo é para ver como as linguagens pura e impura diferem e determinar as vantagens e as desvantagens de cada uma.

Parte de trabalhar no ambiente da programação funcional é entender e usar o cálculo lambda, que é a base da programação funcional. Imagine que você esteja em uma sala com alguns famosos da ciência da computação e eles tentem decidir a melhor solução para os problemas dessa ciência em uma época em que o termo *ciência da computação* nem mesmo existia. Nesse caso, ninguém tinha definido o significado de computação. Mesmo que a programação funcional possa parecer nova para muitas pessoas, ela se baseia na ciência real criada pelas melhores mentes que o mundo já viu para abordar problemas particularmente difíceis. Essa ciência usa o cálculo lambda como fundamento, portanto uma explicação desse tópico particularmente complexo é essencial.

Depois de compreender os fundamentos do paradigma de programação funcional e instalar as ferramentas para ver sua operação, é hora de criar um código de exemplo. Este livro começa com exemplos relativamente simples, facilmente encontrados em outros livros que usam outros paradigmas de programação — compare-os para ver como a programação funcional realmente difere. Depois, veja outros problemas de programação que começam a enfatizar os benefícios da programação funcional com mais determinação. Para facilitar ainda mais a absorção dos conceitos dessa programação, este livro usa as seguintes convenções:

» O texto que você deve digitar exatamente como está aparece neste livro em **negrito**. A exceção está na lista de etapas: como toda etapa está em negrito, o texto a ser digitado não tem destaque.

» Como a programação funcional provavelmente parecerá estranha para muitas pessoas, me esforcei para definir os termos, mesmo aqueles que você talvez já conheça, porque podem ter um significado diferente no domínio funcional. Você verá os termos em itálico, seguidos da definição.

» Ao ver palavras em *itálico* como parte de uma sequência de digitação, será necessário substituir a palavra por algo que se aplique ao seu caso. Por exemplo, se vir: "Digite **Seu Nome** e pressione Enter", substitua *Seu Nome* por seu nome real.

» Os endereços da web e os códigos de programação aparecem em `monofonte`. A maioria dos sites indicados tem conteúdo em inglês.

» Quando precisar digitar sequências de comandos, eles estarão separados por uma seta especial, assim: Arquivo ⇨ Novo Arquivo. Nesse caso, acesse o menu Arquivo primeiro, depois selecione a entrada Novo Arquivo. O resultado é que você verá um novo arquivo criado.

Penso que...

Pode ser difícil acreditar que fiz suposições sobre você, afinal nem fomos apresentados ainda! Embora a maioria das suposições seja bem bobas, elas foram feitas como um ponto de partida para este livro.

Você precisa se familiarizar com a plataforma que deseja usar, porque este livro não fornece nenhuma orientação nesse sentido. Para ter o máximo de informação sobre o paradigma de programação funcional, este livro não analisa nenhum problema específico da plataforma. É necessário saber como instalar os aplicativos, usá-los e trabalhar em geral com a plataforma escolhida antes de começar a trabalhar com este livro. O Capítulo 2 mostra como instalar o Python, e o Capítulo 3 mostra como instalar o Haskell. A Parte 2 fornece uma introdução essencial para a programação funcional e você realmente precisa ler tudo para tirar o máximo proveito deste livro.

Também suponho que você pode pesquisar coisas na internet. Há muitas referências espalhadas para o material online que melhorarão sua experiência de aprendizado. Mas essas fontes extras serão úteis apenas se você, de fato, pesquisá-las e usá-las.

Ícones Usados Neste Livro

Ao ler este livro, você verá ícones nas margens que indicam o material de interesse (ou não, se for o caso). Esta seção descreve rapidamente cada ícone.

As dicas são ótimas porque ajudam a economizar tempo ou realizar alguma tarefa sem muito trabalho extra. As dicas neste livro são técnicas rápidas ou sugestões de recursos que você deve experimentar para tirar o máximo do Python, do Haskell ou do paradigma de programação funcional.

Não quero parecer um pai zangado nem um maníaco, mas você deve evitar fazer qualquer coisa marcada com o ícone Cuidado. Do contrário, poderá achar que o programa serve apenas para confundir os usuários, que se recusarão a trabalhar com ele.

Sempre que vir esse ícone, pense em uma dica ou uma técnica avançada. Você pode achar que essas pequenas informações úteis são chatas demais, ou elas podem conter a solução de que precisa para executar um programa. Pule essas informações sempre que quiser.

Se não aprender nada com um capítulo ou seção em particular, lembre-se do material marcado com esse ícone. Normalmente, o texto contém um processo essencial ou parte da informação que você deve saber para escrever com sucesso o Python, o Haskell ou os aplicativos da programação funcional.

Além Deste Livro

Este livro não é o final de sua experiência com programação funcional, apenas o começo. Forneço um conteúdo online para tornar a obra mais flexível e atender melhor às suas necessidades:

» **Folha de Cola:** Você se lembra de usar anotações na escola para gravar melhor as coisas na prova, não é? Lembra? Bem, uma folha de cola é um tipo de nota especial sobre as tarefas que podem ser feitas com o Python ou o Haskell e nem todo desenvolvedor conhece. E mais, você encontra notas rápidas sobre as diferenças no paradigma de programação funcional. A Folha de Cola deste livro está em www.altabooks.com.br, pesquise o título ou ISBN do livro. Percorra a página até encontrar um link para a Folha de Cola.

» **Arquivos complementares:** Ei! Quem quer digitar todo o código no livro? A maioria dos leitores prefere passar seu tempo trabalhando nos exemplos de código, não os digitando. Por sorte, o código-fonte está disponível para download; portanto, tudo o que você precisa fazer é ler este livro para aprender as técnicas da programação funcional. Cada exemplo deste livro informa precisamente qual projeto de exemplo usar. Os arquivos são encontrados em www.altabooks.com.br. Procure o título ou ISBN deste livro para encontrar os arquivos de exemplo para baixar.

De Lá para Cá, Daqui para Lá

É hora de iniciar sua aventura do paradigma de programação funcional! Se você for iniciante, deve começar no Capítulo 1 e avançar neste livro com um ritmo que lhe permita absorver o máximo possível do material.

Se for um novato com muita pressa para iniciar nas técnicas da programação funcional, poderá pular para o Capítulo 2, seguido do Capítulo 3, sabendo que pode achar alguns tópicos um pouco confusos mais adiante. Você deve instalar o Python e o Haskell na esperança de tirar algo útil deste livro, portanto, a menos que tenha as duas linguagens instaladas, pular esses dois capítulos provavelmente trará problemas depois.

Os leitores com certa familiaridade com a programação funcional, com o Python e o Haskell já instalados, podem pular para a Parte 2. Mesmo com certa experiência em programação funcional, o Capítulo 5 é obrigatório porque fornece a base para todas as outras análises neste livro. A melhor ideia é, pelo menos, dar uma olhada na Parte 2 inteira.

Se estiver muito certo de que entende o básico do paradigma de programação funcional e como o cálculo lambda se encaixa nele, pule para a Parte 3, sabendo que talvez não veja a relevância de alguns exemplos. Os exemplos se baseiam uns nos outros para que você tenha um conhecimento completo do que diferencia o paradigma de programação funcional; assim, tente não pular nenhum exemplo, mesmo que pareça bem simples.

1 Guia Rápido da Programação Funcional

NESTA PARTE...

Descubra o paradigma de programação funcional.

Entenda em que a programação funcional difere.

Obtenha e instale o Python.

Obtenha e instale o Haskell.

> **NESTE CAPÍTULO**
>
> » Explorando a programação funcional
> » Programando no modo funcional
> » Encontrando uma linguagem adequada às suas necessidades
> » Localizando os recursos da programação funcional

Capítulo 1
Introdução à Programação Funcional

Este livro não aborda uma linguagem de programação específica, mas um paradigma de programação. *Paradigma* é uma estrutura que expressa certo conjunto de suposições, conta com modos particulares de refletir sobre os problemas e usa determinadas metodologias para resolvê-los. Como consequência, este livro de programação é diferente, porque não determina qual linguagem usar. Pelo contrário, foca os problemas que precisam ser resolvidos. A primeira parte deste capítulo analisa como o paradigma de programação funcional cumpre essa tarefa, e a segunda destaca como tal paradigma difere dos outros que você pode ter usado.

A orientação matemática da programação funcional representa a impossibilidade de utilizá-la para criar um aplicativo; você deve resolver problemas matemáticos simples ou inventar cenários *hipotéticos* para testar. Como a programação funcional é única em sua abordagem de solução de problemas, é possível imaginar como realiza seus objetivos. A terceira parte fornece uma rápida visão geral de como usar o paradigma de programação funcional para fazer vários tipos de tarefas (inclusive o desenvolvimento tradicional); e a quarta mostra como algumas linguagens seguem um caminho puro até esse objetivo e outras, um impuro. Isso não quer dizer que as que seguem o caminho puro são mais perfeitas do que as do caminho impuro; são simplesmente diferentes.

Finalmente, este capítulo também analisa recursos online que você vê mencionados em outras áreas deste livro. O paradigma de programação funcional é popular para resolver certos problemas. Esses recursos ajudam a descobrir as particularidades de como as pessoas usam a programação funcional e por que acham que é um bom método de resolver problemas. O mais importante é que descobrirá que muitas pessoas que contam com esse paradigma não são desenvolvedores. Portanto, se você não for desenvolvedor, poderá achar que já está em boa companhia ao escolher esse paradigma para atender às suas necessidades.

Definindo a Programação Funcional

A programação funcional tem objetivos e abordagens um pouco diferentes dos outros paradigmas. Os objetivos definem o que o paradigma de programação funcional está tentando fazer ao produzir as abordagens usadas pelas linguagens que a suportam. Porém os objetivos não especificam certa implementação; isso é competência das linguagens individuais.

LEMBRE-SE

A principal diferença entre o paradigma de programação funcional e os outros é que os programas funcionais usam funções matemáticas no lugar de instruções para expressar ideias. Essa diferença significa que, em vez de escrever um conjunto preciso de etapas para resolver um problema, você usará funções matemáticas e não se preocupará com o modo de a linguagem realizar a tarefa. Em alguns aspectos, isso torna as linguagens que suportam esse paradigma parecidas com aplicativos como MATLAB. É claro que com o MATLAB há uma interface do usuário, o que reduz o tempo de aprendizado. Mas a conveniência da interface do usuário implica a perda de capacidade e flexibilidade que as linguagens funcionais oferecem. Usar essa abordagem para definir um problema requer um estilo de *programação declarativa*, usada com outros paradigmas e linguagens, como a Linguagem de Consulta Estruturada (SQL) para o gerenciamento de bancos de dados.

Em oposição aos outros paradigmas, o de programação funcional não mantém o estado. O uso do *estado* permite controlar os valores entre as chamadas da função. Outros paradigmas usam o estado para produzir resultados variáveis com base no ambiente, como determinar o número de objetos existentes e fazer algo diferente quando o número de objetos é zero. Assim, chamar uma função do programa funcional sempre produz o mesmo resultado, dado certo conjunto de entradas, tornando os programas funcionais mais previsíveis do que aqueles que suportam o estado.

Como os programas funcionais não mantêm o estado, os dados com os quais eles trabalham também são *imutáveis*, significando que você não pode mudá-los. Para mudar o valor de uma variável, é necessário criar uma nova. Mais uma vez, isso torna os programas funcionais mais previsíveis do que as outras abordagens e também pode torná-los mais fáceis de executar em vários processadores. As seções a seguir dão informações extras sobre como o paradigma de programação funcional difere dos outros.

Entendendo os objetivos

A *programação imperativa*, o tipo de programação que a maioria dos desenvolvedores fez até o momento, é parecida com uma linha de montagem, na qual os dados se movem em uma série de etapas, em uma ordem específica, para produzir determinado resultado. O processo é fixo e rígido, e a pessoa que implementa o processo deve criar uma nova linha de montagem sempre que um aplicativo requerer um novo resultado. A programação orientada a objetos (OOP) apenas modulariza e oculta as etapas, mas o paradigma subjacente é igual. Mesmo com a modularização, a OOP geralmente não permite uma reorganização do código do objeto de modos não antecipados por causa das interdependências inerentes do código.

LEMBRE-SE

A programação funcional se livra das interdependências substituindo os procedimentos por funções puras, que requerem o uso do estado imutável. Como consequência, a linha de montagem não existe mais; um aplicativo pode manipular os dados usando as mesmas metodologias da matemática pura. A aparente restrição do estado imutável fornece meios que permitem a uma pessoa que entenda a matemática de uma situação também criar um aplicativo para fazer os cálculos.

Usar funções puras cria um ambiente flexível, no qual a ordem do código depende da matemática subjacente. Essa matemática modela um ambiente real, e, quando nosso entendimento do ambiente muda e evolui, o modelo matemático e o código funcional podem mudar com ele, sem os problemas normais e delicados que fazem o código imperativo falhar. Modificar o código funcional é mais rápido e menos propenso a erros porque a pessoa que implementa a mudança deve entender apenas a matemática e não precisa saber como o código subjacente funciona. E mais, aprender a criar um código funcional pode ser mais rápido, contanto que se compreenda o modelo matemático e sua relação com o mundo real.

A programação funcional também adota várias abordagens únicas de codificação, como a capacidade de passar uma função para outra como entrada. Essa capacidade permite mudar o comportamento do aplicativo de um modo previsível, que não é possível usando outros paradigmas de programação. No decorrer deste livro, você encontrará outros benefícios de usar a programação funcional.

Usando a abordagem pura

As linguagens de programação que usam a abordagem pura para o paradigma de programação funcional contam muito com os princípios do cálculo lambda. E mais, uma linguagem com abordagem pura permite usar apenas as técnicas da programação funcional para que o resultado seja sempre um programa funcional. A linguagem com abordagem pura usada neste livro é o Haskell porque fornece a implementação mais pura, segundo os artigos encontrados no Quora, em `https://www.quora.com/What-are-the-most-popular-and-powerful-functional-programming-languages` [conteúdo em inglês]. O Haskell também é uma linguagem relativamente popular, segundo o índice TIOBE (`https://www.tiobe.com/tiobe-index/` — conteúdo em inglês). Outras linguagens com abordagem pura incluem Lisp, Racket, Erlang e OCaml.

CUIDADO

Como em muitos elementos da programação, há fortes opiniões em relação à possibilidade de certa linguagem de programação se qualificar a um status puro. Por exemplo, muitas pessoas considerariam o JavaScript uma linguagem pura, mesmo que seja não tipado. Outras acham que as linguagens declarativas específicas do domínio, como o SQL e o Lex/Yacc, qualificam-se ao status puro mesmo que não sejam linguagens de programação gerais. Simplesmente ter elementos da programação funcional não qualifica uma linguagem como adepta da abordagem pura.

Usando a abordagem impura

Muitos desenvolvedores chegaram a ver os benefícios da programação funcional. Mas eles não querem abrir mão das vantagens da linguagem que já utilizam, portanto usam uma linguagem que mistura os recursos funcionais com um dos outros paradigmas da programação (como descrito na seção "Considerando Outros Paradigmas da Programação", adiante). Por exemplo, você pode encontrar recursos de programação funcional em linguagens como C++, C# e Java. Ao trabalhar com uma linguagem impura, é preciso ter cuidado, porque o código não funcionará de maneira unicamente funcional e os recursos que você pode achar que funcionarão de um jeito, na verdade, funcionarão de outro. Por exemplo, em algumas linguagens não é possível passar uma função para outra.

DICA

Pelo menos uma linguagem, Python, é projetada desde o início para suportar vários paradigmas da programação (veja `https://blog.newrelic.com/2015/04/01/python-programming-styles/` para obter detalhes). Na verdade, alguns cursos online fazem questão de ensinar esse aspecto em particular do Python como um benefício especial (veja `https://www.coursehero.com/file/p1hkiub/Python-supports-multiple-programming-paradigms-including-object-oriented/`). O uso de vários paradigmas da programação torna o Python bem flexível, mas também leva a reclamações e defesas (veja `http://archive.oreilly.com/pub/post/pythons_weak_functional_progra.html`

como um exemplo) [conteúdos em inglês]. Os motivos para este livro contar com o Python para demonstrar a abordagem impura para a programação funcional é que ele é popular e flexível, além de ser fácil de aprender.

Considerando Outros Paradigmas de Programação

Você pode achar que existem apenas alguns paradigmas de programação além do explorado neste livro, mas o mundo do desenvolvimento está repleto deles. Isso porque duas pessoas não pensam 100% da mesma forma. Cada paradigma representa uma abordagem diferente, que compõe o quebra-cabeças de passar uma solução para os problemas usando determinada metodologia e ainda fazer suposições sobre coisas como a capacidade do desenvolvedor e o ambiente de execução. Na verdade, é possível encontrar sites inteiros que discutem o problema, como em http://cs.lmu.edu/~ray/notes/paradigms/ [conteúdo em inglês]. Por incrível que pareça, algumas linguagens (como o Python) misturam e combinam paradigmas compatíveis para criar uma maneira inteiramente nova de realizar tarefas com base no que aconteceu no passado.

LEMBRE-SE

As seções a seguir descrevem apenas quatro desses outros paradigmas. Eles não são melhores nem piores do que qualquer outro, mas representam correntes comuns de pensamento. Muitas linguagens no mundo usam hoje apenas esses quatro paradigmas, portanto suas chances de encontrá-los são bem altas.

Imperativo

A programação imperativa adota uma abordagem passo a passo para realizar uma tarefa. O desenvolvedor fornece comandos que descrevem precisamente como realizar a tarefa do início ao fim. Durante o processo de execução dos comandos, o código também modifica o estado do aplicativo, incluindo seus respectivos dados. O código é executado por completo. Um aplicativo imperativo imita bem o hardware do computador, que executa o código de máquina. *Código de máquina* é o menor conjunto de instruções que você pode criar e é imitado nas primeiras linguagens, como o assembler.

Procedural

A programação procedural implementa a programação imperativa, mas adiciona uma funcionalidade, como blocos de código e procedimentos para dividir o código. O compilador ou o interpretador ainda acaba produzindo o código de máquina que é executado passo a passo, mas o uso de procedimentos facilita que o desenvolvedor siga o código e entenda como funciona. Muitas linguagens procedurais fornecem um modo de desmontagem, no qual você vê a correspondência entre a linguagem de nível mais alto e o assembler subjacente. Exemplos de linguagens que implementam o paradigma procedural são C e Pascal.

PAPO DE ESPECIALISTA

As primeiras linguagens, como o Basic, usavam o modelo imperativo porque os desenvolvedores que as criaram estavam acostumados a trabalhar com o hardware do computador. Mas os usuários Basic geralmente enfrentavam um problema chamado *código espaguete*, que fazia os aplicativos grandes parecerem um único bloco. A menos que você fosse o desenvolvedor do aplicativo, seguir a lógica dele geralmente era difícil. Como consequência, as linguagens que seguem o paradigma procedural estão um passo à frente das linguagens que seguem apenas o paradigma imperativo.

Orientado a objetos

O paradigma procedural realmente facilita a leitura do código. Mas a relação entre o código e o hardware subjacente ainda dificulta relacionar o que o código faz com o mundo real. O paradigma orientado a objetos usa o conceito de objetos para ocultar o código, porém o mais importante é facilitar a modelagem do mundo real. Um desenvolvedor cria objetos de código que imitam os objetos reais que eles copiam. Esses objetos incluem propriedades, métodos e eventos para permitir ao objeto se comportar de certa maneira. Exemplos de linguagens que implementam o paradigma orientado a objetos são C++ e Java.

LEMBRE-SE

As linguagens que implementam o paradigma de orientação a objetos também implementam os paradigmas procedural e imperativo. O fato de que os objetos ocultam o uso desses outros paradigmas não significa que um desenvolvedor não escreveu o código para criar o objeto usando os paradigmas mais antigos. Assim, o paradigma orientado a objetos ainda conta com o código que modifica o estado do aplicativo, mas também pode permitir modificar os dados variáveis.

Declarativo

A programação funcional de fato implementa o paradigma de programação declarativa, mas os dois paradigmas são separados. Outros paradigmas, como a programação lógica, implementada pela linguagem Prolog, também suportam o paradigma de programação declarativa. O resumo do que a programação declarativa faz é o seguinte:

» Descreve o que o código deve fazer, em vez de como fazê-lo.
» Define as funções que são transparentes de modo referencial (sem efeitos colaterais).
» Fornece uma correspondência clara para a lógica matemática.

Usando a Programação Funcional para Realizar Tarefas

É essencial lembrar que a programação funcional é um paradigma, o que significa que não tem uma implementação. A base da programação funcional é o cálculo lambda (https://brilliant.org/wiki/lambda-calculus/ — conteúdo em inglês), que é uma abstração matemática. Logo, quando quiser realizar tarefas usando o paradigma de programação funcional, você buscará uma linguagem de programação que implementa a programação funcional de uma maneira que atenda às suas necessidades. (A próxima seção, "Descobrindo as Linguagens que Suportam a Programação Funcional", descreve em detalhes as linguagens disponíveis.) De fato, é possível até realizar tarefas da programação funcional em sua linguagem atual sem perceber. Sempre que você cria e usa uma função lambda, provavelmente usa técnicas da programação funcional (de um modo impuro, pelo menos).

Além de usar funções lambda, as linguagens que implementam o paradigma de programação funcional têm outros recursos em comum. Eis uma visão geral rápida desses recursos:

» **Funções de primeira classe e funções de alta ordem:** As funções de primeira classe e as de alta ordem permitem fornecer uma função como entrada, como seria ao usar uma função de alta ordem no cálculo.

» **Funções puras:** Uma função pura não tem efeitos colaterais. Ao trabalhar com uma função pura, é possível:
  - Remover a função se nenhuma outra contar com sua saída.
  - Obter os mesmos resultados sempre que você chamar a função com certo conjunto de entradas.
  - Inverter a ordem das chamadas para diferentes funções sem nenhuma alteração na funcionalidade do aplicativo.
  - Processar as chamadas da função em paralelo sem nenhuma consequência.
  - Avaliar as chamadas da função em qualquer ordem, supondo que a linguagem inteira não permita efeitos colaterais.

» **Recursão:** As implementações da linguagem funcional contam com a recursão para implementar um loop. Em geral, a recursão trabalha de modo diferente nas linguagens funcionais porque não ocorre nenhuma mudança no estado do aplicativo.

» **Transparência referencial:** O valor de uma variável (um nome pouco adequado, porque não se pode mudar o valor) nunca muda em uma implementação da linguagem funcional porque essa linguagem não tem um operador de atribuição.

LEMBRE-SE

É comum encontrar várias outras considerações para realizar tarefas nas implementações da linguagem de programação funcional, mas essas questões não são consistentes entre as linguagens. Por exemplo, algumas usam uma avaliação estrita (ansiosa), ao passo que outras usam uma não estrita (preguiçosa). Na avaliação estrita, a linguagem verifica por completo a função antes da avaliação. Mesmo quando um termo na função não é usado, um termo com problemas fará a função inteira falhar. Contudo, na avaliação não estrita, a função falhará apenas se o termo com problemas for usado para criar uma saída. As linguagens Miranda, Clean e Haskell implementam a avaliação não estrita.

Várias implementações da linguagem funcional também usam sistemas diferentes, portanto o modo como o computador subjacente detecta um tipo de valor muda entre as linguagens. E mais, cada linguagem suporta o próprio conjunto de estruturas de dados. Essas questões não são bem definidas como parte do paradigma de programação funcional, embora sejam importantes para criar um aplicativo; assim, você deve contar com a linguagem usada para defini-las. Supor uma implementação em particular em qualquer linguagem dada é uma má ideia porque ela não é bem definida como parte do paradigma.

Descobrindo as Linguagens que Suportam a Programação Funcional

Para realmente usar o paradigma de programação funcional, você precisa de uma linguagem que o implemente. Como nos outros paradigmas vistos neste capítulo, as linguagens geralmente falham em implementar toda ideia que o paradigma forneça ou implementam as ideias de modos incomuns. Assim, saber as regras do paradigma e ver como a linguagem selecionada o implementa ajuda a entender melhor os prós e os contras de determinada linguagem. E mais, compreender o paradigma facilita comparar uma linguagem com outra. O paradigma de programação funcional suporta dois tipos de implementação de linguagem, pura e impura, como descrito nas seções a seguir.

Considerando as linguagens puras

Uma linguagem de programação funcional pura é aquela que implementa apenas o paradigma de programação funcional. Isso pode parecer um pouco limitado, mas quando você ler os requisitos na seção "Usando a Programação Funcional para Realizar Tarefas", anteriormente neste capítulo, descobrirá que a programação funcional e os paradigmas da programação sem nenhuma relação com o paradigma imperativo (que se aplica à maioria das linguagens disponíveis hoje) são mutuamente excludentes.

Tentar descobrir qual linguagem implementa melhor o paradigma de programação funcional é praticamente impossível porque cada pessoa tem uma opinião sobre o assunto. Você encontra uma lista das 21 implementações da linguagem de programação funcional, com seus prós e contras, em `https://www.slant.co/topics/485/~best-languages-for-learning-functional-programming` [conteúdo em inglês].

Considerando as linguagens impuras

Provavelmente, o Python é o exemplo típico de linguagem impura, porque suporta muitos estilos de codificação. Dito isso, a flexibilidade que o Python fornece é um motivo para que as pessoas gostem tanto de usá-lo: é possível codificar em qualquer estilo que você precise no momento. A definição de uma linguagem impura é que ela não segue totalmente as regras do paradigma de programação funcional (ou, pelo menos, não o bastante para chamá-la de pura). Por exemplo, permitir qualquer modificação no estado do aplicativo desqualificaria imediatamente a linguagem em consideração.

LEMBRE-SE Um dos motivos mais comuns e menos compreendidos para desqualificar uma linguagem como sendo uma implementação pura do paradigma de programação funcional é a falta do suporte de funções puras. Uma função pura define uma relação específica entre entradas e saídas sem efeitos colaterais. Toda chamada para uma função pura com entradas específicas sempre armazena precisamente a mesma saída, tornando as funções puras extremamente confiáveis. Mas alguns aplicativos realmente contam com os efeitos colaterais para funcionar corretamente, tornando a abordagem pura bem estrita em alguns casos. Os Capítulos 4 e 5 fornecem os detalhes sobre a questão das funções puras. Você também encontra mais no artigo em `http://www.onlamp.com/2007/07/12/introduction-to-haskell-pure-functions.html` [conteúdo em inglês].

Encontrando a Programação Funcional Online

A programação funcional ficou extremamente popular porque ela resolve muitos problemas. Como tratado neste capítulo, ela também tem alguns limites, como a incapacidade de usar dados variáveis; porém, para a maioria das pessoas, os prós superam os contras nas situações que permitem definir um problema usando a matemática pura. (A falta de suporte dos dados variáveis também tem prós, como você descobrirá mais adiante, como a capacidade de fazer o multiprocessamento com mais facilidade.) Dito tudo isso, é ótimo ter recursos ao descobrir um paradigma de programação. Este livro é seu primeiro recurso, mas um único livro não pode analisar tudo.

DICA

Sites online, como Kevin Sookochef [os conteúdos a seguir estão em inglês] (`https://sookocheff.com/post/fp/a-functional-learning-plan/`) e Wildly Inaccurate (`https://wildlyinaccurate.com/functional-programming-resources/`), oferecem ótimos recursos úteis. O Hacker News (`https://news.ycombinator.com/item?id=16670572`) e o Quora (`https://www.quora.com/What-are-good-resources-for-teaching-children-functional-programming`) também podem ser excelentes recursos. O site Quora, referenciado, é especialmente importante porque fornece informações que são úteis para iniciar as crianças na programação funcional. Um aspecto essencial de usar sites online é assegurar que eles sejam atuais. O recurso não deve ter mais de dois anos; do contrário, você estará recebendo material desatualizado.

Às vezes, é possível encontrar vídeos úteis online. Naturalmente, você pode encontrar inúmeros vídeos com qualidade variada no YouTube (`https://www.youtube.com/results?search_query=Functional+Programming`), mas não sites desacreditados, como o tinymce (`https://go.tinymce.com/blog/talks-love-functional-programming/`). Como a programação funcional é um paradigma, e a maioria desses vídeos foca uma linguagem específica, é preciso escolher os vídeos assistidos com cuidado ou terá uma visão distorcida do que o paradigma pode fornecer (em comparação com a linguagem).

CUIDADO

Um recurso tendencioso são os tutoriais. Por exemplo, o tutorial em `https://www.hackerearth.com/practice/python/functional-programming/functional-programming-1/tutorial/` é só sobre Python, que, como mencionado nas seções anteriores deste capítulo, é uma implementação impura. Do mesmo modo, até os criadores sérios de tutoriais, como o Tutorials Point (`https://www.tutorialspoint.com/functional_programming/functional_programming_introduction.htm`), têm problemas com esse assunto porque não é possível demonstrar um princípio sem uma linguagem. Um tutorial não pode ensinar sobre um paradigma, pelo menos não facilmente e não muito além de uma abstração. Assim, ao ver um tutorial, mesmo que tenha como objetivo fornecer uma visão imparcial da programação funcional (como em `https://codeburst.io/a-beginner-friendly-intro-to-functional-programming-4f69aa109569`), conte com um certo nível de distorção, porque provavelmente os exemplos aparecerão usando um subconjunto das linguagens disponíveis.

NESTE CAPÍTULO

» Obtendo e usando o Python

» Baixando e instalando os conjuntos de dados e o código de exemplo

» Executando um aplicativo

» Escrevendo o código do Python

Capítulo **2**

Obtendo e Usando o Python

Como mencionado no Capítulo 1, o Python é uma linguagem flexível que suporta vários estilos de codificação, inclusive uma implementação do paradigma da programação funcional. Mas a implementação dele é impura, porque suporta outros estilos. Assim, você escolhe entre a flexibilidade e os recursos que a programação funcional fornece quando opta pelo Python. Muitos desenvolvedores escolhem a flexibilidade (portanto, o Python), mas não há uma escolha certa ou errada, apenas a que funciona melhor para você. Este capítulo o ajuda a definir, configurar e se familiarizar com o Python para que possa usá-lo nos próximos capítulos deste livro.

CUIDADO

Este livro usa o Anaconda 5.1, que suporta o Python 3.6.4. Se você usa uma distribuição diferente, algumas etapas procedurais provavelmente não funcionarão como o esperado, as capturas de tela poderão ser diferentes e algum código de exemplo poderá não ser executado. Para tirar o máximo deste livro, você precisará usar o Anaconda 5.1, configurado como descrito no resto deste capítulo. O aplicativo de exemplo e os outros recursos deste capítulo ajudarão a testar sua instalação para assegurar que funcione quando necessário; portanto, seguir este capítulo do início ao fim é a melhor ideia para ter uma boa experiência de programação.

Trabalhando com Python Neste Livro

Você pode baixar e instalar o Python 3.6.4 para trabalhar com os exemplos neste livro. Fazer isso ainda permitirá entender como a programação funcional trabalha no ambiente Python. Porém usar a instalação pura do Python também aumentará a quantidade de trabalho que você deve realizar para ter uma boa experiência de codificação, e até reduzirá potencialmente o quanto aprende. Isso ocorre pois o foco estará em fazer o ambiente funcionar, não em ver como o Python implementa o paradigma da programação funcional. Assim, este livro conta com o Ambiente de Desenvolvimento Integrado (IDE) do Jupyter Notebook (a interface do usuário ou editor, como preferir) da coleção de ferramentas Anaconda para executar as tarefas. Os motivos são descritos nas próximas seções.

Criando um código melhor

Um bom IDE tem certa inteligência. Por exemplo, ele pode sugerir alternativas quando você digitar a palavra-chave incorreta ou informar que certa linha de código não funcionará como está escrita. Quanto mais inteligência tiver um IDE, menos trabalho você terá para escrever um código melhor, que é essencial porque ninguém quer passar horas procurando erros, os chamados *bugs*.

Os IDEs variam muito no nível e no tipo de inteligência que fornecem, e é por isso que existem muitos deles. Você pode achar que o nível de ajuda obtido em um IDE é insuficiente para suas necessidades, mas outro IDE cair como uma luva. Cada desenvolvedor tem necessidades diferentes e, portanto, exigências de IDE diferentes. O importante é obter um que o ajude a escrever um código claro e eficiente de modo rápido e fácil.

Depurando a funcionalidade

Encontrar bugs (erros) no código envolve um processo chamado *depuração*. Até o desenvolvedor mais experiente do mundo passa um tempo depurando. Escrever um código perfeito de primeira é praticamente impossível. Quando acontece, é motivo de comemoração, porque não acontecerá com frequência. Assim, as capacidades de depuração de seu IDE são essenciais. Infelizmente, as ferramentas nativas do Python quase não têm essas capacidades. Se você passar um tempo depurando, achará logo que as ferramentas nativas são chatas por causa do que não informam sobre seu código.

Os melhores IDEs funcionam também como ferramentas de treinamento. Com recursos suficientes, um IDE ajuda a explorar códigos escritos por verdadeiros especialistas. Rastrear aplicativos é um método tradicional de aprender novas habilidades e aprimorar as habilidades que você já tem. Um avanço aparentemente pequeno no conhecimento muitas vezes pode se tornar uma economia enorme de tempo mais tarde. Ao procurar um IDE, não veja apenas os recursos de depuração como um meio de remover erros; veja-os também como um meio de aprender coisas novas sobre o Python.

Definindo por que os blocos de notas são úteis

A maioria dos IDEs parece editores de texto elegantes — e é exatamente isso que eles são. Sim, há todo tipo de recurso inteligente, sugestões, dicas, código colorido etc., mas, no final das contas, são apenas editores de texto. Não há nada errado com eles, e não é isso que este capítulo diz. Mas, como os desenvolvedores Python focam os aplicativos científicos que requerem algo mais do que uma apresentação pura de texto, usar blocos de notas será útil.

LEMBRE-SE

Um *bloco de notas* difere de um editor de texto no sentido de focar uma técnica avançada do cientista de computação de Stanford, Donald Knuth, chamada programação literária. Você usa a *programação literária* para criar um tipo de apresentação do código, notas, equações matemáticas e gráficos. Resumindo, você acaba com um bloco de notas de cientista repleto com tudo o que precisa para entender totalmente o código. As técnicas de programação literária normalmente são vistas em pacotes caros, como Mathematica e MATLAB. O desenvolvimento do bloco de notas se destaca em:

» Demonstração
» Colaboração
» Pesquisa
» Objetivos de ensino
» Apresentação

Este livro usa a coleção de ferramentas Anaconda porque ela oferece uma ótima experiência de codificação em Python, mas também o ajuda a descobrir o enorme potencial das técnicas da programação literária. Se você passa muito tempo realizando tarefas científicas, o Anaconda e os produtos afins serão essenciais. E mais, o Anaconda é gratuito; portanto, você pode aproveitar o estilo da programação literária sem o custo de outros pacotes.

Obtendo Sua Cópia do Anaconda

Como mencionado na seção anterior, o Anaconda não vem com a instalação do Python. Tendo isso em mente, as seções a seguir o ajudarão a obter e instalar o Anaconda nas três maiores plataformas suportadas por este livro.

Obtendo o Analytics Anaconda

Você consegue fazer o download gratuito do pacote Anaconda básico em https://www.anaconda.com/download/ [conteúdo em inglês]. Basta clicar no símbolo do seu sistema operacional, como o ícone de janela do Windows, e clicar em Download, na seção da página da plataforma, para ter acesso ao produto gratuito. (Dependendo do carregamento do servidor Anaconda, o download poderá levar um tempo para ser concluído, então você pode pegar uma xícara de café enquanto espera.) O Anaconda suporta as seguintes plataformas:

» Windows de 32 e 64 bits (o instalador pode oferecer apenas a versão de 64 ou 32 bits, dependendo da versão detectada pelo Windows).
» Linux de 32 e 64 bits.
» Mac OS X de 64 bits (instaladores gráfico e de linha de comando).

DICA É possível obter o Anaconda com versões mais antigas do Python. Se quiser usar essa versão mais antiga do programa, clique no link How to Get Python 3.5 ou Other Python Versions, no meio da página. Mas você deve usar a versão mais antiga apenas quando tiver uma real necessidade.

O produto gratuito é tudo o que você precisa para este livro. Porém, quando examinar o site, verá que muitos outros produtos complementares estão disponíveis. Eles podem ajudá-lo a criar aplicativos robustos. Por exemplo, quando você adiciona o Accelerate ao produto, obtém a capacidade de realizar operações múltiplas e habilitadas para GPU. O uso desses suplementos está fora do escopo deste livro, mas o site Anaconda fornece detalhes sobre sua aplicação.

Instalando o Anaconda no Linux

É preciso usar a linha de comando para instalar o Anaconda no Linux; não há nenhuma opção de instalação gráfica. Antes de fazer a instalação, você deve baixar uma cópia do software Linux no site Continuum Analytics. Encontre informações requeridas de download na seção "Obtendo o Analytics Anaconda", antes neste capítulo. O procedimento a seguir deve funcionar bem em qualquer sistema Linux, usando a versão de 32 ou 64 bits do Anaconda:

1. Abra uma cópia do Terminal.

   A janela Terminal aparecerá.

2. Mude os diretórios para a cópia baixada do Anaconda em seu sistema.

   O nome do arquivo varia, mas normalmente aparece como Anaconda3-5.1.0-Linux-x86.sh para os sistemas de 32 bits e Anaconda3-5.1.0-Linux-x86_64.sh para os de 64 bits. O número da versão fica incorporado como parte do nome do arquivo. Neste caso, o nome do arquivo se refere à versão 5.1.0, a usada neste livro. Se você usar outra versão, poderá ter problemas com o código-fonte e precisará fazer ajustes ao trabalhar com ele.

3. **Digite** bash Anaconda3-5.1.0-Linux-x86.sh **(para a versão de 32 bits) ou** bash Anaconda3-5.1.0-Linux-x86_64.sh **(para 64 bits) e pressione Enter.**

   Um assistente de instalação será iniciando pedindo que você aceite os termos de licença para usar o Anaconda.

4. **Leia o contrato de licença e aceite os termos usando o método requerido para sua versão do Linux.**

   O assistente pedirá um local de instalação para o Anaconda. Este livro parte do pressuposto de que você use o local-padrão ~/anaconda. Se escolher outro, mais adiante poderá ter que modificar alguns procedimentos neste livro para trabalhar com sua configuração.

5. **Forneça um local de instalação (se necessário) e pressione Enter (ou clique em Next).**

   Será iniciado o processo de extração do aplicativo. Depois de finalizar, você verá uma mensagem de término.

6. **Adicione o caminho de instalação à instrução PATH usando o método requerido para sua versão do Linux.**

   Você está pronto para começar a usar o Anaconda.

Instalando o Anaconda no MacOS

A instalação do Mac OS X tem apenas um tipo: 64 bits. Antes de instalar, você deve baixar uma cópia do software Mac no site Continuum Analytics. Encontre as informações requeridas para o download na seção "Obtendo o Analytics Anaconda", antes neste capítulo.

Há dois tipos de arquivos de instalação. O primeiro depende de um instalador gráfico e o segundo conta com a linha de comando. A versão da linha de comando funciona de modo muito parecido com a versão Linux descrita na seção anterior deste capítulo, "Instalando o Anaconda no Linux". As etapas a seguir o ajudarão a instalar o Anaconda de 64 bits em um sistema Mac usando o instalador gráfico:

1. **Localize a cópia baixada do Anaconda em seu sistema.**

   O nome do arquivo varia, mas normalmente aparece como Anaconda3-5.1.0-MacOSX-x86_64.pkg. O número da versão fica incorporado como parte do nome do arquivo. Nesse caso, o nome do arquivo se refere à versão 5.1.0, que é a usada neste livro. Se você usar outra versão, poderá ter problemas com o código-fonte e precisará fazer ajustes ao trabalhar com ele.

2. **Clique duas vezes no arquivo de instalação.**

Aparecerá uma caixa de diálogo de introdução.

3. **Clique em Continue.**

O assistente perguntará se você deseja examinar o material Read Me. É possível ler isso mais tarde. Agora, você pode pular as informações sem problemas.

4. **Clique em Continue.**

O assistente exibirá o contrato de licença. Leia todo o contrato para conhecer os termos de uso.

5. **Clique em I Agree se concordar com o contrato.**

Você verá uma caixa de diálogo Standard Install, na qual poderá escolher fazer uma instalação-padrão, mudar o local da instalação ou personalizar a configuração. A configuração-padrão é a que deve usar neste livro. As alterações podem fazer com que algumas etapas neste livro falhem, a menos que você saiba como modificar as instruções para adequar a sua configuração.

6. **Clique em Install.**

A instalação será iniciada. Uma barra de progresso informa o andamento da instalação. Quando ela finalizar, você verá uma caixa de diálogo de término.

7. **Clique em Continue.**

Você estará pronto para começar a usar o Anaconda.

Instalando o Anaconda no Windows

O Anaconda vem com um aplicativo de instalação gráfico para o Windows, portanto ter uma boa instalação significa usar um assistente, como faria em qualquer outra instalação. Naturalmente, é preciso ter uma cópia do arquivo de instalação antes de iniciar, e você pode encontrar as informações requeridas de download na seção "Obtendo o Analytics Anaconda", antes neste capítulo. O procedimento a seguir (que pode levar um tempo para ser concluído) deverá funcionar bem em qualquer sistema Windows, usando a versão de 32 ou 64 bits do Anaconda:

1. **Localize a cópia baixada do Anaconda em seu sistema.**

O nome do arquivo varia, mas normalmente aparece como `Anaconda3-5.1.0-Windows-x86.exe` para os sistemas de 32 bits e `Anaconda3-5.1.0-Windows-x86_64.exe` para 64 bits. O número da versão fica incorporado como parte do nome do arquivo. Nesse caso, o nome do arquivo se refere à versão 5.1.0, que é a usada neste livro. Se usar alguma outra versão, poderá ter problemas com o código-fonte e precisará fazer ajustes ao trabalhar com ele.

2. **Clique duas vezes no arquivo de instalação.**

   (Você poderá ver uma caixa de diálogo Open File – Security Warning, que pergunta se quer executar o arquivo. Clique em Run se essa caixa aparecer.) Será exibida uma caixa de diálogo Anaconda3 5.1.0 Setup.

3. **Clique em Next.**

   O assistente exibirá um contrato de licença. Leia todo o contrato para conhecer os termos de uso.

4. **Clique em I Agree se concordar com o contrato.**

   Será perguntado o tipo de instalação a realizar (pessoal ou para todos). Na maioria dos casos, você mesmo desejará instalar o produto. A exceção será se tiver várias pessoas usando seu sistema e todas precisarem ter acesso ao Anaconda.

5. **Escolha um dos tipos de instalação e clique em Next.**

   O assistente perguntará onde instalar o Anaconda no disco, como mostrado na Figura 2-1. Este livro supõe que você use o local-padrão. Se escolher outro local, mais adiante poderá ter que modificar alguns procedimentos descritos neste livro para trabalhar com sua configuração.

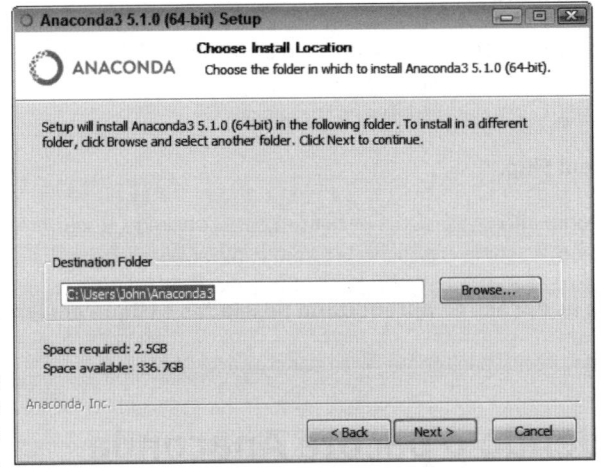

FIGURA 2-1: Especifique um local de instalação.

6. **Escolha um local de instalação (se necessário) e clique em Next.**

   Você verá a caixa Advanced Installation Options, mostrada na Figura 2-2. Essas opções são selecionadas por padrão e não há motivos para mudá-las na maioria dos casos. Poderá ser preciso mudá-las se o Anaconda não fornecer a configuração-padrão do Python 3.6.4. Contudo, este livro parte do pressuposto de que você configurou o Anaconda usando as opções-padrão.

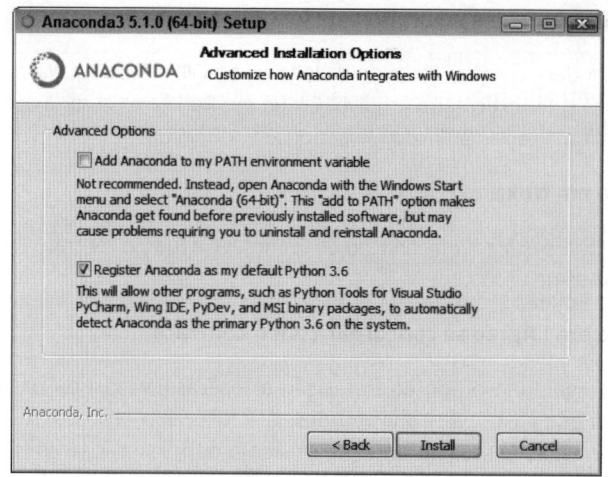

FIGURA 2-2:
Configure as opções de instalação avançadas.

7. **Mude as opções de instalação avançadas (se necessário) e clique em Install.**

    Será exibida uma caixa de diálogo Installing com uma barra de progresso. O processo de instalação pode levar alguns minutos, então pegue uma xícara de café e leia uma revistinha. Quando terminar, você verá um botão Next ativado.

8. **Clique em Next.**

    O assistente apresentará uma opção para instalar o Microsoft VSCode. Instalar esse recurso pode causar problemas com os exemplos deste livro, por isso é melhor não o instalar. Este livro não o utiliza.

9. **Clique em Skip.**

    O assistente informará que a instalação está concluída. Você verá opções para aprender mais sobre o Anaconda Cloud e iniciar o Anaconda.

10. **Escolha as opções de aprendizado desejadas e clique em Finish.**

    Você está pronto para começar a usar o Anaconda.

Entendendo o pacote Anaconda

O pacote Anaconda tem vários aplicativos, mas apenas um é usado neste livro. Veja um resumo rápido das ferramentas obtidas:

» **Anaconda Navigator:** Exibe uma lista de ferramentas e utilitários do Anaconda (instalados ou não). Você pode usar esse utilitário para instalar, configurar e inicializar várias ferramentas e utilitários. E mais, o Anaconda Navigator oferece opções para configurar seu ambiente geral, selecionar um projeto, obter ajuda e interagir com a comunidade Anaconda. A seção

"Obtendo Ajuda com a Linguagem Python", no final deste capítulo, informa mais sobre essa ferramenta.

» **Anaconda Prompt:** Abre uma janela na qual você pode digitar vários comandos para realizar tarefas como iniciar uma ferramenta ou utilitário a partir da linha de comando, fazer instalações de sub-recursos usando o `pip` e fazer outras tarefas relacionadas à linha de comando.

» **Jupyter Notebook:** Inicia o IDE usado neste livro. A Seção "Usando o Jupyter Notebook", a seguir, mostra como usar o IDE.

» **Reset Spyder Settings:** Muda as configurações do Spyder IDE para seu estado original. Use essa opção para corrigir as configurações do Spyder quando ele ficar sem uso ou não funcionar como necessário.

» **Spyder:** Inicia um IDE tradicional que permite digitar o código-fonte em uma janela do editor e testá-lo de várias maneiras.

Baixando Conjuntos de Dados e o Código de Exemplo

Este livro aborda o uso do Python para realizar tarefas da programação funcional. Naturalmente, você pode passar seu tempo criando o código de exemplo do zero, depurando e só depois descobrir como ele se relaciona ao aprendizado das maravilhas do Python, ou pode facilitar as coisas e baixar o código escrito previamente no site da Editora Alta Books (procure pelo título ou ISBN deste livro), como descrito na Introdução deste livro, para começar logo a trabalhar.

DICA

Para usar o código baixado, você deve instalar o Jupyter Notebook. A seção "Obtendo Sua Cópia do Anaconda", antes neste capítulo, descreve como instalar o Jupyter Notebook como parte do Anaconda. Você também pode baixá-lo separadamente em `http://jupyter.org/` [conteúdo em inglês]. Grande parte dos códigos neste livro funcionará com o Google Colaboratory, também chamado de Colab (`https://colab.research.google.com/notebooks/welcome.ipynb` — conteúdo em inglês), mas não há garantias de que todos os exemplos funcionarão, porque o Colab pode não suportar todos os recursos requeridos e pacotes. O Colab pode ser útil se você deseja analisar os exemplos no tablet ou outro dispositivo Android. O livro *Python For Data Science For Dummies*, 2ª edição (Wiley; sem publicação no Brasil), de John Paul Mueller e Luca Massaron, tem um capítulo inteiro sobre como usar o Colab com o Python e pode dar uma ajuda extra.

As seções a seguir mostram como trabalhar com o Jupyter Notebook, uma das ferramentas encontradas no pacote Anaconda. Estas seções enfatizam a capacidade de gerenciar o código do aplicativo, inclusive como importar o código-fonte de download e exportar seus aplicativos incríveis para mostrar aos amigos.

Usando o Jupyter Notebook

Para facilitar o trabalho com o código deste livro, você usará o Jupyter Notebook. Esse IDE permite criar facilmente arquivos de bloco de notas do Python que podem conter vários exemplos, cada um podendo ser executado individualmente. O programa é executado no navegador; não importa a plataforma usada para o desenvolvimento — contanto que exista um navegador, tudo bem.

Iniciando o Jupyter Notebook

A maioria das plataformas fornece um ícone para acessar o Jupyter Notebook. Basta clicar nele para acessá-lo. Por exemplo, em um sistema Windows, você escolhe Iniciar⇨Todos os Programas⇨Anaconda 3⇨Jupyter Notebook. A Figura 2-3 mostra como é a interface quando exibida em um navegador Firefox. A aparência correta no sistema depende do navegador usado e do tipo de plataforma instalada.

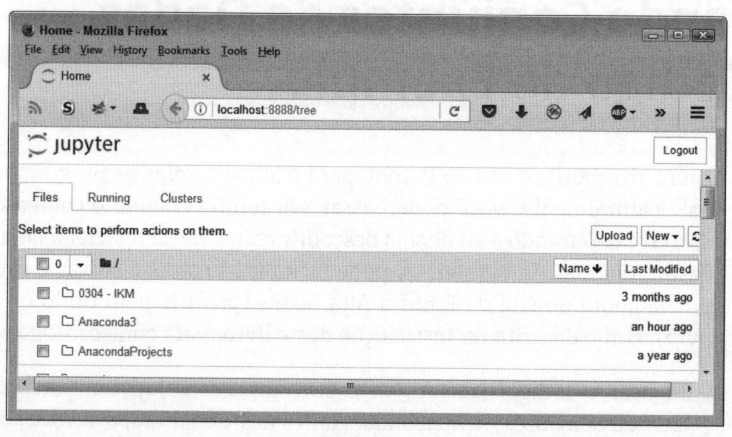

FIGURA 2-3: O Jupyter Notebook tem um método fácil de criar exemplos de aprendizado automático.

Parando o servidor Jupyter Notebook

Não importa como você inicie o Jupyter Notebook (ou apenas Notebook, como ficará no resto deste livro), o sistema normalmente abre um prompt de comando ou janela de terminal para hospedá-lo. Essa janela tem um servidor que faz o aplicativo funcionar. Depois de fechar a janela do navegador, quando uma sessão termina, selecione a janela do servidor e pressione Ctrl+C ou Ctrl+Break para parar o servidor.

Definindo o repositório de código

O código criado e usado neste livro residirá em um repositório em seu disco rígido. Considere um *repositório* como um tipo de gabinete de arquivos em que se coloca o código. O Notebook abre uma gaveta, tira a pasta e mostra o código.

Você pode modificá-lo, executar exemplos individuais dentro da pasta, adicionar novos exemplos e simplesmente interagir com seu código de modo natural. As seções a seguir apresentam o Notebook para que você veja como funciona todo o conceito de repositório.

Definindo a pasta do livro

Vale a pena organizar seus arquivos para poder acessá-los mais facilmente depois. Este livro mantém os arquivos na pasta Programação Funcional Para Leigos (FPD, na sigla em inglês). Use estas etapas no Notebook para criar uma nova pasta:

1. **Escolha New ⇨ Folder.**

   O Notebook criará uma nova pasta chamada Untitled Folder. O arquivo aparecerá em ordem alfanumérica, portanto você não a poderá ver inicialmente. É preciso paginar até o local certo.

2. **Selecione a caixa ao lado da entrada Untitled Folder.**

3. **Clique em Rename, no topo da página.**

   Você verá uma caixa de diálogo Rename Directory, como na Figura 2-4.

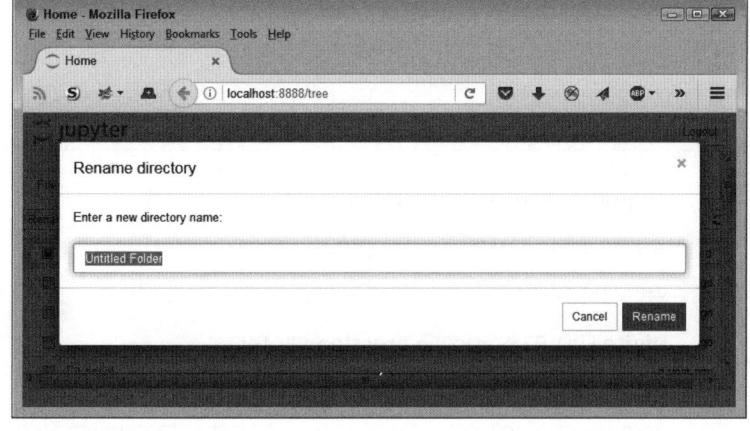

FIGURA 2-4: Renomeie a pasta para lembrar os tipos de entradas que ela contém.

4. **Digite** FPD **e clique em Rename.**

   O Notebook mudará o nome da pasta.

5. **Clique na nova entrada FPD na lista.**

   O Notebook mudará o local para a pasta FPD, na qual você realizará as tarefas relacionadas aos exercícios deste livro.

Criando um novo bloco de notas

Todo novo bloco de notas é como uma pasta de arquivos. Você pode colocar exemplos dentro da pasta de arquivos exatamente como folhas de papel em uma pasta física. Cada exemplo aparece em uma célula. É possível colocar outras coisas na pasta também, mas você verá isso quando avançar neste livro. Use estas etapas para criar um novo bloco de notas:

1. **Clique em New ⇨ Python 3.**

   Uma nova guia será aberta no navegador com o novo bloco de notas, como na Figura 2-5. Observe que o bloco de notas contém uma célula e que o Notebook a destacou para você começar a digitar o código. O título do bloco de notas é Untitled no momento. Isso não ajuda muito, então é preciso mudá-lo.

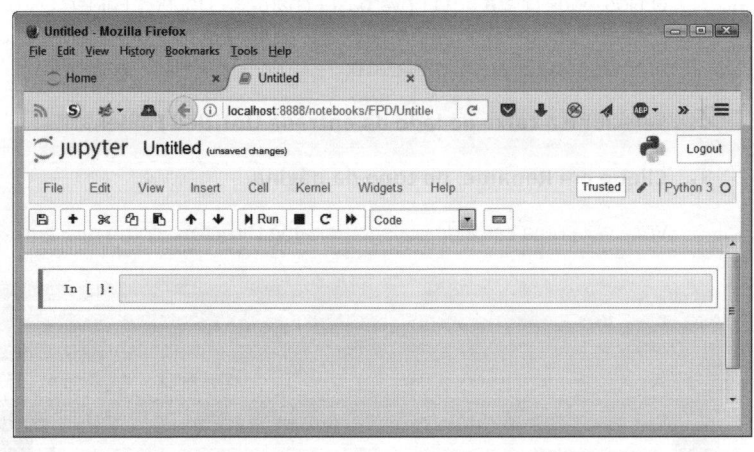

FIGURA 2-5: Um bloco de notas contendo células que você usa para manter o código.

2. **Clique em Untitled na página.**

   O Notebook perguntará o que você quer usar como novo nome, como mostrado na Figura 2-6.

3. **Digite FPD_02_Sample e pressione Enter.**

   O novo nome informará que este é um arquivo para a *Programação Funcional Para Leigos,* Capítulo 2, `Sample.ipynb`. Usar essa convenção de nomenclatura permite diferenciar com facilidade os arquivos no repositório.

Naturalmente, o bloco de notas Sample não tem nada ainda. Coloque o cursor na célula, digite **print('Python is really cool!')** e clique no botão Run. Você verá a saída mostrada na Figura 2-7. Ela faz parte da mesma célula do código (o código reside em um quadrado e a saída fica fora dele, mas ambos estão dentro da célula). Porém o Notebook separa visualmente a saída do código para que você possa dizer quem é quem. Ele cria uma nova célula para você.

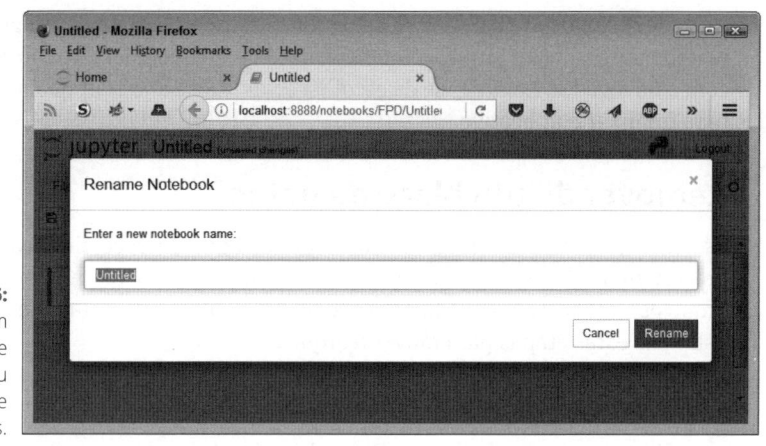

FIGURA 2-6:
Forneça um novo nome para seu bloco de notas.

FIGURA 2-7:
O Notebook usa células para armazenar seu código.

Quando você termina de trabalhar com um bloco de notas, a finalização é importante. Para fechar um bloco de notas, escolha File➪Close and Halt. Você voltará para a página Home do Notebook, na qual poderá ver que o bloco de notas que acabou de criar foi adicionado à lista.

Exportando um bloco de notas

Criar blocos de notas e mantê-los para si mesmo não é nada divertido. Em algum ponto, você desejará compartilhá-los com outras pessoas. Para tanto, deve exportar o bloco de notas do repositório para um arquivo. Depois, poderá enviar o arquivo para alguém, que o importará para um repositório diferente.

A seção anterior mostra como criar um bloco de notas chamado `FPD_02_Sample.ipynb` no Notebook. Você pode abrir esse bloco de notas clicando em sua entrada na lista de repositórios. O arquivo será reaberto para que veja o código de novo. Para exportar o código, escolha File➪Download As➪Notebook (.ipynb). O que verá em seguida depende do navegador, mas normalmente será um tipo de caixa de diálogo para salvar o bloco de notas como um arquivo. Utilize o mesmo método para salvar o arquivo Notebook usado para qualquer outro arquivo salvo com o navegador. Lembre-se de escolher File➪Close and Halt quando terminar para finalizar o aplicativo.

Removendo um bloco de notas

Às vezes os blocos de notas ficam desatualizados ou você simplesmente não precisa mais trabalhar com eles. Em vez de deixar o repositório lotado de arquivos desnecessários, é possível remover os blocos de notas indesejados da lista. Use estas etapas para mover o arquivo:

1. **Selecione a caixa ao lado da entrada `FPD_02_Sample.ipynb`.**
2. **Clique no ícone de lixeira (Delete), no topo da página.**

    Você verá uma mensagem de aviso Delete do bloco de notas, como na Figura 2-8.

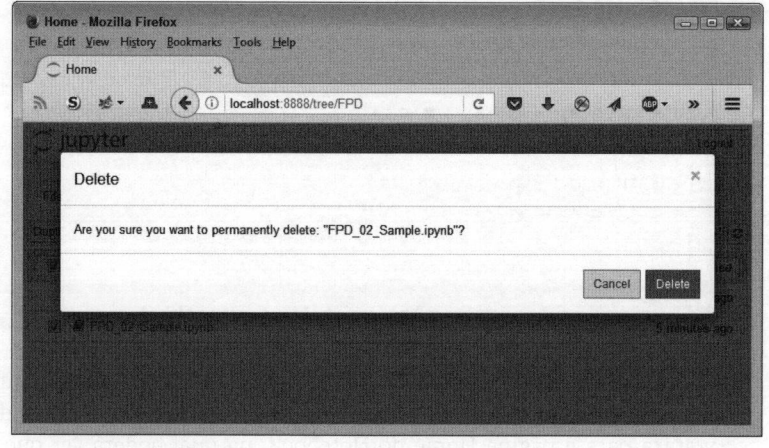

FIGURA 2-8:
O Notebook avisa antes de remover qualquer arquivo do repositório.

3. **Clique em Delete.**

    O arquivo será removido da lista.

Importando um bloco de notas

Para usar o código-fonte deste livro, você deve importar os arquivos baixados para o repositório. O código vem em um arquivo de armazenamento que você extrai para um local no disco rígido. O armazenamento tem uma lista de arquivos .ipynb (IPython Notebook) contendo o código-fonte deste livro (veja a Introdução para obter detalhes sobre como baixar o código). As etapas a seguir informarão como importar os arquivos para seu repositório:

1. **Clique em Upload, no topo da página.**

   O que você vê depende do navegador. Na maioria dos casos, será um tipo de caixa de diálogo File Upload, que dá acesso aos arquivos em seu disco rígido.

2. **Navegue para o diretório que contém os arquivos que deseja importar para o Notebook.**

3. **Destaque um ou mais arquivos para importar e clique no botão Open (ou outro parecido) para começar o processo de upload.**

   Você verá o arquivo adicionado a uma lista de uploads, como na Figura 2-9. O arquivo não faz parte ainda do repositório, você apenas o selecionou para transferi-lo.

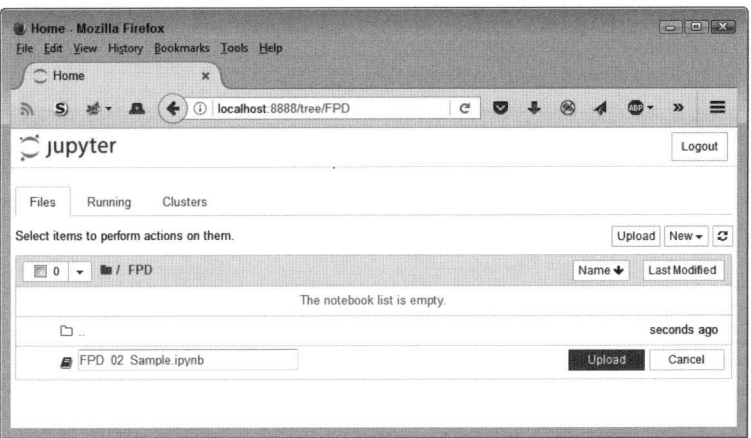

FIGURA 2-9: Os arquivos que deseja adicionar ao repositório aparecem como parte de uma lista de uploads que consiste em um ou mais nomes de arquivo.

4. **Clique em Upload.**

   O Notebook colocará o arquivo no repositório para que possa começar a usá-lo.

Obtendo e usando conjuntos de dados

Este livro usa vários conjuntos de dados, todos aparecendo na biblioteca Scikit-learn. Esses conjuntos de dados demonstram várias maneiras de interagir com os dados e como usá-los nos exemplos para fazer muitas tarefas. A lista a seguir dá uma visão geral rápida da função usada para importar cada um dos conjuntos para o código do Python:

» `load_boston()`: Análise de regressão com o conjunto de dados Boston house-prices.
» `fetch_olivetti_faces()`: Conjunto de dados Olivetti faces da AT&T.
» `make_blobs()`: Gera blobs gaussianos isotrópicos usados para o cluster.

A técnica de carregar cada um desses conjuntos de dados é a mesma nos exemplos. O exemplo a seguir mostra como carregar o conjunto de dados Boston house-prices. Você pode encontrar o código no bloco de notas FPD_02_Dataset_Load.ipynb.

```
from sklearn.datasets import load_boston
Boston = load_boston()
print(Boston.data.shape)
```

Para ver como o código funciona, clique em Run. A saída da chamada `print` será `(506, 13)`. A saída é mostrada na Figura 2-10.

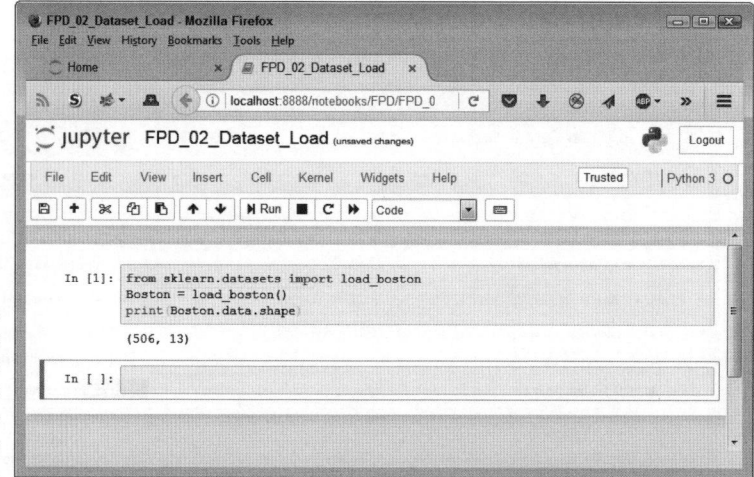

FIGURA 2-10: O objeto Boston contém o conjunto de dados carregado.

PAPO DE ESPECIALISTA

A linha `from sklearn.datasets import load_boston` é especial porque pede ao Python para usar um módulo externo. Nesse caso, o módulo externo é chamado `sklearn.datasets` e o Python carrega a função `load_boston` a partir dele. Depois de a função ser carregada, é possível chamá-la a partir do código, como mostrado na próxima linha. Você verá os módulos externos usados com muita frequência neste livro, então, de agora em diante, basta saber que eles existem para poder carregá-los quando necessário.

Criando um Aplicativo Python

Na verdade, você já criou seu primeiro aplicativo Anaconda com as etapas na seção "Criando um novo bloco de notas", antes neste capítulo. Pode não parecer, mas o método `print()` será muito usado. Porém a abordagem da programação literária fornecida pelo Anaconda requer um pouco mais de conhecimento do que você já tem. As próximas seções não informarão tudo sobre essa abordagem, mas o ajudarão a entender o que a programação literária pode fornecer em termos de funcionalidade. Mas, antes de começar, abra o arquivo `FPD_02_Sample.ipynb`, porque precisará dele para explorar o Notebook.

Entendendo as células

Se o Notebook fosse um IDE padrão, você não teria células, mas um documento com uma série de instruções simples e contínuas. Para separar os vários elementos de codificação, é preciso separar os arquivos. As células são diferentes porque cada uma está separada. Sim, os resultados do que é feito nas células anteriores importam, mas, se uma delas tiver que trabalhar sozinha, você poderá simplesmente ir para essa célula e executá-la. Para ver por si mesmo como isso funciona, digite o seguinte código na próxima célula do arquivo `FPD_02_Sample`:

```
myVar = 3 + 4
print(myVar)
```

Agora clique em Run (a seta para a direita). O código será executado e você verá a saída, como na Figura 2-11. A saída é 7, como se espera. Mas observe a entrada In [1]:. Ela informa que essa é a primeira célula executada durante a sessão. Se você quiser iniciar uma nova sessão (portanto, reiniciar os números em 1), escolha Kernel⇨Restart (ou uma das outras opções de reinicialização).

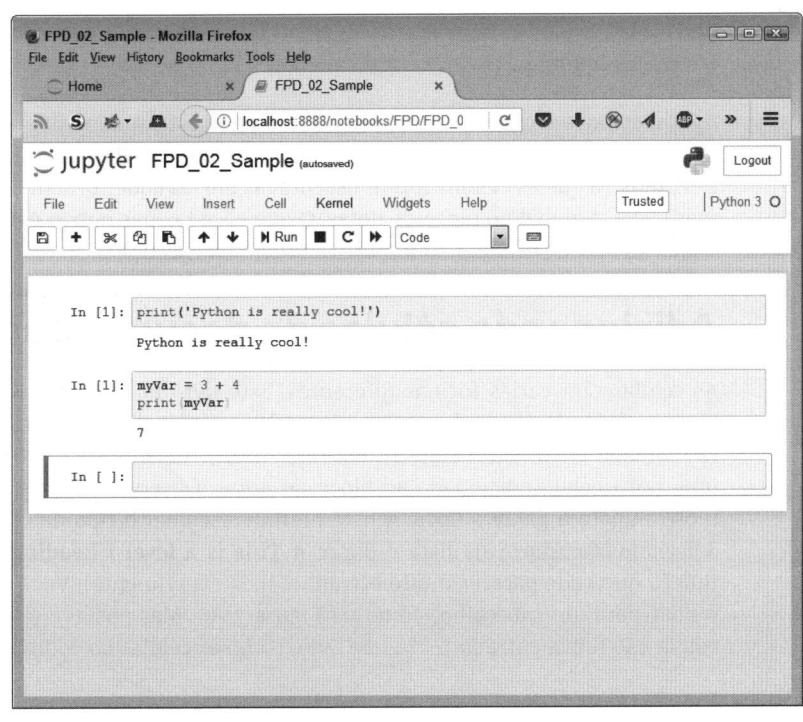

FIGURA 2-11: Células executadas individualmente no Notebook.

Note que a primeira célula também tem uma entrada In [1]:. Ela ainda é da sessão anterior. Coloque o cursor nessa célula e clique em Run. Agora, a célula terá In [2]:, como mostrado na Figura 2-12. Mas observe que a próxima célula não foi selecionada e ainda tem a entrada In [1]:.

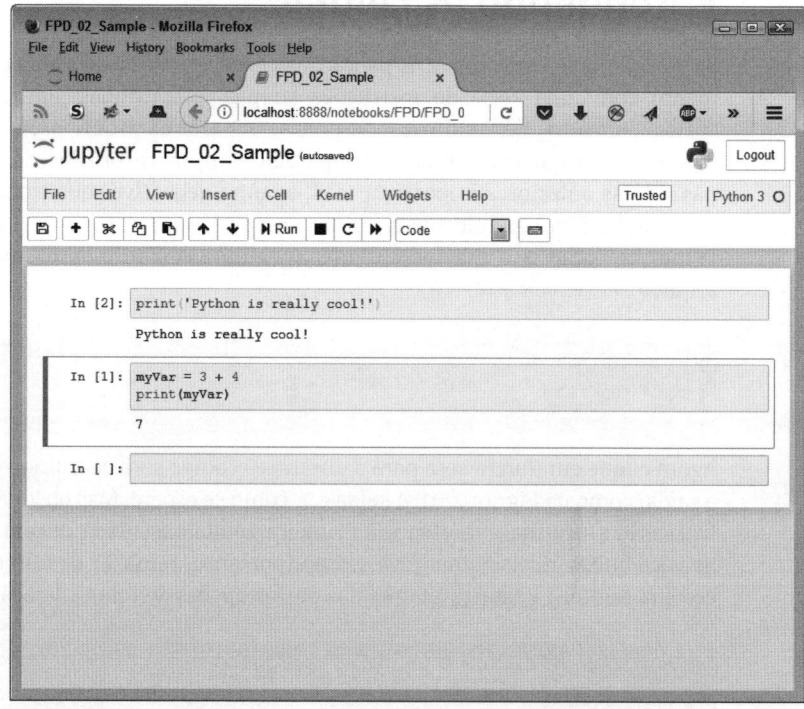

FIGURA 2-12: As células podem ser executadas em qualquer ordem no Notebook.

Agora, coloque o cursor na terceira célula, a que está atualmente em branco, e digite `print("This is myVar: ", myVar)`. Clique em Run. A saída na Figura 2-13 mostra que as células foram executadas em qualquer ordem, sem rigidez, mas `myVar` é global no bloco de notas. O que você faz nas outras células com os dados afeta cada célula, não importa a ordem da execução.

Adicionando células de documentação

As células têm várias formas diferentes. Este livro não usa todas. Mas saber como usar as células de documentação pode ser útil. Selecione a primeira célula (a marcada atualmente com 2). Escolha Insert ⇨ Insert Cell Above. Você verá uma nova célula adicionada ao bloco de notas. Observe a lista suspensa que mostra agora a palavra *Code*. A lista permite escolher o tipo de célula a criar. Selecione Markdown na lista e digite **# This is a level 1 heading**. Clique em Run (o que pode parecer muito estranho, mas experimente). Você verá o texto mudar para um cabeçalho, como na Figura 2-14. Mas observe também que a célula não tem a entrada In [x] ao lado, como as células do código.

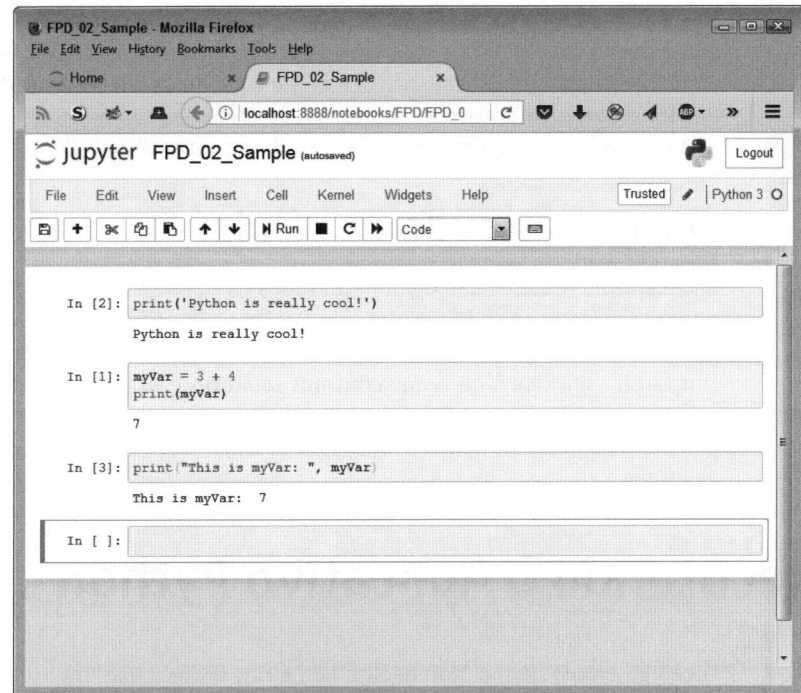

FIGURA 2-13: As mudanças nos dados afetam cada célula que usa a variável modificada.

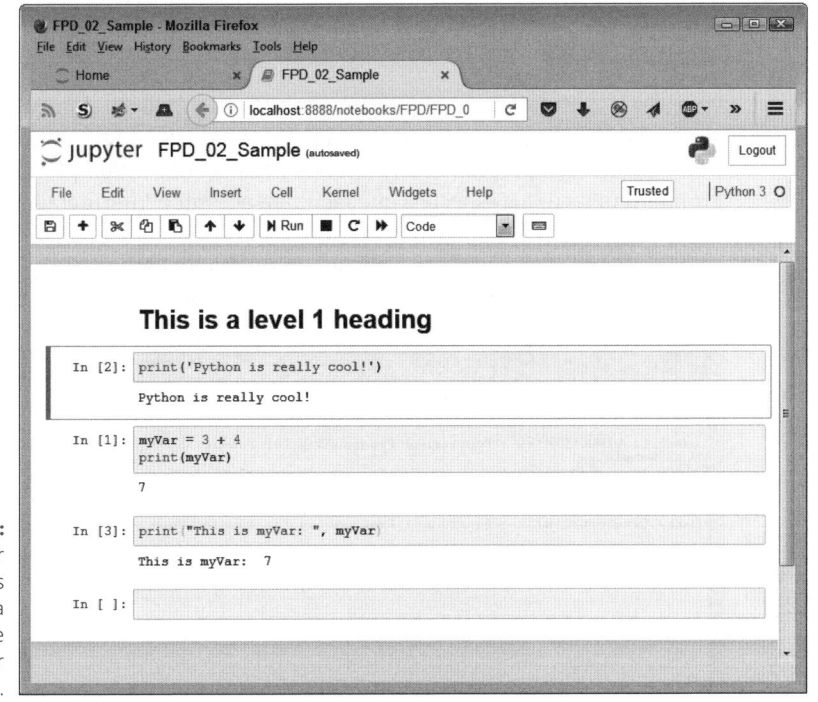

FIGURA 2-14: Adicionar cabeçalhos ajuda a separar e documentar o código.

CAPÍTULO 2 **Obtendo e Usando o Python** 37

Neste momento, você pode estar pensando que essas células especiais agem como as páginas HTML, e está certo. Escolha Insert⇨Insert Cell Below, selecione Markdown na lista suspensa e digite **## This is a level 2 heading**. Clique em Run. Como se pode ver, o número de símbolos (#) adicionados ao texto afeta o nível do cabeçalho, mas não aparece no cabeçalho real.

Outro conteúdo da célula

Este capítulo (e livro) não demonstra todos os tipos de conteúdo da célula que podem ser vistos usando o Notebook. Porém você pode adicionar coisas como gráficos aos blocos de notas também. No momento certo, poderá produzir (imprimir) seu bloco de notas com um relatório e usá-lo em todos os tipos de apresentações. A técnica da programação literária é diferente da que você pode ter usado antes, mas tem vantagens claras, como será visto nos próximos capítulos.

Executando o Aplicativo Python

O código criado com o Notebook ainda é um código, não um arquivo único e misterioso que apenas o Notebook entende. Ao trabalhar com qualquer arquivo, como o `FPD_02_Sample`, você poderá escolher File⇨Download As⇨Python (.py) para produzir o Notebook como um arquivo Python. Experimente e acabará com `FPD_02_Sample.py`.

Para ver o código executado assim usando o Python diretamente, abra um Anaconda Prompt, que, em uma máquina Windows, é feito escolhendo Iniciar⇨Todos os programas⇨Anaconda3⇨Anaconda Prompt. O Anaconda Prompt tem recursos especiais que facilitam acessar o interpretador do Python. Use o comando CD (Muda Diretório) do sistema para mudar os diretórios para aquele que tem o arquivo com o código-fonte. Digite **Python FPD_02_Sample.py** e pressione Enter. Seu código será executado como na Figura 2-15.

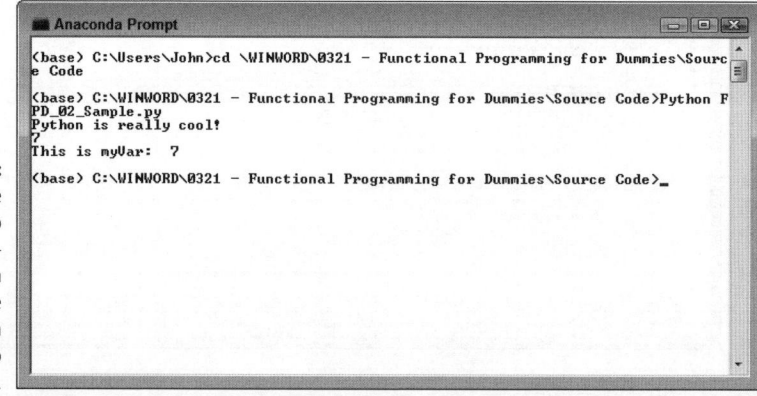

FIGURA 2-15: Você pode usar o interpretador Python diretamente para executar o código.

Este livro não usa muito essa abordagem porque, como se pode ver, é mais difícil de usar e entender do que trabalhar com o Notebook. No entanto, ainda é um modo perfeitamente aceitável de executar seu próprio código.

Entendendo o Uso do Recuo

À medida que trabalhar com os exemplos deste livro, você verá que certas linhas são recuadas. Na verdade, os exemplos também fornecem bastante espaço em branco (como linhas extras entre as linhas de código). Em grande parte, o Python ignora as linhas extras, mas conta com o recuo para mostrar determinados elementos da codificação (por isso é fundamental usar o recuo). Por exemplo, o código associado a uma função é recuado sob ela para que você possa ver com facilidade onde a função começa e termina. O principal motivo para adicionar linhas extras é fornecer dicas visuais sobre o código, como o fim de uma função ou o início de um novo elemento da codificação.

Os vários usos do recuo ficarão mais conhecidos com os exemplos neste livro. Mas você deve saber desde já por que o recuo é usado e como é colocado em prática. Para tanto, é hora de ver outro exemplo. As seguintes etapas o ajudarão a criar um novo exemplo, que usa o recuo para tornar a relação entre os elementos do aplicativo ainda mais aparente e fácil de entender no futuro:

1. **Escolha New ⇨ Python3.**

    O Jupyter Notebook criará um novo bloco de notas para você. O código-fonte baixado usa o nome de arquivo `FPD_02_Indentation.ipynb`, mas você pode usar qualquer um que quiser.

2. **Digite** print("This is a really long line of text that will " +.

    Você verá o texto exibido normalmente na tela, como esperava. O sinal de mais (+) informa ao Python que há mais texto a exibir. Adicionar texto com várias linhas juntas em um único texto longo é chamado de *concatenação*. Você aprenderá mais sobre como usar esse recurso mais adiante neste livro, então não precisa se preocupar agora.

3. **Pressione Enter.**

    O ponto de inserção não volta para o início da linha, como se esperava. Pelo contrário, termina diretamente abaixo da primeira aspa dupla, como na Figura 2-16. Esse recurso é chamado de recuo automático e é um dos recursos que diferenciam um texto normal de um designado para escrever código.

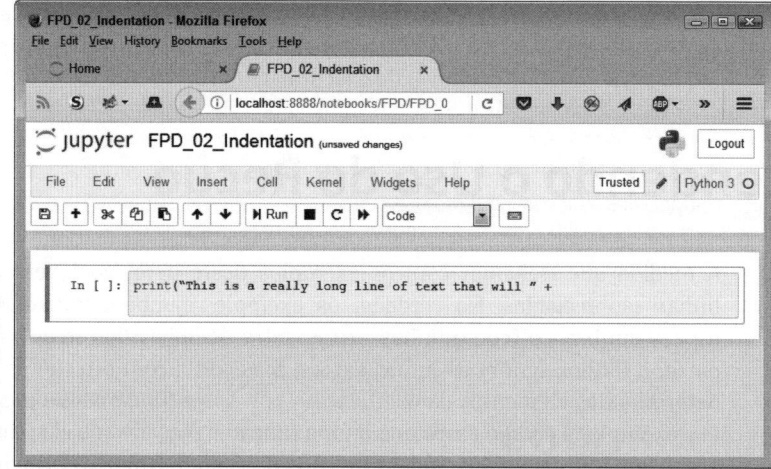

FIGURA 2-16:
A janela Edit recua automaticamente alguns tipos de texto.

4. **Digite** "appear on multiple lines in the source code file.") **e pressione Enter.**

   Observe que o ponto de inserção volta para o início da linha. Quando o Notebook percebe que você atingiu o final do código, ele recua automaticamente o texto para fora da margem à esquerda, sua posição original.

5. **Clique em Run.**

   Você verá a saída mostrada na Figura 2-17. Mesmo que o texto apareça em várias linhas no arquivo de código-fonte, ficará em apenas uma linha na saída. A linha quebra por causa do tamanho da janela, mas é realmente apenas uma linha.

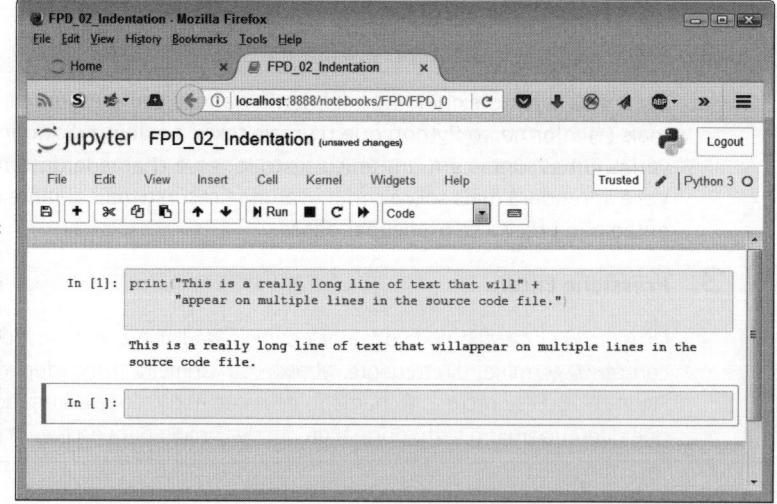

FIGURA 2-17:
Use a concatenação para que várias linhas de texto apareçam em uma única linha na saída.

> ## CABEÇALHOS VERSUS COMENTÁRIOS
>
> Você pode achar os cabeçalhos e os comentários um pouco confusos no início. Os cabeçalhos aparecem em células separadas, e os comentários, com o código-fonte. Eles têm finalidades diferentes. Os cabeçalhos servem para informar sobre um grupo inteiro de código, e os comentários individuais informam sobre as etapas de código separadas ou mesmo linhas de código. Mesmo que você use os dois para a documentação, cada um tem sua finalidade específica. Em geral, os comentários são mais detalhados que os cabeçalhos.

Adicionando Comentários

As pessoas criam notas para si mesmas o tempo todo. Quando você precisa comprar alimentos, examina os armários, determina o que precisa e faz uma lista. Quando chega ao mercado, revisa a lista para lembrar o que precisa. Usar notas é útil em muitas situações, como controlar o curso de uma conversa entre parceiros de negócios ou lembrar os pontos essenciais de uma palestra. As pessoas precisam de notas para registrar suas lembranças. Os *comentários* no código-fonte são apenas outra forma de criar notas. Você adiciona comentários ao código para poder lembrar mais tarde qual tarefa o código realiza. As seções a seguir descrevem em detalhes os comentários. Você encontra esses exemplos no arquivo `FPD_02_Comments.ipynb` no código-fonte baixado.

Entendendo os comentários

Os computadores precisam de um modo especial de determinar que o texto é um comentário, não um código a executar. O Python tem dois métodos de definir o texto como comentário, não como código. O primeiro é o comentário com uma linha. Ele usa a cerquilha, também chamada de sinal numérico (#), assim:

```
# This is a comment.
print("Hello from Python!") #This is also a comment.
```

LEMBRE-SE

Esse tipo de comentário aparece em uma linha sozinha ou após um código executável. É apenas uma linha. Normalmente você o utiliza para um texto descritivo curto, como uma explicação de certa parte do código. O Notebook mostra os comentários com uma cor diferente (em geral azul) e em itálico.

Na verdade, o Python não suporta diretamente um comentário com várias linhas, mas você pode criar um usando uma string com três aspas. Tal comentário começa e termina com três aspas duplas (""") ou três aspas simples ('''), assim:

```
"""
    Application: Comments.py
    Written by: John
    Purpose: Shows how to use comments.
"""
```

LEMBRE-SE

Essas linhas não são executadas. O Python não exibirá uma mensagem de erro quando elas aparecerem no código. Mas o Notebook as trata de modo diferente, como na Figura 2-18. Observe que os comentários reais do Python, aqueles precedidos com (#) na célula 1, não geram nenhuma saída. Contudo, as strings com aspas triplas geram. Se você pretende produzir seu bloco de notas como um relatório, será preciso evitar strings com aspas triplas. (Alguns IDEs, como o IDLE, ignoram completamente as strings com aspas triplas.)

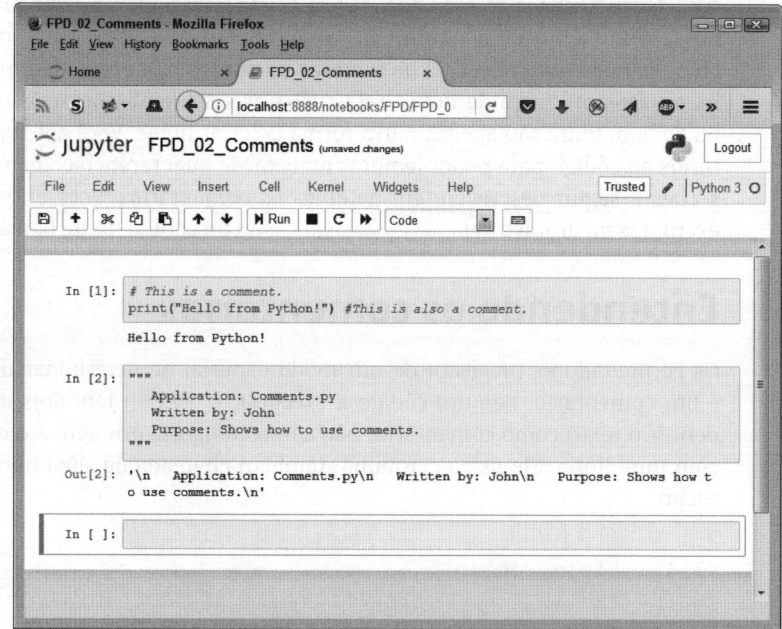

FIGURA 2-18: Os comentários com várias linhas funcionam, mas eles também fornecem uma saída.

Em geral, você usa os comentários com várias linhas para as explicações maiores de quem criou um aplicativo, por que foi criado e quais tarefas ele realiza. Naturalmente, não há regras rígidas sobre como usá-los precisamente. O principal objetivo é informar ao computador com precisão o que é e não é um comentário, para que ele não fique confuso.

Usando comentários como lembretes

Muitas pessoas realmente não entendem os comentários, pois não sabem o que fazer com as notas no código. Lembre-se de que você pode escrever uma parte do código hoje e depois não a ver por anos. É necessário ter notas para refrescar sua memória e lembrar qual tarefa do código realiza e por que a escreveu. Veja alguns motivos comuns para usar comentários no código:

- » Lembrar-se do que o código faz e por que o escreveu.
- » Informar às outras pessoas como manter o código.
- » Tornar o código acessível para os outros desenvolvedores.
- » Listar ideias para futuras atualizações.
- » Fornecer uma lista das fontes de documentação usadas para escrever o código.
- » Manter uma lista das melhorias feitas.

Você pode usar comentários de muitos outros modos também, mas esses são os mais comuns. Veja como eles são usados nos exemplos deste livro, sobretudo nos capítulos posteriores, nos quais o código fica mais complexo. Quando seu código ficar mais complicado, será preciso adicionar mais comentários e torná--los pertinentes ao que você precisa lembrar sobre ele.

Usando comentários para impedir a execução do código

Às vezes, os desenvolvedores também usam o recurso do comentário para impedir a execução das linhas de código (referido como *comentar*). Você pode precisar fazer isso para determinar se uma linha de código faz o aplicativo falhar. Como em qualquer outro comentário, você pode usá-lo com uma ou várias linhas. Mas, ao usar com várias linhas, verá o código que não está sendo executado como parte da saída (e pode ser muito útil ver onde o código afeta a saída). Veja um exemplo das duas formas de comentário:

```
# print("This print statement won't print")

"""
    print("This print statement appears as output")
"""
```

Fechando o Jupyter Notebook

Depois de usar o comando File ⇨ Close and Halt para fechar cada bloco de notas aberto (as janelas individuais do navegador), basta fechar a janela do navegador que mostra a página Home do Notebook para encerrar a sessão. Mas o servidor do Notebook (uma parte separada dele) continuará a ser executado em segundo plano. Normalmente, uma janela do Jupyter Notebook é aberta quando você o inicia, como mostrado na Figura 2-19. Ela fica aberta até você parar o servidor. Basta pressionar Ctrl+C para finalizar a sessão do servidor, e a janela se fechará.

FIGURA 2-19: Feche a janela do servidor.

PAPO DE ESPECIALISTA

Veja novamente a Figura 2-19 para notar vários comandos. Eles informam o que a interface do usuário está fazendo. Monitorando essa janela, você pode determinar o que pode dar errado durante uma sessão. Mesmo que não use esse recurso com frequência, é ótimo conhecê-lo.

Obtendo Ajuda com a Linguagem Python

Você tem acesso a muitos recursos do Python online e vários aparecem neste livro em diversos capítulos. No entanto, o único recurso que você precisa conhecer agora é o Anaconda Navigator. Esse aplicativo é iniciado escolhendo a entrada Anaconda Navigator na pasta Anaconda3. Ele demora um pouco para iniciar, tenha paciência.

LEMBRE-SE As guias Home, Environments e Projects são destinadas a trabalhar com as ferramentas e utilitários do Anaconda. A guia Learning, mostrada na Figura 2-20, é diferente, porque dá um acesso padronizado à documentação relacionada ao Python, treinamento, vídeos e webinars. Para usar qualquer recurso, basta clicar naquele que deseja ver ou acessar.

FIGURA 2-20: Use a guia Learning para obter informações padronizadas.

DICA Observe que a página tem mais do que apenas recursos específicos do Python ou do Anaconda. Também é possível ter acesso a informações sobre os recursos comuns do Python, como a biblioteca SciPy.

A guia Community, mostrada na Figura 2-21, fornece acesso a eventos, fóruns e entidades sociais. Parte do conteúdo muda com o tempo, especialmente os eventos. Para ter uma visão geral rápida de uma entrada, passe o mouse sobre ela. Ler essa visão geral é muito útil ao decidir que você quer aprender mais sobre os eventos. Os fóruns são diferentes da mídia social pelo nível de formalidade e modo de acesso. Por exemplo, o Stack Overflow permite fazer perguntas relacionadas ao Python, e o Twitter permite falar sobre sua última façanha de programação.

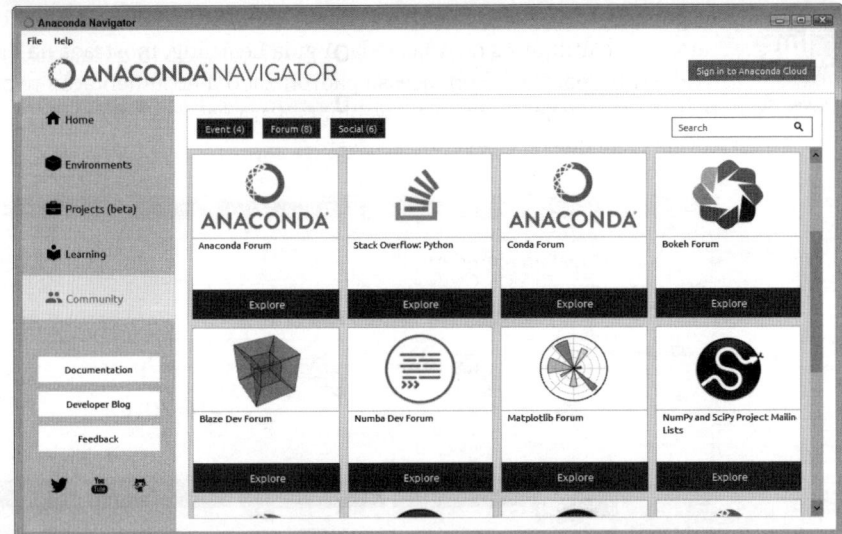

FIGURA 2-21:
Use a guia Community para descobrir recursos de informações interativos.

> **NESTE CAPÍTULO**
>
> » Obtendo e usando o Haskell
>
> » Usando GHCi e WinGHCi
>
> » Escrevendo o código Haskell
>
> » Encontrando informações adicionais

Capítulo **3**

Obtendo e Usando o Haskell

As primeiras seções deste capítulo descrevem os objetivos que tenho com a instalação do Haskell, ajudam a obter uma cópia dele e mostram como instalá-lo em qualquer uma das três plataformas suportadas deste livro: Linux, Mac e Windows. Em termos gerais, este capítulo foca a instalação mais simples possível para que você possa ver claramente como funciona o paradigma da programação funcional. Cedo ou tarde você poderá achar que precisa de uma instalação diferente para atender a necessidades específicas ou requisitos da ferramenta.

Depois de instalar o Haskell, você realiza algumas tarefas de codificação simples usando-o. O principal objetivo de escrever esse código é verificar se sua cópia do Haskell funciona corretamente, mas também o ajuda a se familiarizar um pouco com ele. Um segundo exemplo ajuda a se acostumar com as bibliotecas do Haskell, que são importantes ao exibir os exemplos deste livro.

LEMBRE-SE

A seção final deste capítulo ajuda a localizar alguns recursos do Haskell. Este livro não fornece uma base sólida para aprender como programar em Haskell. Pelo contrário, foca o paradigma da programação funcional, que pode contar com o Haskell para uma abordagem de implementação pura. Como consequência, mesmo que o texto dê alguns exemplos básicos, ele não fornecerá um tratamento completo da linguagem, e os outros recursos já mencionados ajudarão a fechar as lacunas se você for novo no Haskell.

Trabalhando com Haskell Neste Livro

Você pode encontrar muitas maneiras diferentes e extremamente confusas de trabalhar com o Haskell. Tudo o que precisa fazer é uma busca no Google, e, mesmo que limite os resultados ao ano passado, descobrirá que todos têm uma opinião diferente quanto ao modo de obter, instalar e configurar o Haskell. E mais, várias ferramentas trabalham com o Haskell configurado de modos diferentes. Você também descobrirá que plataformas diferentes suportam opções diferentes. O Haskell é muito flexível e relativamente novo, portanto é necessário considerar a questão da estabilidade. Este capítulo ajuda-o a criar uma configuração fácil de trabalhar e permite focar a tarefa em questão, que é descobrir as maravilhas do paradigma da programação funcional.

Para assegurar que o código encontrado neste livro funcionará bem, use a versão 8.2.2 do Haskell. As versões mais antigas podem não ter recursos ou requererem correções de erros para os exemplos funcionarem. Você também precisa verificar se tem uma instalação compatível usando as instruções na seção "Obtendo e Instalando o Haskell", a seguir. Ele tem várias opções de instalação muito flexíveis, que podem não ser compatíveis com o código de exemplo.

Obtendo e Instalando o Haskell

Você pode obter o Haskell para cada uma das três plataformas suportadas por este livro em `https://www.haskell.org/platform/prior.html` [conteúdo em inglês]. Basta clicar no ícone que corresponde à plataforma escolhida. A página abrirá a seção da plataforma.

LEMBRE-SE Nos três casos, é necessário fazer a instalação completa, em vez da básica, porque esta não fornece suporte para alguns pacotes usados neste livro. Os usuários Mac e Windows podem usar apenas uma instalação de 64 bits. Além disso, a menos que você tenha um bom motivo para fazer o contrário, os usuários Mac devem contar com o instalador, não com o Homebrew Cask. Os usuários Linux devem usar a instalação de 64 bits também, porque podem conseguir resultados melhores. Verifique se há bastante espaço em disco para a instalação. Por exemplo, mesmo que o arquivo de download do Windows tenha apenas 269MB, a pasta Haskell Platform consumirá 2,6GB de espaço em disco após a conclusão da instalação.

DICA — Você pode ter problemas ao clicar nos links na página inicial. Se achar que o download não será iniciado, acesse `https://downloads.haskell.org/~platform/8.2.2/` [conteúdo em inglês] e escolha o link certo para sua plataforma:

- **Linux Genérico:** haskell-platform-8.2.2-unknown-posix--full-i386.tar.gz.
- **Linux Específico:** Veja as instruções de instalação na seção "Instalando Haskell em um sistema Linux", a seguir.
- **Mac:** Haskell Platform 8.2.2 Full 64bit-signed.pkg.
- **Windows:** HaskellPlatform-8.2.2-full-x86_64-setup.exe.

O Haskell suporta diretamente algumas distribuições Linux. Se esse for o caso, não será preciso baixar uma cópia do produto. As próximas seções apresentam as diversas instalações.

USANDO IDEs E AMBIENTES DO HASKELL

Você pode encontrar vários IDEs e ambientes online do Haskell. Muitas dessas opções, como Vim (`https://www.vim.org/download.php`), neoVim (`https://neovim.io/`) e Emacs (`https://www.gnu.org/software/emacs/download.html`), são editores de texto avançados. O problema é que os editores fornecem conjuntos de recursos variados para as plataformas suportadas. E mais, em cada caso você deve fazer outras instalações para ter o suporte do Haskell. Por exemplo, o emacs requer o uso do haskell-mode (`https://github.com/haskell/haskell-mode/wiki`). Assim, eles não serão usados neste livro.

Do mesmo modo, você encontra o complemento Jupyter Notebook para o Haskell em `https://github.com/gibiansky/IHaskell`. Esse complemento funciona bem, contanto que você tenha o Mac ou o Linux suportado como sua plataforma. Não há suporte do Windows para esse complemento, a menos que você queira criar uma máquina virtual Linux na qual o executar. Uma análise dos problemas relativos a esse complemento pode ser lida em `https://news.ycombinator.com/item?id=12783913`.

Outra opção é um IDE (Ambiente de Desenvolvimento Integrado) completo, como o Leksah (`http://leksah.org/`), que significa *Haskell* de trás para frente com apenas um *L*, ou o HyperHaskell (`https://github.com/HeinrichApfelmus/hyper-haskell`). A maioria desses IDEs requer fazer uma compilação, e as configurações podem ficar muito complexas para o desenvolvedor iniciante. Ainda assim, um IDE pode fornecer uma funcionalidade avançada, como um depurador. Realmente não há uma opção certa, mas o foco deste livro é simplificar. [Todos os links estão em inglês.]

Instalando Haskell em um sistema Linux

Os usuários Linux têm muitas opções para escolher. Se você encontrar instruções para certa distribuição Linux, poderá nem precisar baixar diretamente o Haskell. O comando $ sudo apt-get pode fazer tudo o que é preciso. Use essa opção se possível. Do contrário, conte com a instalação tarball para o Linux genérico. As instalações específicas são:

- Ubuntu
- Debian
- Linux Mint
- Redhat
- Fedora
- Gentoo

Uma instalação genérica do Linux supõe que você possui uma das distribuições na lista anterior. Nesse caso, baixe o tarball encontrado na introdução desta seção e siga as instruções para instalá-lo:

1. Digite tar xf haskell-platform-8.2.2-unknown-posix--full-i386.tar.gz **e pressione Enter.**

O sistema extrairá os arquivos necessários para você.

2. Digite sudo ./install-haskell-platform.sh **e pressione Enter.**

O sistema fará a instalação. Provavelmente você verá prompts durante o processo de instalação, mas eles variam segundo o sistema. Basta responder às perguntas enquanto continua a concluir a instalação.

CUIDADO

Este livro não o ajudará a instalar o Haskell a partir do código-fonte, e os resultados não são confiáveis o bastante para a abordagem ser recomendada para o desenvolvedor iniciante. Se você achar que realmente deve instalar o Haskell a partir dos arquivos do código-fonte, use as instruções encontradas no arquivo README fornecido com o código-fonte, em vez das instruções online, que podem refletir as necessidades de uma versão mais antiga do Linux.

Instalando Haskell em um sistema Mac

Ao trabalhar com uma plataforma Mac, você precisa acessar um instalador Haskell especialmente designado para um Mac. Este capítulo supõe que você não quer desperdiçar tempo nem esforço para criar uma configuração personalizada usando o código-fonte. As etapas a seguir descrevem como fazer a instalação com o instalador gráfico.

1. **Localize a cópia baixada do Haskell Platform 8.2.2 Full 64bit-signed.pkg em seu sistema.**

   Se você usar outra versão, poderá ter problemas com o código-fonte e precisará fazer ajustes ao trabalhar com ele.

2. **Clique duas vezes no arquivo de instalação.**

   A caixa de diálogo Haskell Platform 8.2.2 64-bit Setup será exibida.

3. **Clique em Next.**

   O assistente exibirá um contrato de licença. Leia o contrato para conhecer os termos de uso.

4. **Clique em I Agree se concordar com o contrato.**

   O assistente de configuração perguntará onde quer instalar a cópia do Haskell. Este livro supõe que você usa o local de instalação padrão.

5. **Clique em Next.**

   Você verá uma caixa de diálogo perguntando quais recursos instalar. Este livro supõe que instalará todos os recursos-padrão.

6. **Clique em Next.**

   Aparecerá uma nova caixa de diálogo perguntando onde instalar o Haskell Stack. Use o local de instalação padrão para assegurar que a configuração funcionará corretamente.

7. **Clique em Next.**

   O assistente de configuração perguntará quais recursos instalar. Você deve instalar todos.

8. **Clique em Install.**

   O assistente Haskell Stack Setup será concluído.

9. **Clique em Close.**

   Você verá o indicador de progresso do assistente Haskell Platform se mover. Em algum ponto a instalação terminará.

10. **Clique em Next.**

    Uma caixa de diálogo de término será exibida.

11. **Clique em Finish.**

    Agora o Haskell está pronto para ser usado em seu sistema.

Instalando Haskell em um sistema Windows

Ao trabalhar com uma plataforma Windows, você precisa acessar um instalador Haskell específico do Windows. As etapas a seguir supõem que você baixou o arquivo necessário, como descrito na introdução desta seção.

1. Localize a cópia baixada do HaskellPlatform-8.2.2-full-x86_64-setup.exe em seu sistema.

Se você usar alguma outra versão, poderá ter problemas com o código-fonte e precisará fazer ajustes para trabalhar com ele.

2. Clique duas vezes no arquivo de instalação.

(A caixa de diálogo Open File – Security Warning será exibida perguntando se você quer executar o arquivo. Clique em Run se a caixa aparecer.) Você verá a caixa de diálogo Haskell Platform 8.2.2 64-bit Setup.

3. Clique em Next.

O assistente exibirá um contrato de licença. Leia todo o contrato para conhecer os termos de uso.

4. Clique em I Agree se concordar com o contrato.

O assistente de configuração perguntará onde deseja instalar sua cópia do Haskell, como na Figura 3-1. Este livro supõe que você usa o local de instalação padrão, mas é possível inserir um diferente.

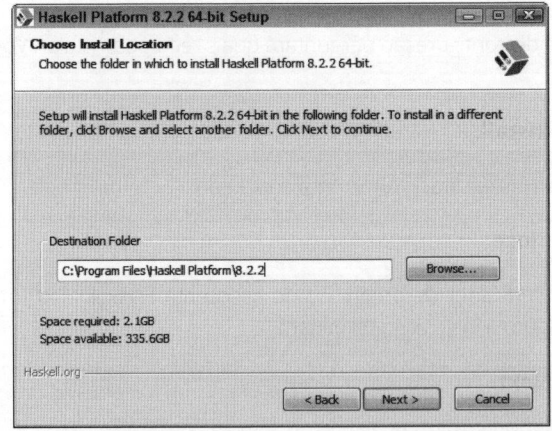

FIGURA 3-1: Especifique um local de instalação do Haskell.

5. Uma opção é fornecer um local de instalação e clicar em Next.

Uma caixa de diálogo será mostrada perguntando quais recursos instalar. Este livro parte do pressuposto de que você instalará todos os recursos-padrão, como na Figura 3-2. Note especialmente a opção Update System Settings.

Verifique se essa opção está selecionada para ter o devido funcionamento dos recursos do Haskell.

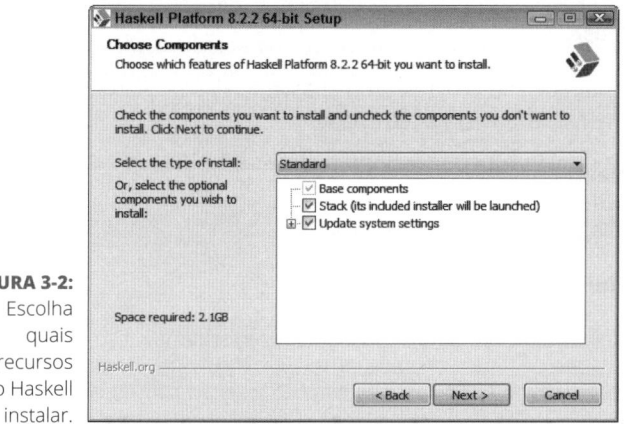

FIGURA 3-2:
Escolha quais recursos do Haskell instalar.

6. **Escolha os recursos que deseja usar e clique em Next.**

   O assistente de configuração perguntará qual pasta do menu Start usar, como mostrado na Figura 3-3. Este livro supõe que você usa a pasta-padrão, mas é possível inserir um nome de sua escolha.

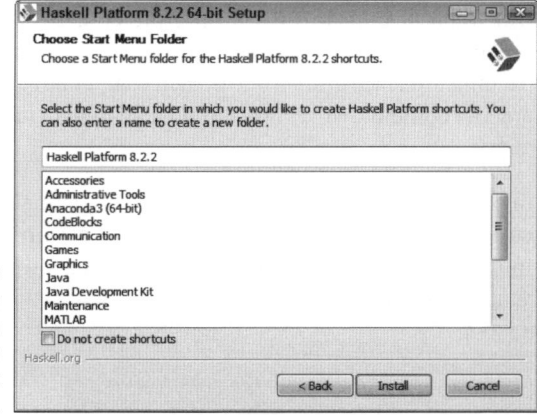

FIGURA 3-3:
Digite um nome da pasta do menu Start se quiser.

7. **Como opção, digite um novo nome da pasta do menu Start e clique em Install.**

   Você verá uma nova caixa de diálogo perguntando onde instalar o Haskell Stack. Use o local de instalação padrão, a menos que precise mudá-lo por um motivo específico, como usar uma pasta local, em vez de uma pasta roaming.

8. **Uma opção é digitar um novo local e clicar em Next.**

   O assistente perguntará quais recursos instalar. Você deve instalar todos.

CAPÍTULO 3 **Obtendo e Usando o Haskell** 53

9. **Clique em Install.**

   Será mostrado o assistente Haskell Stack Setup concluído.

10. **Clique em Close.**

    Você verá o indicador de progresso do assistente Haskell Platform se mover. Neste ponto, a instalação estará terminada.

11. **Clique em Next.**

    A caixa de diálogo de término será exibida.

12. **Clique em Finish.**

    Agora o Haskell está pronto para ser usado em seu sistema.

Testando a Instalação do Haskell

Como explicado na seção complementar "Usando IDEs e Ambientes do Haskell", você terá acesso a muitos ambientes de trabalho com o Haskell. Na verdade, se estiver usando as plataformas Linux ou Mac, poderá contar com um suplemento do ambiente Jupyter Notebook usado para o Python neste livro. Mas, para simplificar, é possível usar o GHCi (interpretador Glasgow Haskell Compiler), que vem com a instalação do Haskell criada anteriormente. Os usuários do Windows têm uma interface gráfica que podem usar, chamada WinGHCi, que funciona exatamente como o GHCi, mas com uma aparência melhor, como mostrado na Figura 3-4.

Você pode encontrar o GHCi ou o WinGHCi na pasta usada para armazenar os ícones do aplicativo Haskell em seu sistema. Ao trabalhar com o Windows, o arquivo fica em Iniciar⇨Todos os programas⇨Haskell Platform 8.2.2. Não importa como você abra o interpretador, verá o número de versão da instalação, como na Figura 3-4.

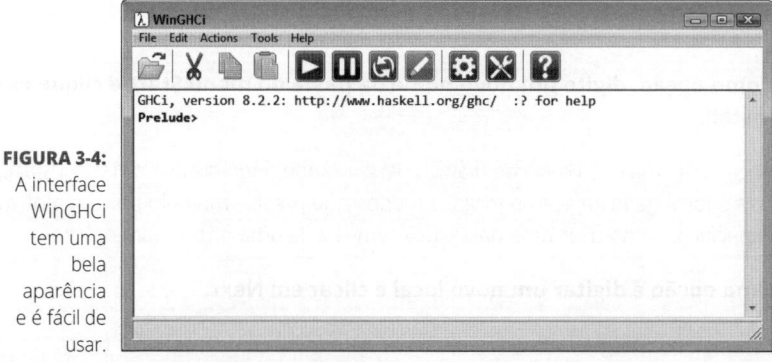

FIGURA 3-4:
A interface WinGHCi tem uma bela aparência e é fácil de usar.

LEMBRE-SE

O interpretador pode fornecer muitas informações sobre o Haskell e pode ser divertido simplesmente ver o que está disponível. Os comandos se iniciam com dois-pontos, inclusive os comandos de ajuda. Portanto, para iniciar o processo, digite **:?** e pressione Enter. A Figura 3-5 mostra os resultados típicos.

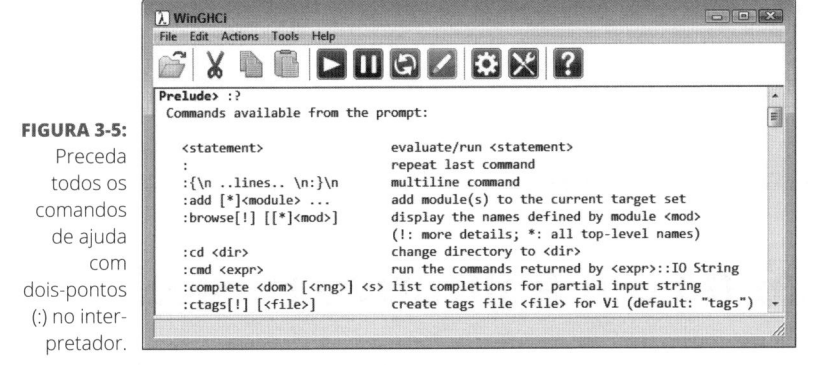

FIGURA 3-5: Preceda todos os comandos de ajuda com dois-pontos (:) no interpretador.

Ao examinar a lista, você verá que todos os comandos começam com dois-pontos. Por exemplo, para sair do interpretador Haskell, digite **:quit** e pressione Enter.

Lidar com o Haskell é o melhor jeito de aprender. Digite **"Haskell is fun!"** e pressione Enter. Você verá a string repetida na tela, como na Figura 3-6. Tudo que o Haskell faz é avaliar a string fornecida.

Na próxima etapa, tente criar uma variável digitando **x = "Haskell is really fun!"** e pressionando Enter. Desta vez, o Haskell não interpretará as informações, simplesmente colocará a string em x. Para ver a string, é possível usar a função putStrLn. Digite **putStrLn x** e pressione Enter. A Figura 3-7 mostra o que você deverá ver. Neste ponto, você sabe que a instalação do Haskell funciona.

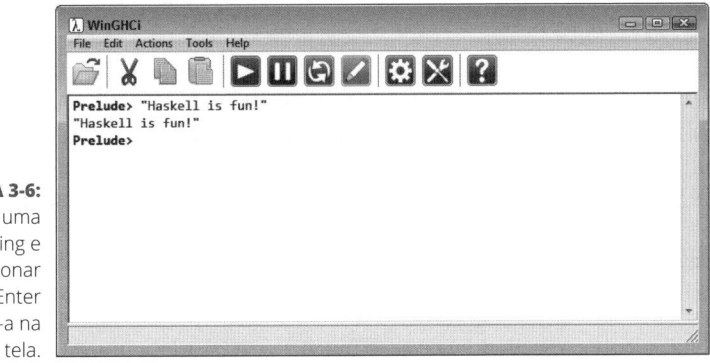

FIGURA 3-6: Digitar uma string e pressionar Enter exibe-a na tela.

CAPÍTULO 3 **Obtendo e Usando o Haskell** 55

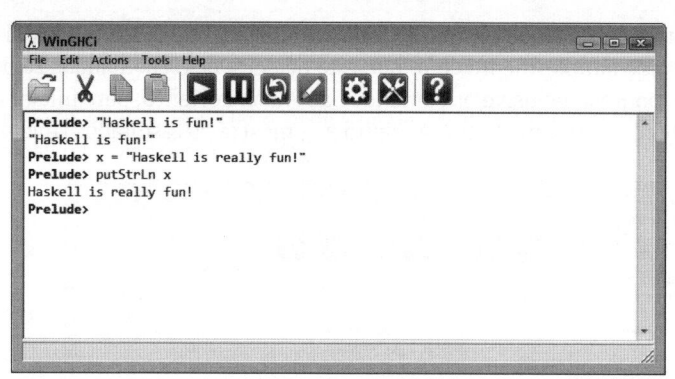

FIGURA 3-7:
O Haskell usa variáveis e funções para interagir com o usuário.

```
Prelude> "Haskell is fun!"
"Haskell is fun!"
Prelude> x = "Haskell is really fun!"
Prelude> putStrLn x
Haskell is really fun!
Prelude>
```

Compilando um Aplicativo Haskell

Mesmo que você realize a maioria das tarefas deste livro usando o interpretador, também pode carregar os módulos e interpretá-los. Na verdade, é como você usa o código-fonte baixado: carrega-o no interpretador e o executa. Para ver como funciona, crie um arquivo de texto no sistema chamado Simple.hs. Você deve usar um editor de texto puro (um que não inclua nenhuma formatação no arquivo de saída), como o Notepad ou o TextEdit. Digite o seguinte código no arquivo e salve-o no disco:

```
main = putStrLn out
    where
        out = "5! = " ++ show result
        result = fac 5

fac 0 = 1
fac n = n * fac (n - 1)
```

PAPO DE ESPECIALISTA

Na prática, esse código demonstra vários recursos do Haskell, mas você não precisa entender por completo todos eles agora. Para compilar um aplicativo Haskell, deve ter a função principal, que consiste em uma instrução, que, neste caso, é putStrLn out. A variável out é definida como parte da cláusula where como a concatenação de uma string, "5! = ", e um inteiro, result, que você produz usando a função show. Observe o uso do recuo. Você deve recuar o código para ele ser compilado corretamente, que é igual a usar o recuo no Python.

O código calcula o resultado usando a função fac (fatorial), que aparece abaixo da main. Como se vê, o Haskell facilita o uso da recursão. A primeira linha define o ponto de interrupção. Quando a entrada é igual a 0, a função produz um valor

1. Do contrário, a segunda linha é usada para chamar `fac` recursivamente, com cada chamada bem-sucedida reduzindo o valor de `n` em `1`, até `n` atingir `0`.

Após salvar o arquivo, você poderá abrir o GHCi ou o WinGHCi para experimentar o aplicativo. As etapas a seguir fornecem um meio de o carregar, testar e compilar:

1. **Digite** :cd *<Diretório do Código-fonte>* **e pressione Enter.**

   Forneça o local do código-fonte em seu sistema. O local provavelmente será diferente do meu.

2. **Digite** :load Simple.hs **e pressione Enter.**

   Observe que o prompt mudará para *Main>, como na Figura 3-8. Se estiver usando o WinGHCi, também poderá usar o comando de menu File ⇨ Load para essa tarefa.

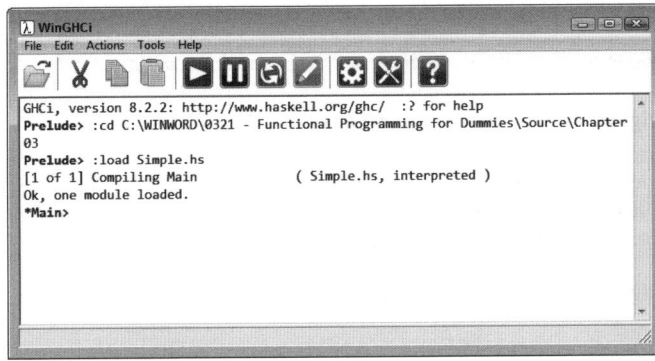

FIGURA 3-8: O prompt muda quando você carrega um arquivo do código-fonte.

3. **Digite** :main **e pressione Enter.**

   Você verá a saída do aplicativo, como mostrado na Figura 3-9. Ao trabalhar com o WinGHCi, também poderá usar o comando "principal" Actions ⇨ Run ou clicar no botão vermelho com a seta para a direita na barra de ferramentas.

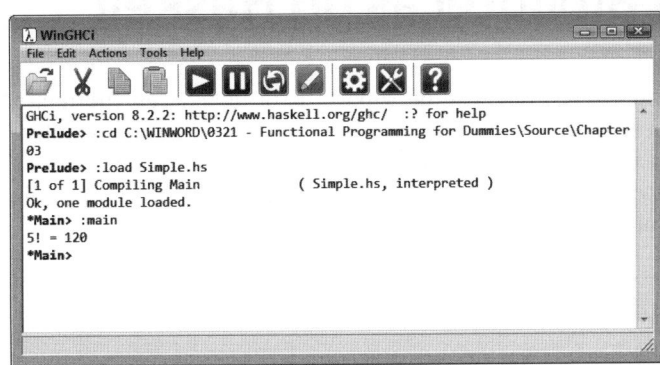

FIGURA 3-9: Executar a função `main` mostra o que o arquivo do aplicativo pode fazer.

4. **Digite** :! ghc --make "Simple.hs" **e pressione Enter.**

   Agora o interpretador compilará o aplicativo, como na Figura 3-10. Você verá um novo executável criado no diretório do código-fonte. Ao trabalhar com o WinGHCi, também é possível usar o comando de menu Tools ➪ GHC Compiler para essa tarefa. Agora você poderá executar o aplicativo no prompt de comando e obter os mesmos resultados conseguidos no interpretador.

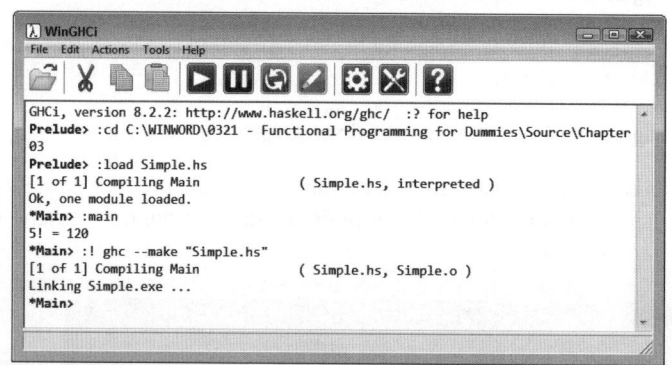

FIGURA 3-10: Compilar o módulo carregado cria um executável no disco.

5. **Digite** :module **e pressione Enter.**

   Isso descarregará todos os módulos existentes. Note que o prompt voltará para Prelude>. Você também pode realizar essa tarefa usando o comando de menu Actions ➪ Clear Modules.

6. **Digite** :quit **e pressione Enter.**

   O interpretador será fechado. Você terminou seu trabalho com o Haskell agora.

Essas etapas mostram um pequeno exemplo de tarefas que podem ser realizadas com o GHCi. Conforme o livro avança, você verá como fazer mais tarefas, mas esse é um bom ponto de partida para descobrir o que o Haskell pode fazer.

Usando Bibliotecas do Haskell

O Haskell tem uma base de suporte para bibliotecas enorme, na qual você encontra todo tipo de função útil. Usar um código da biblioteca economiza tempo porque as bibliotecas normalmente têm um código bem construído e depurado. A função `import` permite usar um código externo. As seguintes etapas mostram um exemplo simples de uso da biblioteca:

1. **Abra o GHCi, se necessário.**

2. **Digite** import Data.Char **e pressione Enter.**

   Note que o prompt mudará para Prelude Data.Char> para mostrar que a importação foi bem-sucedida. A biblioteca `Data.Char` tem funções para trabalhar com o tipo de dados `Char`. Você vê uma listagem dessas funções em http://hackage.haskell.org/package/base-4.11.1.0/docs/Data-Char.html [conteúdo em inglês]. Neste caso, o exemplo usa a função `ord` para converter um caractere em sua representação numérica ASCII.

3. **Digite** ord('a') **e pressione Enter.**

   Você verá o valor 97 como a saída.

A seção "Obtendo e usando conjuntos de dados", do Capítulo 2, mostra como obter um conjunto de dados para usar com o Python. É possível obter esses mesmos conjuntos de dados para o Haskell, mas primeiro precisará realizar algumas tarefas. Se você instalou o Haskell usando o procedimento indicado anteriormente neste capítulo, as etapas a seguir funcionarão para qualquer plataforma.

1. **Abra um prompt de comando ou janela Terminal com privilégios do administrador.**

2. **Digite** cabal update **e pressione Enter.**

   O processo de atualização será iniciado. O utilitário cabal fornece meios de fazer atualizações no Haskell. A primeira coisa que você precisará fazer é assegurar que sua cópia do cabal esteja atualizada.

3. **Digite** cabal install datasets **e pressione Enter.**

   Você verá uma lista bem longa de sequências de download, instalação e configuração. Todas as etapas instalam o módulo datasets documentado em https://hackage.haskell.org/package/datasets-0.2.5/docs/Numeric-datasets.html [conteúdo em inglês] em seu sistema.

4. **Digite** cabal list datasets **e pressione Enter.**

   O utilitário cabal produzirá o status instalado de datasets, junto com outras informações. Se notar que datasets não está instalado, tente instalar de novo digitando **cabal install datasets --force-reinstalls** e pressionando Enter.

O Capítulo 2 usa o conjunto de dados Boston Housing como um teste, portanto este capítulo fará o mesmo. As próximas etapas mostram como carregar uma cópia do conjunto de dados Boston Housing no Haskell.

1. **Abra o GHCi ou o WinGHCi.**

2. **Digite** import Numeric.datasets (getdataset) **e pressione Enter.**

   Observe que o prompt muda. Na verdade, mudará sempre que você carregar um novo pacote. A etapa carrega a função `getdataset`, necessária para carregar o conjunto de dados Boston Housing na memória.

3. **Digite** import Numeric.datasets.BostonHousing (bostonHousing) **e pressione Enter.**

   O pacote `BostonHousing` será carregado como `bostonHousing`. Carregar o pacote não carrega o conjunto de dados. Fornece suporte para o conjunto de dados, mas você ainda precisa carregá-los.

4. **Digite** bh <- getdataset bostonHousing **e pressione Enter.**

   Esta etapa carrega o conjunto de dados Boston Housing na memória como o objeto `bh`. Agora é possível acessar os dados.

5. **Digite** print (length bh) **e pressione Enter.**

   Você verá a saída `506`, que corresponde ao tamanho do conjunto de dados no Capítulo 2.

Obtendo Ajuda com a Linguagem Haskell

A documentação que o assistente instala como parte de sua configuração Haskell é o primeiro lugar a procurar quando tiver dúvidas. Há três arquivos separados para responder perguntas sobre: GHC, flags GHC e bibliotecas do Haskell. E mais, você verá um link para HackageDB, que é o Repositório de Softwares do Haskell, onde são obtidos pacotes como os datasets usados na seção "Usando Bibliotecas do Haskell", deste capítulo. Todos esses recursos ajudam a ver as muitas funcionalidades que o Haskell fornece.

Os tutoriais facilitam muito aprender qualquer linguagem. Por sorte, a comunidade Haskell criou muitos tutoriais que adotam abordagens diferentes para aprender a linguagem. Você vê uma listagem desses tutoriais em `https://wiki.haskell.org/Tutorials` [conteúdo em inglês].

Não importa o quanto você saiba, a documentação e os tutoriais não serão suficientes para resolver todo problema. Sabendo disso, é preciso acessar a comunidade do Haskell. Você encontra muitos grupos diferentes online, cada um com pessoas que desejam responder às perguntas. Mas um dos melhores lugares para buscar ajuda é o StackOverflow, em `https://stackoverflow.com/search?q=haskell` [conteúdo em inglês].

2 Iniciando as Tarefas da Programação Funcional

NESTA PARTE...

Entenda como a programação funcional difere dos outros paradigmas.

Descubra os usos do cálculo lambda.

Use o cálculo lambda para fazer um trabalho prático.

Realize tarefas básicas usando listas e strings.

NESTE CAPÍTULO

» **Examinando declarações**

» **Trabalhando com dados funcionais**

» **Criando e usando funções**

Capítulo **4**

Definindo a Diferença Funcional

Como descrito no Capítulo 1 e explorado nos Capítulos 2 e 3, usar o paradigma de programação funcional implica uma abordagem de problemas que difere dos paradigmas com os quais as linguagens contavam no passado. Em primeiro lugar, ele não o limita a considerar um problema como uma máquina faria; pelo contrário, você usa uma abordagem matemática que realmente não se importa com o modo que a máquina o resolve. Como resultado, o foco recai sobre a descrição do problema, não sobre a solução. A diferença significa que você usa *declarações*, ou seja, instruções formais ou explícitas que descrevem o problema, não procedimentos ou soluções de problemas passo a passo.

LEMBRE-SE

Para o paradigma funcional dar certo, o código deve gerenciar os dados de modo diferente ao usar outros paradigmas. O fato de que as funções podem ocorrer em qualquer ordem e a qualquer momento (permitindo uma execução paralela, entre outras coisas) significa que as linguagens funcionais não podem permitir variáveis mutáveis que mantenham qualquer tipo de estado ou tenham efeitos colaterais. Esses limites forçam os desenvolvedores a usar melhor as práticas de codificação. Afinal, o uso de efeitos colaterais na codificação é, na verdade, um tipo de atalho que pode tornar mais difícil entender e gerenciar o código, além de ser mais propenso a erros e outras questões de confiabilidade.

Este capítulo fornece exemplos no Haskell e no Python para demonstrar o uso das funções. Você vê usos muito simples de funções nos Capítulos 2 e 3, mas este aqui ajuda em outro nível.

Comparando Declarações e Procedimentos

O termo *declaração* tem muitos significados na ciência da computação, e pessoas diferentes o utilizam de modos diferentes em momentos variados. Por exemplo, no contexto de uma linguagem, como C, declaração é uma construção da linguagem que define as propriedades associadas a um identificador. Você vê as declarações usadas para definir todo tipo de construção da linguagem, como tipos e enumerações. Mas não é assim que este livro usa o termo. Ao fazer uma declaração aqui, você pede que a linguagem subjacente faça algo. Por exemplo, considere a seguinte instrução:

1. Faça uma xícara de chá para mim!

A instrução simplesmente informa o que fazer, não como. A declaração deixa a execução da tarefa para quem a recebe e deduz que essa pessoa sabe como concluí-la sem mais ajuda. O mais importante é que uma declaração permite que alguém realize a tarefa necessária de várias maneiras, sem nem mesmo mudar a declaração. Porém, ao usar um procedimento chamado `MakeMeTea` (o identificador associado ao procedimento), você pode ter a seguinte sequência:

1. Vá para a cozinha.
2. Pegue o bule de chá.
3. Coloque água nele.
4. Deixe-a ferver.
5. Pegue uma xícara.
6. Coloque o saquinho de chá nela.
7. Despeje água quente sobre o saquinho e aguarde cinco minutos.
8. Retire o saquinho da xícara.
9. Traga o chá para mim.

LEMBRE-SE

Um *procedimento* detalha o que fazer e como. Nada fica ao acaso nem se pressupõe que o destinatário tenha qualquer tipo de conhecimento prévio. As etapas aparecem em uma ordem específica, e realizar alguma delas fora da ordem causará problemas. Por exemplo, imagine despejar água quente no saquinho antes de colocá-lo na xícara. Em muitos casos, os procedimentos são propensos a erros e inflexíveis, mas permitem um controle preciso da execução de uma tarefa. Mesmo que fazer uma declaração pareça superior a um procedimento, usar procedimentos tem vantagens que devem ser consideradas ao projetar um aplicativo.

Porém as declarações têm outro tipo de inflexibilidade, no sentido de que não permitem interpretação. Ao fazer uma afirmação declarativa ("Faça uma xícara de chá para mim!"), é possível assegurar que o destinatário levará chá, não café. Mas, ao criar um procedimento, você pode adicionar condições que contem com o estado para afetar a saída. Por exemplo, é possível adicionar uma etapa ao procedimento que verifica a hora do dia. Se for de tarde, o destinatário poderá levar café, em vez de chá, sabendo que o solicitante sempre bebe café à tarde com base nas etapas do procedimento. Então, um procedimento oferece flexibilidade em sua capacidade de interpretar as condições com base no estado e fornece uma saída alternativa.

As declarações são bem rígidas em relação à entrada. A declaração de exemplo informa que é preciso uma *xícara* de chá, não um bule nem uma caneca. Mas o procedimento `MakeMeTea` pode adaptar-se para permitir entradas variáveis, mudando mais seu comportamento. Você pode permitir duas entradas, uma chamada `size` e outra, `beverage`. A entrada `size` pode ter como padrão `cup`, e a entrada `beverage`, o padrão `tea`, mas você ainda pode mudar o comportamento do procedimento fornecendo uma ou ambas as entradas. O identificador, `MakeMeTea`, não aponta nada diferente do nome do procedimento. Ele pode ser chamado simplesmente de `MyBeverageMaker`.

DICA

Um dos problemas mais difíceis ao deixar de usar linguagens imperativas e passar para as funcionais é o conceito de declaração. Para certa entrada, uma linguagem funcional produzirá a mesma saída e não modificará nem usará o estado do aplicativo. Uma declaração sempre serve a uma finalidade específica, e apenas a essa finalidade.

O segundo problema mais difícil é a perda de controle. A linguagem decide como fazer as tarefas, não o desenvolvedor. Apesar disso, às vezes você vê um código funcional em que o desenvolvedor tenta escrevê-lo como um procedimento, em geral produzindo um resultado pouco desejável (quando o código consegue ser executado).

Entendendo Como os Dados Funcionam

Dados são uma representação de algo, talvez um valor. Mas podem representar facilmente um objeto real. Os dados em si são sempre abstratos, e a tecnologia de computação existente representa-os como um número. Até um caractere é um número: a letra *A*, na verdade, é representada como o número 65. A letra é um valor, e o número é a representação desse valor: os dados. As próximas seções analisarão os dados em relação a como atuam dentro do paradigma de programação funcional.

Trabalhando com dados imutáveis

Ser capaz de mudar o conteúdo de uma variável é problemático em muitas linguagens. O local da memória usado pela variável é importante. Se os dados em certo local da memória mudarem, o valor da variável que aponta para eles mudará também. O conceito de dados imutáveis requer que os locais específicos da memória não sejam corrompidos. Todos os dados do Haskell são imutáveis.

LEMBRE-SE

Por outro lado, os dados do Python não são imutáveis em todos os casos. A seção "Passando por referência versus por valor", que aparece adiante neste capítulo, fornece um exemplo. Ao trabalhar com o código Python, você pode contar com a função `id` para ajudar a determinar quando ocorreram mudanças nas variáveis. Por exemplo, no seguinte código, a saída da comparação entre `id(x)` e `oldID` será falsa.

```
x = 1
oldID = id(x)
x = x + 1
id(x) == oldID
```

CUIDADO

Todo cenário tem desvantagens, e fazer isso com o Python também tem. A `id` de uma variável sempre deve ser única, exceto em determinadas circunstâncias:

» Uma variável sai do escopo, e outra é criada no mesmo local.

» O aplicativo está usando o multiprocessamento, e as duas variáveis existem em processadores diferentes.

» O interpretador usado não segue a abordagem CPython para lidar com as variáveis.

Ao trabalhar com outras linguagens, é necessário considerar se os dados suportados pela linguagem realmente são imutáveis e qual conjunto de eventos ocorre quando o código tenta modificar esses dados. No Haskell, as modificações não são possíveis, e, no Python, você pode detectar as mudanças, mas nem todas as linguagens suportam a funcionalidade requerida para assegurar que a imutabilidade seja mantida.

Considerando o papel do estado

O *estado* do aplicativo é uma condição que ocorre quando ele realiza tarefas que modificam os dados globais. Um aplicativo não tem estado ao usar a programação funcional. A falta de estado tem o efeito positivo de assegurar que qualquer chamada para uma função produza os mesmos resultados em certa entrada sempre, independentemente de quando o aplicativo chama a função. Porém a falta de estado tem um efeito negativo também: agora o aplicativo não tem memória. Quando você pensar no estado, pense na capacidade de se lembrar do passado, o que, no caso de um aplicativo, é armazenado como dado global.

Eliminando os efeitos colaterais

As análises anteriores de procedimentos e declarações (como apresentados pelas funções) omitiram um importante fato. Os procedimentos não podem retornar um valor. A primeira seção do capítulo "Comparando Declarações e Procedimentos" apresenta um procedimento que parece fornecer o mesmo resultado da declaração associada, mas não são iguais. A declaração "Faça um chá para mim!" tem apenas uma saída: a xícara de chá. O procedimento tem um *efeito colateral*, em vez de um valor. Depois de fazer uma xícara de chá, o procedimento indica que o destinatário da solicitação deve levar a xícara para o solicitante. Mas o procedimento deve terminar com sucesso para o evento ocorrer. O procedimento não retorna o chá; o destinatário da solicitação realiza essa tarefa. Como consequência, o procedimento não retorna um valor.

Também ocorrem efeitos colaterais nos dados. Quando você passa uma variável para uma função, a expectativa, na programação funcional, é que os dados da variável permaneçam intocados ou imutáveis. Um efeito colateral ocorre quando a função modifica os dados da variável para que, no retorno da chamada da função, a variável mude de alguma maneira.

Vendo uma Função no Haskell

O Haskell tem a ver com funções, portanto, sem nenhuma surpresa, ele suporta muitos tipos delas. Este capítulo não o sobrecarregará com uma lista completa de todos os tipos (veja o Capítulo 5, por exemplo, para aprender sobre as funções lambda), mas demonstrará as duas mais importantes (*non-curried* e *curried*) nas próximas seções.

Usando funções non-curried

Você pode ver as funções non-curried como o modo Haskell da função-padrão encontrada em outras linguagens. A seção a seguir explica a questão do currying, mas, agora, pense nas funções-padrão como um ponto de partida. Para criar uma função-padrão, forneça uma descrição assim:

```
add (x, y) = x + y
```

Provavelmente essa função parecerá com as funções criadas em outras linguagens. Para usá-la, basta digitar algo como **add (1, 2)** e pressionar Enter. A Figura 4-1 mostra os resultados.

FIGURA 4-1: Crie e use uma nova função chamada add.

As funções podem agir como a base para outras funções. Incrementar um número é apenas uma forma especial de adição. Por isso, é possível criar a função inc mostrada aqui:

```
inc (x) = add (x, 1)
```

Como se pode ver, add é a base para inc. Usar inc é tão simples quanto digitar algo como **inc 5** e pressionar Enter. Note que os parênteses são opcionais, mas você também poderia digitar **inc (5)** e pressionar Enter. A Figura 4-2 mostra o resultado.

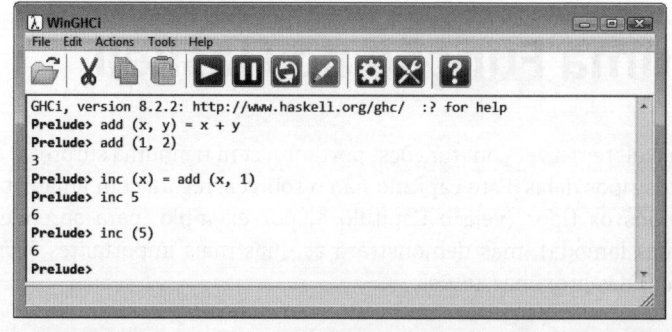

FIGURA 4-2: Use add como base para inc.

PARTE 2 **Iniciando as Tarefas da Programação Funcional**

Usando funções curried

O *currying* no Haskell transforma uma função que aceita vários argumentos em uma que pega apenas um, e retorna outra função quando argumentos adicionais são requeridos. Os exemplos da seção anterior são uma boa base para ver como o currying funciona em oposição às funções non-curried. Abra uma nova janela e crie uma versão de add, como mostrado aqui:

```
add x y = x + y
```

A diferença é sutil, mas importante. Observe que os argumentos não aparecem entre parênteses e não há vírgula entre eles. Porém o conteúdo da função ainda parece igual. Para usar essa função, basta digitar algo como **add 1 2** e pressionar Enter. A Figura 4-3 mostra o resultado.

FIGURA 4-3: A forma curried de add não usa parênteses.

Na verdade, você não verá o real efeito do currying até criar a função inc. Ela fica diferente, e os efeitos são mais significativos quando a complexidade aumenta:

```
inc = add 1
```

Essa forma da função inc é menor e um pouco mais fácil de ler. Ela funciona como a versão non-curried. Basta digitar algo como **inc 5** e pressionar Enter para ver o resultado na Figura 4-4.

FIGURA 4-4: O currying facilita a criação de funções.

CAPÍTULO 4 **Definindo a Diferença Funcional** 69

O interessante é que é possível converter entre as versões curried e non-curried de uma função, quando necessário, usando as funções `curry` e `uncurry` predefinidas. Experimente com `add` digitando **uadd = uncurry add** e pressionando Enter. Para comprovar que `uadd` é a forma non-curried de `add`, digite **uadd 1 2** e pressione Enter. Você verá o erro mostrado na Figura 4-5.

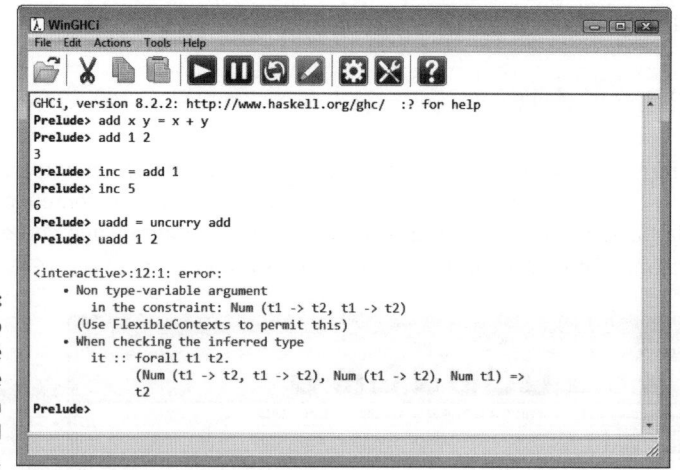

FIGURA 4-5:
A função uadd é realmente a forma non-curried de add.

```
GHCi, version 8.2.2: http://www.haskell.org/ghc/  :? for help
Prelude> add x y = x + y
Prelude> add 1 2
3
Prelude> inc = add 1
Prelude> inc 5
6
Prelude> uadd = uncurry add
Prelude> uadd 1 2

<interactive>:12:1: error:
    • Non type-variable argument
        in the constraint: Num (t1 -> t2, t1 -> t2)
      (Use FlexibleContexts to permit this)
    • When checking the inferred type
        it :: forall t1 t2.
              (Num (t1 -> t2, t1 -> t2), Num (t1 -> t2), Num t1) =>
              t2
Prelude>
```

PAPO DE ESPECIALISTA

Você pode usar as funções curried em algumas situações em que as non-curried não funcionarão. A função `map` é um desses casos. (Não se preocupe com o uso preciso da função `map` agora; ela será demonstrada no Capítulo 6.) O seguinte código adiciona o valor 1 a cada membro da lista.

```
map (add 1) [1, 2, 3]
```

A saída é `[2, 3, 4]`, como se espera. Tentar realizar a mesma tarefa usando `uadd` resultará em um erro, como mostrado na Figura 4-6.

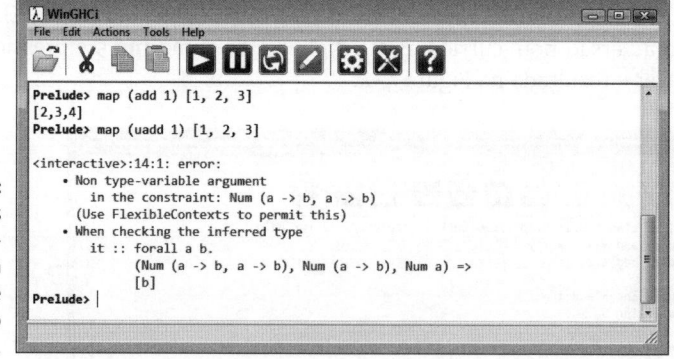

FIGURA 4-6:
As funções curried adicionam uma flexibilidade essencial ao Haskell.

```
Prelude> map (add 1) [1, 2, 3]
[2,3,4]
Prelude> map (uadd 1) [1, 2, 3]

<interactive>:14:1: error:
    • Non type-variable argument
        in the constraint: Num (a -> b, a -> b)
      (Use FlexibleContexts to permit this)
    • When checking the inferred type
        it :: forall a b.
              (Num (a -> b, a -> b), Num (a -> b), Num a) =>
              [b]
Prelude>
```

Vendo uma Função no Python

As funções no Python parecem muito com as funções em outras linguagens. As seguintes seções mostrarão como criar e usar as funções do Python, assim como fornecerão um aviso sobre usá-las do modo errado. Você pode comparar esta seção com a anterior para ver as diferenças entre o uso das funções pura e impura. (A seção "Definindo a Programação Funcional", do Capítulo 1, descreve a diferença entre as abordagens pura e impura para a programação funcional.)

Criando e usando uma função do Python

O Python conta com a palavra-chave `def` para definir uma função. Por exemplo, para criar uma função que soma dois números, use o seguinte código:

```
def add(x, y):
    return x + y
```

Para usar essa função, você pode digitar algo como **add(1, 2)**. A Figura 4-7 mostra a saída do código quando executado no Notebook.

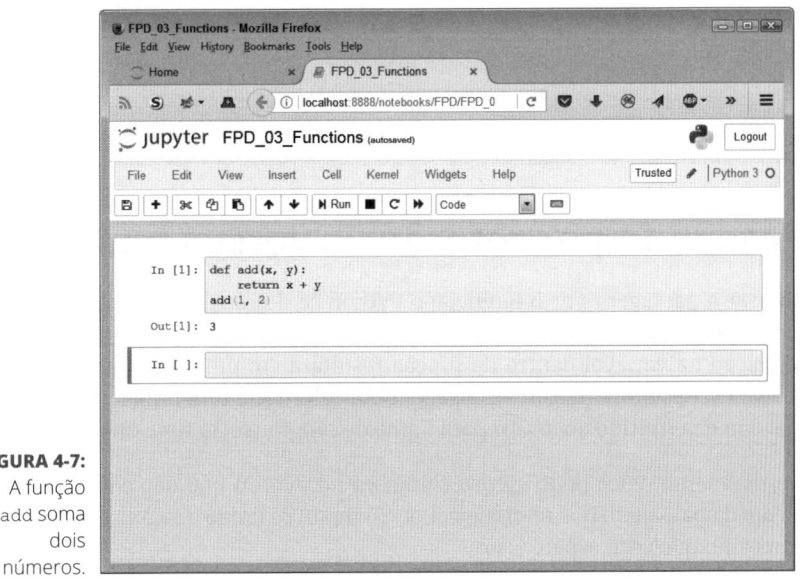

FIGURA 4-7: A função add soma dois números.

Como no Haskell, você pode usar as funções do Python como base para definir outras funções. Por exemplo, veja a versão Python de `inc`:

```
def inc(x):
    return add(x, 1)
```

A função `inc` apenas adiciona 1 ao valor de qualquer número. Para usá-la, digite algo como **inc(5)** e execute o código, como na Figura 4-8, usando o Notebook.

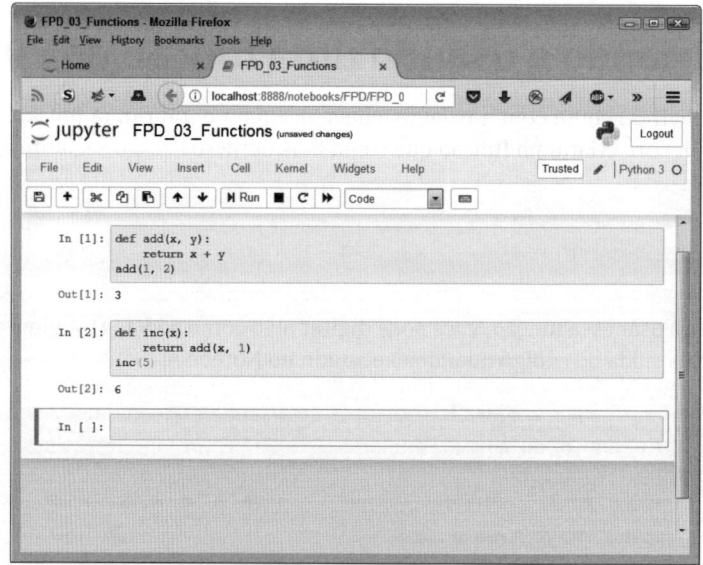

FIGURA 4-8: Você pode criar funções usando outras quando necessário.

Passando por referência versus por valor

Ao usar a passagem por referência, o Python se destaca como uma linguagem impura. Quando você passa uma variável por referência, significa que qualquer alteração na variável dentro da função resultará em uma mudança global em seu valor. Resumindo, usar a passagem por referência tem um efeito colateral, que não é permitido ao usar o paradigma de programação funcional.

Normalmente, você pode escrever funções no Python que não causam o problema da passagem por referência. Por exemplo, o código a seguir não modifica x, mesmo que você espere isso:

```
def DoChange(x, y):
    x = x.__add__(y)
    return x
x = 1
print(x)
print(DoChange(x, 2))
print(x)
```

O valor de x fora da função fica inalterado. Mas você precisa ter cuidado ao criar funções usando alguns objetos e métodos predefinidos. Por exemplo, o seguinte código modificará a saída:

```
def DoChange(aList):
    aList.append(4)
    return aList
aList = [1, 2, 3]
print(aList)
print(DoChange(aList))
print(aList)
```

LEMBRE-SE A versão anexada ficará permanente nesse caso porque a função predefinida, append, faz a modificação. Para evitar o problema, você deve criar uma nova variável dentro da função, mudar seu valor e retornar a nova variável, como no seguinte código:

```
def DoChange(aList):
    newList = aList.copy()
    newList.append(4)
    return newList
aList = [1, 2, 3]
print(aList)
print(DoChange(aList))
print(aList)
```

A Figura 4-9 mostra os resultados. No primeiro caso, você vê a lista alterada, mas o segundo caso a mantém intacta.

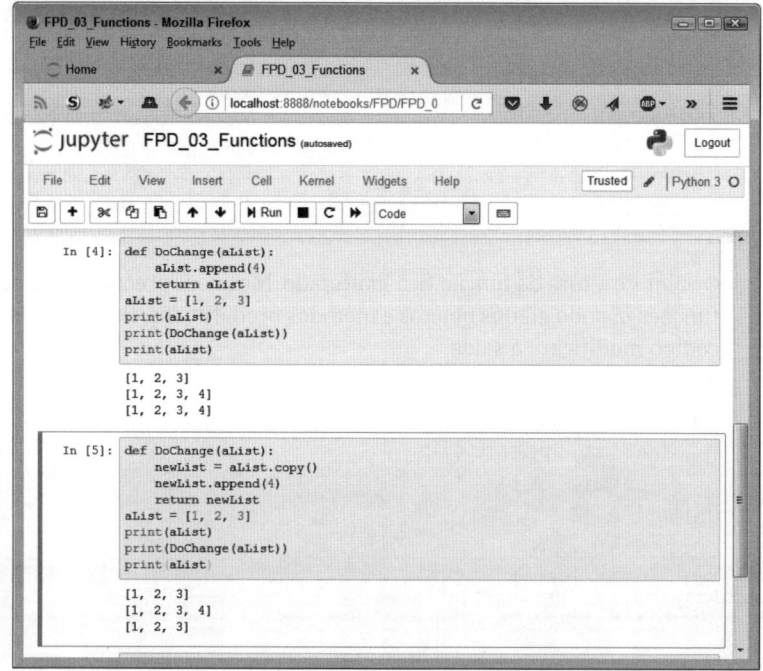

FIGURA 4-9:
Use objetos e funções predefinidas com cuidado para evitar efeitos colaterais.

> **DICA**
>
> Não faz diferença se você tem problemas com certos objetos do Python ou se não depende de sua mutabilidade. Um `int` não é mutável, portanto você não precisa se preocupar em ter problemas com funções que mudam seu valor. Por outro lado, `list` é mutável, que é a fonte de problemas com os exemplos que usam `list` nesta seção. O artigo em https://medium.com/@meghamohan/mutable-and-immutable-side-of-python-c2145cf72747 [conteúdo em inglês] tem informações sobre a mutabilidade de vários objetos do Python.

NESTE CAPÍTULO

» Entendendo a necessidade do cálculo lambda

» Usando o cálculo lambda para fazer um trabalho útil

» Desenvolvendo as funções do cálculo lambda

Capítulo 5
Entendendo o Papel do Cálculo Lambda

Mencione a palavra *cálculo* e algumas pessoas automaticamente vão supor que o assunto é difícil ou complicado de entender. Acrescente uma letra grega, como λ (lambda), na frente e será tão complicado que apenas os gênios usariam. Naturalmente, usar a terminologia correta é importante ao debater sobre um assunto em que reina a confusão. A verdade é que provavelmente você usou o cálculo lambda em algum momento, caso tenha trabalhado com outras linguagens que suportam funções de primeira classe, como C ou JavaScript. Muitas vezes, os criadores dessas linguagens fazem coisas simples usando termos mais acessíveis. Este capítulo o ajuda em alguns termos envolvidos no cálculo lambda, assim como também ajuda a entender seu uso. A conclusão retirada deste capítulo deve ser que o cálculo lambda realmente não é difícil; com certeza você já o viu em vários lugares antes.

LEMBRE-SE

O foco aqui é demonstrar como se pode usar o cálculo lambda para resolver problemas matemáticos em um aplicativo que conta com o paradigma de programação funcional. Em muitos casos, os exemplos parecem bem simples, e realmente são. Quando você entender as regras para usar o cálculo lambda, começará a usá-lo para fazer uma das três operações, também representadas por letras gregas: α (alfa), β (beta) e η (eta). É isso mesmo, você só precisa pensar em três operações; portanto, a tarefa já parece mais fácil.

A seção final deste capítulo mostra como criar e usar funções que contam com o cálculo lambda nas linguagens de destino deste livro. Mas não importa a linguagem de programação usada, você poderá encontrar exemplos sobre como criar e usar as funções lambda (contanto que a linguagem suporte as funções de primeira classe). É por isso que o cálculo lambda é tão útil e facilita muito realizar as tarefas da programação, em vez de dificultar, como se espera inicialmente.

Considerando as Origens do Cálculo Lambda

Alonzo Church criou originalmente o cálculo lambda nos anos 1930, antes de os computadores estarem disponíveis. Esse cálculo explora a base teórica do que significa computação. Church trabalhou com pessoas como Haskell Curry, Kurt Gödel, Emil Post e Alan Turing para criar uma definição de algoritmos. O assunto é bem mais conhecido hoje, mas imagine que você seja um dos pioneiros, tentando entender os verdadeiros conceitos usados para possibilitar que cálculos fossem feitos de modo automático. Cada pessoa envolvida na definição do que significa calcular abordou isso de uma maneira diferente. [Os links a seguir apresentam conteúdo em inglês.]

» **Alonzo Church:** Cálculo λ (o assunto deste livro).
» **Haskell Curry:** Lógica combinatória (veja `https://wiki.haskell.org/Combinatory_logic` para obter detalhes).
» **Kurt Gödel:** Funções μ recursivas (veja `http://www.cs.swan.ac.uk/cie06/files/d129/cie-beam.pdf` e `http://ebooks.bharathuniv.ac.in/gdlc1/gdlc1/Engineering Merged Library v3.0/GDLC/m-Recursive_Functions (5679)/m-Recursive_Functions - GDLC.pdf` para obter detalhes).
» **Emil Post:** Sistema canônico de Post, também chamado de sistema reescrito (veja `https://www.revolvy.com/main/index.php?s=Post canonical system&nojs=1` e `https://esolangs.org/wiki/Post_canonical_system` para obter detalhes).
» **Alan Turing:** Máquinas de Turing (veja `http://www.alanturing.net/turing_archive/pages/reference articles/what is a turing machine.html` para obter detalhes).

LEMBRE-SE

Mesmo que cada abordagem seja diferente, Church e outros notaram certas equivalências entre os sistemas, o que não é uma coincidência. E mais, cada sistema ajudou a definir mais os outros e superar certos obstáculos que cada um apresentava. Em muitos casos, é uma questão de debate saber quem inventou precisamente o que, porque eles também trabalhavam com outros cientistas, como John von Neumann. Não é nenhuma surpresa saber que algumas dessas pessoas realmente estudaram juntas em Princeton (com Albert Einstein). A história do início da computação (quando os computadores modernos nem eram uma teoria) é fascinante, e você pode ler mais em https://www.princeton.edu/turing/alan/history-of-computing-at-p/ [conteúdo em inglês].

PAPO DE ESPECIALISTA

A motivação de Church para criar o cálculo lambda foi provar que o Entscheidungsproblem de Hilbert, ou problema de decisão (veja https://www.quora.com/How-can-I-explain-Entscheidungs-problem-in-a-few-sentences-to-people-without-confusing-people para obter detalhes), era uma aritmética de Peano sem solução (veja http://mathworld.wolfram.com/PeanoArithmetic.html para obter detalhes) [conteúdos em inglês]. Porém, ao tentar provar algo bem específico, Church criou um modo de ver a matemática em geral, que ainda é usado hoje.

Os objetivos do cálculo lambda, como Church via, são estudar a interação da abstração funcional e a aplicação da função a partir de uma perspectiva abstrata e puramente matemática. A *abstração funcional* começa dividindo certo problema em uma série de etapas. Naturalmente, essas divisões não são arbitrárias; elas devem ser criadas de modo que façam sentido. A abstração continua mapeando cada uma dessas etapas para uma função. Se uma etapa não puder ser mapeada, não será útil; talvez a divisão tenha ficado no lugar errado. A *aplicação da função* é o ato de aplicar a função em um argumento e obter um valor como saída. É essencial entender os dogmas do cálculo lambda como estabelecidos inicialmente por Church para compreender onde ficam as linguagens de programação hoje:

» **O cálculo lambda usa apenas funções; nenhum outro dado ou tipo (nenhuma string, inteiro, booliano ou tipo encontrado nas linguagens de programação atuais).** Qualquer outro tipo é codificado como parte de uma função, portanto a função é a base de tudo.

» **O cálculo lambda não tem estado nem efeito colateral.** Como consequência, você pode exibir o cálculo lambda em termos de modelo substituto, que é usado em biologia para descrever como uma sequência de símbolos se transforma em outro conjunto de características usando certo processo.

» **A ordem da avaliação é irrelevante.** Porém a maioria das linguagens de programação usa certa ordem para facilitar o processo de avaliar as funções (sem mencionar a redução do trabalho necessário para criar um compilador ou interpretador).

» **Todas as funções são unárias, requerendo apenas um argumento.**
As funções que requerem vários argumentos precisam usar o currying. É possível ler sobre o uso do currying no Haskell na seção "Usando funções curried", no Capítulo 4.

Entendendo as Regras

Como mencionado na introdução deste capítulo, são usadas três operações diferentes para realizar tarefas com o cálculo lambda: criar funções para passar como variáveis, vincular uma variável à expressão (abstração) e aplicar uma função em um argumento. As seguintes seções descrevem todas as três operações que você pode considerar como regras que controlam todos os aspectos de trabalhar com o cálculo lambda.

Trabalhando com variáveis

Ao considerar as variáveis no cálculo lambda, elas são um espaço reservado (no sentido matemático) e não um contêiner para valores (no sentido da programação). Qualquer variável, x, y ou z (ou qualquer identificador escolhido), é um termo lambda. As variáveis fornecem a base da definição *indutiva* (a inferência das leis gerais de instâncias específicas) dos termos lambda. Para que seja fácil de entender, se você sempre sai para trabalhar às 7h e chega na hora, o raciocínio indutivo diz que você sempre será pontual, contanto que saia às 7h.

LEMBRE-SE: A indução na matemática conta com dois casos para provar uma propriedade. Por exemplo, uma prova comum é uma propriedade que tem todos os números naturais. O caso básico (ou a base) faz uma suposição usando certo número, geralmente 0. O caso indutivo, também chamado de etapa indutiva, prova que, se a propriedade é válida para o primeiro número natural (*n*), ela também é válida para próximo número natural (*n* + 1).

As variáveis podem ter ou não tipos. A tipagem não é a mesma coisa nesse caso porque os tipos são para outros paradigmas de programação; usar a tipagem realmente não indica um tipo de dado. Pelo contrário, define como interpretar o cálculo lambda. As seguintes seções descrevem como funcionam as variáveis tipadas e não tipadas.

Não tipado

A versão original do cálculo lambda de Church passou por várias revisões como resultado das informações de outros matemáticos. A primeira revisão ocorreu como resultado das informações de Stephen Kleene e J. B. Rosser, em 1935, na forma do paradoxo Kleene–Rosser. (O artigo em `https://www.quora.com/What-is-the-Kleene-Rosser-paradox-in-simple-terms` [conteúdo em inglês] fornece uma descrição básica da questão.) Existe um problema em como a lógica funcionava na versão original do cálculo lambda, e Church o corrigiu em uma versão bem-sucedida removendo as restrições no tipo de entrada que uma função pode receber. Em outras palavras, uma função não tem exigência de tipos.

DICA

A vantagem do cálculo lambda não tipado é sua maior flexibilidade; é possível fazer mais coisas com ele. Mas a falta do tipo também significa que o cálculo lambda não tipado é não terminável, um problema analisado na seção "Considerando a necessidade da tipagem", deste capítulo. Em alguns casos, você deve usar o cálculo lambda tipado para obter uma resposta definitiva para um problema.

Simplesmente tipado

Church criou o cálculo lambda simplesmente tipado em 1940 para resolver vários problemas no cálculo lambda não tipado, sendo o mais importante a questão dos paradoxos em que a redução β não termina. E mais, o uso da tipagem simples fornece um meio de comprovar claramente o cálculo. A seção "Abstraindo o cálculo simplesmente tipado", deste capítulo, explica a metodologia usada para aplicar o tipo no cálculo lambda e facilita entender as diferenças entre as versões não tipada e simplesmente tipada.

Usando a aplicação

O ato de aplicar uma coisa em outra parece bem simples. Ao *aplicar* pasta de amendoim no pão, você tem um sanduíche de pasta de amendoim. A aplicação no cálculo lambda é quase a mesma coisa. Se M e N são termos lambda, a combinação MN também é um termo lambda. Nesse caso, geralmente M se refere a uma função e N a uma entrada para essa função, por isso muitas vezes esses termos são vistos escritos como (M)N. A entrada, N, é aplicada na função, M. Como a finalidade dos parênteses é definir como aplicar os termos, é correto se referir ao par de parênteses como *operador de aplicação*.

Entender que a aplicação supõe um aninhamento é essencial. Além disso, como o cálculo lambda usa apenas funções, as entradas são funções. Assim, $M_2(M_1N)$ seria o mesmo que dizer que a função M_1 é aplicada como entrada em M_2 e N é aplicada como entrada em M_1.

PAPO DE ESPECIALISTA

Em alguns casos, você vê o cálculo lambda escrito sem parênteses. Por exemplo, é possível ver EFG como três termos lambda. Mas o cálculo lambda fica associado por padrão, significando que, quando você vir EFG, a instrução estará informando, de fato, que E é aplicado em F, e F é aplicado em G, ou ((E)F)G. Usar parênteses tende a evitar confusão. Saiba também que a regra matemática associada não se aplica nesse caso: ((E)F)G não equivale a E(F(G)).

Para entender melhor a ideia da aplicação, considere o seguinte pseudocódigo:

```
inc(x) = x + 1
```

Todo esse código significa que, para aumentar x, você adiciona 1 a seu valor. O cálculo lambda do mesmo pseudocódigo escrito como uma função anônima fica assim:

```
(x) -> x + 1
```

Essa instrução é lida assim: a variável x é mapeada para x + 1. Porém digamos que você tenha uma função que requeira duas entradas:

```
square_sum(x, y) = (x² + y²)
```

O cálculo lambda da mesma função escrito de forma anônima é:

```
(x, y) -> x² + y²
```

Essa instrução é lida como tuple (x, y) mapeada para $x^2 + y^2$. Mas, como mencionado antes, o cálculo lambda permite que as funções tenham apenas uma entrada, e essa tem duas. Para aplicar corretamente as funções e as entradas, o código precisaria ser:

```
x -> (y -> x² + y²)
```

Nesse ponto, x e y são mapeados separadamente. A transição do código para que cada função tenha apenas um argumento é chamada de *currying*. Essa transição não é precisamente como você vê o cálculo lambda escrito, mas ajuda a explicar os mecanismos subjacentes detalhados mais adiante neste capítulo.

Usando a abstração

O termo *abstração* deriva da criação de regras e conceitos gerais baseados no uso e na classificação dos exemplos específicos. A criação das regras gerais tende a simplificar um problema. Por exemplo, você sabe que um computador armazena dados na memória, mas não entende necessariamente os processos subjacentes do hardware que permitem o gerenciamento dos dados. A abstração fornecida pelas regras de armazenamento dos dados oculta a complexidade de exibir o processo sempre que ele ocorre. As seções a seguir descrevem como a abstração funciona para os cálculos lambda tipado e não tipado.

Abstraindo o cálculo lambda não tipado

No cálculo lambda, quando E é um termo lambda e *x* é uma variável, λx.E é um termo lambda. Uma abstração é uma definição da função, mas não chama a função. Para chamar a função, você deve aplicá-la como descrito na seção "Usando a aplicação", deste capítulo. Considere a seguinte definição de função:

```
f(x) = x + 1
```

A abstração lambda dessa função é:

```
λx.x + 1
```

Lembre-se de que o cálculo lambda não tem nenhum conceito de declaração da variável. Assim, ao abstrair uma função como:

```
f(x) = x² + y²
```

para ler:

```
λx.x² + y²
```

a variável y é considerada uma função não definida ainda, não uma declaração da variável. Para terminar a abstração, você criaria o seguinte:

```
λx.(λy.x² + y²)
```

Abstraindo o cálculo simplesmente tipado

O processo de abstração para o cálculo lambda simplesmente tipado segue o mesmo padrão descrito para o não tipado na seção anterior, exceto que agora você precisa adicionar tipos. Nesse caso, o termo *tipo* não se refere a string, inteiro nem booliano; os tipos são usados por outros paradigmas de programação. Pelo contrário, *tipo* se refere à definição matemática do *domínio* (o conjunto de saídas que a função fornecerá com base em seus valores de argumento definidos) e do *intervalo* (o domínio associado ou a imagem da função) da função, representado por A -> B. Toda essa explicação sobre tipo significa, de fato, que agora a função pode aceitar apenas entradas que fornecem os argumentos corretos e fornecer saídas apenas de certos argumentos também.

Alonzo Church introduziu originalmente o conceito do cálculo simplesmente tipado como uma simplificação do cálculo tipado para evitar os paradoxos do cálculo lambda não tipado (a seção "Considerando a necessidade da tipagem", mais adiante neste capítulo, fornece detalhes sobre como funciona o processo inteiro). Várias extensões do cálculo lambda (não vistas neste livro) também contam com a tipagem simples, inclusive: produtos; produtos associados; números naturais (Sistema T); e alguns tipos de recursão (como PCF ou Programming Computable Functions).

LEMBRE-SE

O importante neste capítulo é saber representar uma forma tipada da instrução de cálculo lambda. Para tanto, use dois-pontos (:) para exibir a expressão ou a variável à esquerda e o tipo à direita. Por exemplo, em relação à abstração de incremento mostrada na seção anterior, você inclui o tipo como:

```
λx:ν.x + 1
```

Nesse caso, o parâmetro x tem um tipo ν (nu) que representa os números naturais. A representação não informa o tipo de saída da função, porém, como + 1 resultaria em uma saída de número natural também, é fácil fazer a suposição necessária. Esse é o estilo de notação de Church. Mas, em muitos casos, é preciso definir o tipo inteiro da função, que requer a notação no estilo de Curry. Veja o método alternativo:

```
(λx.x + 1):ν -> ν
```

Mover a definição do tipo para fora significa que, agora, o exemplo define o tipo para a função inteira, em vez de x. Você deduz que x é do tipo ν porque os parâmetros da função o requerem. Ao trabalhar com entradas de vários parâmetros, deve transformar a função como mostrado antes. No caso, para atribuir números naturais como o tipo para a função de soma dos quadrados, você pode mostrá-la assim:

```
λx:ν.(λy:ν.x² + y²)
```

Observe a colocação das informações do tipo após cada parâmetro. Você também pode definir a função inteira:

```
(λx.(λy.x² + y²)):ν -> ν -> ν
```

DICA

Cada parâmetro aparece separado, seguido do tipo de saída. Há muito mais para descobrir sobre a tipagem, mas essa análise fornece o necessário para iniciar sem aumentar a complexidade. O artigo em http://www.goodmath.org/blog/2014/08/21/types-and-lambda-calculus/ [conteúdo em inglês] dá mais informações que podem ser úteis.

PAPO DE ESPECIALISTA

Ao trabalhar com certas linguagens, é possível ver o tipo indicado diretamente, em vez de indiretamente, com letras gregas. Por exemplo, ao trabalhar com uma linguagem, que suporta o tipo de dados int, você poderá ver int usado diretamente, não com a forma menos direta ν mostrada nos exemplos anteriores. Por exemplo, o código a seguir mostra uma alternativa int para o código λx:ν.x + 1, visto antes nesta seção:

```
λx:int.x + 1
```

Realizando Operações de Redução

Redução é o ato de expressar uma função lambda em sua forma mais pura e simples, assegurando que não haja nenhuma ambiguidade no significado. Você usa um dos três tipos de redução (também chamada de conversão em alguns casos, para ter clareza) para fazer várias tarefas no cálculo lambda:

- » α (alfa)
- » β (beta)
- » η (eta)

Como um aplicativo utiliza esses três tipos de redução é o que define a expressão lambda. Por exemplo, se você puder converter duas funções lambda na mesma expressão, poderá considerar o equivalente β. Muitos textos se referem ao processo de realizar todos esses três tipos de redução como uma redução λ. As próximas seções detalham as operações de redução.

Considerando a conversão α

Ao realizar tarefas no cálculo lambda, muitas vezes você precisa renomear as variáveis para que o significado das várias funções fique claro, sobretudo ao combinar as funções. O ato de renomear as variáveis é chamado de *conversão* α. Duas funções são *equivalentes* α quando têm o mesmo resultado. Por exemplo, as duas funções a seguir são equivalentes alfa:

```
λx.x + 1
λa.a + 1
```

Claramente, as duas funções produzem a mesma saída, mesmo que uma função conte com a letra x e a outra com a letra a. Porém o processo da conversão alfa nem sempre é simples. Por exemplo, as duas funções a seguir não são equivalentes α; pelo contrário, são duas funções distintas:

```
λx.(λy.x² + y²)
λx.(λx.x² + x²)
```

DICA

Renomear y como x não funcionará porque x já é uma variável capturada. Mas é possível renomear y como qualquer outro nome de variável desejado. Na verdade, os compiladores da linguagem funcional geralmente realizam a conversão alfa mesmo quando não é estritamente necessário para assegurar a exclusividade da variável em um aplicativo. Assim, ao exibir o código, você precisará considerar os efeitos da conversão alfa realizada unicamente para garantir a exclusividade da variável.

Considerando a redução β

O conceito da redução β é importante porque ajuda a simplificar as funções lambda, às vezes com a ajuda de uma conversão α ou η (por vezes chamadas de reduções em alguns textos, mas o uso do termo *conversão* é mais claro). A ideia central é fácil: colocar as variáveis no corpo de uma função com determinado argumento. Fazer a substituição permite resolver a função lambda para determinado argumento, em vez de criar uma instrução geral que poderá ser aplicada em qualquer conjunto de argumentos.

> **DICA** As seguintes seções ajudam a entender como funciona a redução beta. O tutorial em http://www.nyu.edu/projects/barker/Lambda/ [conteúdo em inglês] fornece assistentes JavaScript que podem ajudá-lo a compreender melhor a análise, caso você queira inserir exemplos nos devidos campos.

Definindo variáveis ligadas e não ligadas

Ao exibir a função, λx.x + 1, a parte λ dessa função liga a variável x à expressão seguinte, x + 1. Você também pode ver dois outros operadores de ligação usados em algumas declarações da função: E ao contrário (∃), também chamado de quantificador existencial usado na teoria dos conjuntos, ou A invertido (∀), que significa *para todos*. Os exemplos deste livro não usam nenhuma das alternativas, e você não precisa se preocupar com elas agora, mas poderá encontrar um conjunto de símbolos matemáticos relativamente completo, com explicações, em https://en.wikipedia.org/wiki/List_of_mathematical_symbols [conteúdo em inglês].

Algumas vezes, você encontra expressões contendo variáveis não ligadas ou livres. Uma variável livre é aquela que aparece sem a parte λ da função. Por exemplo, nesta expressão, x está ligado, enquanto y fica livre.

```
λx.x² + y²
```

As variáveis livres sempre permanecem após um tipo de redução como uma parte não resolvida da função. Não significa que você não resolverá a parte da função; apenas não a resolverá agora.

Compreendendo o princípio básico

A seção anterior analisou as variáveis ligadas e livres. Esta seção vai além: substitui as variáveis ligadas por argumentos. Realizando essa etapa, a função lambda deixa de ser geral para ter um uso específico. O argumento sempre aparece à direita da instrução da função. Assim, a seguinte expressão lambda pede para aplicar cada argumento z em cada ocorrência da variável x.

```
((λx.x + 1)z)
```

Observe como a função inteira fica entre parênteses para separá-la do argumento que você quer aplicar à função. O resultado dessa redução fica assim:

```
(z + 1)[x := z]
```

Agora, a redução mostra que o argumento z tem um valor 1 acrescentado. A redução aparece entre colchetes após a expressão reduzida. Porém a redução não faz parte da expressão; existe meramente para a documentação. A expressão inteira é apenas (z + 1).

Ao realizar essa tarefa, nem sempre é preciso usar uma letra para designar um valor. Pode-se usar um número ou outro valor. Além disso, o processo de redução pode ocorrer em etapas. Por exemplo, as seguintes reduções requerem três etapas:

```
(((λx.(λy.x² + y²))2)4)
(((λx.(λy1.x² + y1²))2)4)
((λy1.2² + y1²)4)[x := 2]
(2² + 4²)[y1 := 4]
2² + 4²
20
```

O processo segue assim:

1. **Use a conversão alfa para renomear a variável y como y1 para evitar confusão.**
2. **Substitua todas as ocorrências da variável x pelo valor 2.**
3. **Substitua todas as ocorrências da variável y1 pelo valor 4.**
4. **Remova os parênteses desnecessários.**
5. **Resolva o problema.**

Considerando a necessidade da tipagem

A seção anterior faz a redução beta parecer relativamente simples, mesmo para as funções lambda complexas. E mais, as seções anteriores contam com variáveis não tipadas. Mas elas podem causar problemas. Por exemplo, considere a seguinte redução beta:

```
(λx.xx)(λx.xx)
```

Os exemplos anteriores não consideram dois recursos deste aqui. Primeiro, eles não consideraram o potencial de usar duas variáveis iguais na expressão, `xx` neste caso. Segundo, não usaram uma função como o argumento para simplificar. Para realizar a redução beta, você deve substituir cada `x` na primeira função pela função que aparece como um argumento, que resulta em produzir o mesmo código como saída. A redução beta fica presa em um loop infinito. Agora, considere este exemplo:

```
L = (λx.xxy)(λx.xxy)
```

A saída desse exemplo é `(λx.xxy)(λx.xxy)y` ou `Ly`, que é bem maior que antes, não reduzida. Aplicar a redução beta torna o problema ainda maior: `Lyy`. Isso acontece porque as variáveis não têm tipos, portanto aceitam qualquer entrada. Adicionar tipos resolve o problema não permitindo certas entradas. Por exemplo, você não pode aplicar uma função nesta forma do primeiro exemplo:

```
(λx:V.xx)
```

O único argumento que funcionará nesse caso é um número. Como consequência, a função fará a redução beta.

Considerando a conversão η

A implementação completa do cálculo lambda fornece uma garantia de que a redução de `(λx.Px)`, em que nenhum argumento é aplicado em x e P não contém x como uma variável livre, resultará em P. Essa é a definição da conversão η. Ela antecipa a necessidade de uma redução beta no futuro e torna a função lambda geral mais simples antes de a redução beta ser necessária. A análise em https://math.stackexchange.com/questions/65622/whats-the-point-of-eta-conversion-in-lambda-calculus tem uma visão mais completa da conversão eta.

> **CUIDADO:** O problema da conversão eta é que poucas linguagens a implementam. Mesmo que essa conversão esteja disponível, você não deve contar como fazendo parte de uma linguagem em particular até realmente testá-la. Por exemplo, o tutorial em http://www.nyu.edu/projects/barker/Lambda/#etareduction [conteúdo em inglês] mostra que a conversão eta está indisponível no JavaScript. Portanto, este livro não se estende explicando-a.

Criando Funções Lambda no Haskell

A seção "Vendo uma Função no Haskell", do Capítulo 4, mostra como criar funções no Haskell. Por exemplo, se você quiser criar uma função curried para somar dois números, poderá usar `add x y = x + y`. Essa forma de código cria uma função definida. Mas também é possível criar funções anônimas no Haskell, que contam com o cálculo lambda para realizar uma tarefa. A diferença é que a função realmente é anônima, ou seja, não tem nome, e você a atribui a uma variável. Para ver como funciona o processo, abra uma cópia do interpretador Haskell e digite o seguinte código:

```
add = \x -> \y -> x + y
```

Observe como as funções lambda contam com a barra invertida de cada declaração da variável e o símbolo de mapeamento (->) para mostrar como as variáveis são mapeadas para uma expressão. Esse código deve lembrar-lhe do que foi visto na seção "Abstraindo o cálculo lambda não tipado", anteriormente neste capítulo. Agora, você tem uma função lambda para usar no Haskell. Para testá-la, digite **add 1 2** e pressione Enter. A saída é 3, como se espera.

Obviamente, esse uso das funções lambda não é tão impressionante. Você poderia usar a função sem problemas. Mas elas são úteis em outras situações. Por exemplo, você pode criar operadores especialmente definidos. O seguinte código cria um novo operador, +=:

```
(+=) = \x -> \y -> x + y
```

Para testar o código, digite **1+=2** e pressione Enter. De novo, a saída é 3, como se pode esperar. O Haskell permite um método de atalho para definir as funções lambda. Você pode criar esse mesmo operador usando o seguinte código:

```
(+=) = \x y -> x + y
```

Criando Funções Lambda no Python

A seção "Vendo uma Função no Python", do Capítulo 4, mostra como criar funções no Python. Como na função do Haskell, na seção anterior deste capítulo, também é possível criar uma versão de função lambda da função `add` no Capítulo 4. Ao criar uma função lambda no Python, você define a função de modo anônimo e conta com a palavra-chave `lambda`, como mostrado aqui:

```
add = lambda x, y: x + y
```

Observe que esse exemplo em particular atribui a função a uma variável. Porém você pode usar uma função lambda em qualquer lugar que o Python espera ver uma expressão ou referência de função. Use essa função como qualquer outra. Digite **add(1, 2)**, execute o código e verá 3 como saída.

Se quiser seguir uma formulação da função lambda mais precisa, poderá criá-la assim:

```
add = lambda x: lambda y: x + y
```

Nesse caso, verá como a sequência lambda deve funcionar mais claramente, mas requer trabalho extra. Para usar a função, digite **add(1)(2)** e execute o código. O Python aplicará os valores como você espera, e o código produzirá um valor 3.

O Python não permite criar novos operadores, mas é possível anular os existentes; o artigo em http://blog.teamtreehouse.com/operator-overloading-python [conteúdo em inglês] mostra como. Porém, para este capítulo, crie um novo uso para a letra X usando uma função lambda. Para iniciar o processo, você deve instalar o módulo Infix abrindo o Anaconda Prompt, digitando **pip install infix** no prompt de comando e pressionando Enter. Após alguns momentos, o pip informará que ele instalou o Infix. O seguinte código permitirá que você use a letra X para multiplicar dois valores:

```
from infix import mul_infix as Infix
X = Infix(lambda x, y: x * y)
5 *X* 6
X(5, 6)
```

A primeira instrução importa mul_infix como Infix. Você tem acesso a vários métodos infix, mas o exemplo usa esse em particular. O site em https://pypi.org/project/infix/ [conteúdo em inglês] mostra as outras formas de infix à sua disposição.

A segunda instrução define x como a função infix usando uma expressão lambda. O modo como o Infix funciona permite usar x como um operador, como mostrado por 5 *X* 6 ou uma função normal, como em X(5, 6). Quando usado como operador, você deve cercar x com o operador de multiplicação, *. Se fosse usar shif_infix, teria os operadores de deslocamento (<< e >>) em torno da função lambda definida como o operador.

NESTE CAPÍTULO

» **Entendendo e usando listas**

» **Manipulando listas**

» **Trabalhando com Dict e Set**

» **Usando strings**

Capítulo 6

Trabalhando com Listas e Strings

O Capítulo 5 pode ter dado a entender que o uso do cálculo lambda no paradigma de programação funcional impede de usar as estruturas de programação padrão no design do aplicativo. Não é o caso, e este capítulo está aqui para combater esse mito. Neste capítulo, você começa com uma das estruturas de dados mais comuns e simples usadas hoje: as listas. Uma *lista* é uma representação programática do objeto real. Todos criam listas na vida real por vários motivos. (Basta imaginar comprar alimentos sem uma lista.) Você faz o mesmo em seus aplicativos, mesmo quando escreve código usando o estilo funcional. Naturalmente, o paradigma de programação funcional tem algumas surpresas, e este capítulo as analisa também.

Às vezes, é preciso criar estruturas de dados com maior complexidade, e é onde as estruturas `Dict` e `Set` entram. Linguagens diferentes usam termos diferentes para essas duas estruturas de dados, mas a operação é basicamente a mesma. `Dict` oferece uma lista ordenada contendo pares de nome e valor. Você acessa os valores usando o nome associado, e o nome é o que dá a ordem. `Set` oferece uma coleção de elementos do mesmo tipo sem duplicatas. É comum usar `Set` para eliminar entradas duplicadas de um conjunto de dados ou fazer operações matemáticas, como união e interseção.

O tópico final deste capítulo envolve o uso de strings. Da perspectiva do ser humano, strings são um meio essencial de comunicar informações. Mas lembre-se de que um computador as vê apenas como uma cadeia de números. Os computadores trabalham apenas com números, nunca com texto, portanto a representação de uma string realmente é uma combinação de coisas que normalmente você acha que não ficam juntas. Como em todos os outros exemplos neste livro, os exemplos de string do Haskell e do Python usam o paradigma de codificação funcional, em vez de outros paradigmas que você usou antes.

Definindo os Usos de Listas

Após ter usado listas, é uma tentação perguntar o que uma lista não pode fazer. A estrutura de dados da lista é a oferta mais versátil para a maioria das linguagens. Na maioria dos casos, as listas são simplesmente uma sequência de valores que não precisam ser do mesmo tipo. Você pode acessar os elementos em uma lista usando uma indexação que começa em 0 na maioria das linguagens, mas poderia começar em 1 para algumas. O método de indexação varia entre as linguagens, mas acessar valores específicos usando um índice é comum. Além de armazenar uma sequência de valores, às vezes as listas são usadas nestes contextos de codificação:

» Pilha
» Lista de dados
» Deque
» Conjuntos

Em geral, as listas oferecem mais métodos de manipulação do que outros tipos de estruturas de dados simplesmente porque as regras para usá-las são muito livres. Muitos desses métodos fornecem às listas um pouco mais de estrutura ao atender a necessidades específicas. A seção "Fazendo Manipulações Comuns da Lista", mais adiante neste capítulo, detalha essas manipulações. As listas também são fáceis de pesquisar e fazer vários tipos de análise. O importante é que elas geralmente oferecem boa flexibilidade em troca de absoluta confiabilidade e segurança. (Você pode facilmente usar as listas de modo incorreto ou criar situações em que elas podem realmente fazer um aplicativo parar, como quando adiciona um elemento do tipo errado.)

DICA Dependendo da linguagem usada, as listas podem fornecer um conjunto impressionante de recursos e facilitar as conversões entre os tipos. Por exemplo, usar um iterador no Python permite realizar tarefas como produzir uma lista como tupla, processar o conteúdo um elemento por vez e expandir a lista em variáveis separadas. Ao trabalhar no Haskell, é possível criar compreensões de lista, que são parecidas com as compreensões de conjunto trabalhadas nas aulas de matemática. Os recursos da lista obtidos com certa linguagem dependem das funções que a linguagem fornece e de sua própria criatividade ao aplicá-las.

Criando Listas

Antes de poder usar uma lista, você deve criar uma. Por sorte, a maioria das linguagens facilita muito essa criação. Em alguns casos, é uma questão de colocar uma lista de valores ou objetos no conjunto correto de símbolos, como colchetes (que parecem ser os símbolos mais comuns usados).

LEMBRE-SE

O mais importante ao criar listas é ter certeza de que você entende como pretende usá-las no aplicativo. Às vezes, os desenvolvedores criam uma lista com forma livre e descobrem depois que controlar os tipos de dados aceitáveis teria sido melhor. Algumas linguagens fornecem métodos para assegurar que as listas permaneçam puras, mas muitas vezes a capacidade de controlar o conteúdo delas é algo adicionado por meio do programa. As seguintes seções descrevem como criar listas, primeiro no Haskell, depois no Python.

DIFERENÇA ENTRE LISTA E ARRAY

A princípio, as listas parecem apenas outro tipo de array. Muitas pessoas querem saber a diferença entre listas e arrays. Afinal, da perspectiva da programação, os dois parecem a mesma coisa. É verdade que as listas e os arrays armazenam dados em sequência, e normalmente você pode armazenar qualquer tipo de dados que quiser na estrutura (embora os arrays tendam a ser mais restritivos).

A principal diferença está em como os arrays e as listas armazenam os dados. Um array sempre armazena os dados em locais da memória sequencial, permitindo tempos de acesso mais rápidos em algumas situações, mas também diminuindo a velocidade de sua criação. E mais, como um array deve aparecer na memória sequencial, a atualização geralmente é difícil, e algumas linguagens não permitem modificá-los, como é possível com as listas.

Uma lista armazena dados usando uma estrutura de dados vinculada, em que um elemento da lista consiste no valor de dados e um ou dois ponteiros. As listas requerem mais memória porque você agora deve alocar memória para os ponteiros para o próximo local dos dados (e para o local anterior também nas listas com vínculo duplo, que é o tipo usado pela maioria das linguagens hoje). Normalmente, as listas são mais rápidas de criar e adicionar dados por causa do mecanismo de vinculação, mas têm um acesso de leitura mais lento do que os arrays.

Usando o Haskell para criar listas

No Haskell, você pode criar listas de vários modos. O método mais fácil é definir uma variável para manter a lista e fornecer o item da lista entre colchetes, como mostrado aqui:

```
let a = [1, 2, 3, 4]
```

CUIDADO

Observe que a declaração começa com a palavra-chave `let`, seguida de um nome da variável com letra minúscula, que é `a` neste caso. Você também poderia usar algo mais descritivo, como `myList`. Porém, se tentar usar uma letra inicial maiúscula, receberá uma mensagem de erro como a mostrada na Figura 6-1.

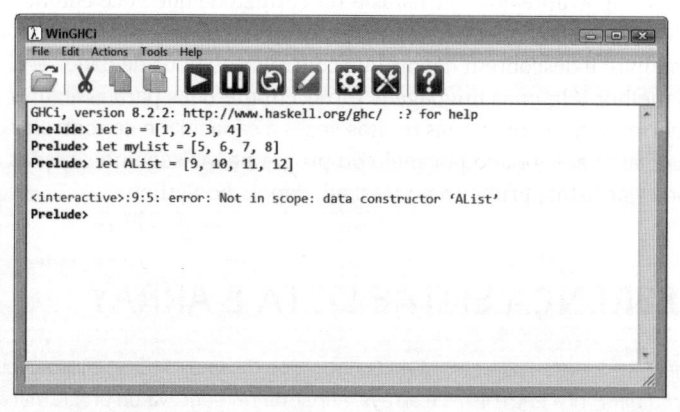

FIGURA 6-1: Os nomes da variável devem começar com uma letra minúscula.

O Haskell fornece alguns recursos únicos de criação de listas. Por exemplo, você pode especificar um intervalo de valores para colocar em uma lista sem usar nenhuma função especial. Tudo que precisa fazer é fornecer o valor inicial, dois pontos (..) e o valor final, assim:

```
let b = [1..12]
```

Pode até usar uma compreensão de lista para criar uma lista no Haskell. Por exemplo, a seguinte compreensão de lista cria uma lista chamada c baseada no conteúdo dobrado da lista a:

```
let c = [x * 2 | x <- a]
```

Nesse caso, o Haskell envia os valores individuais em a para x, dobra o valor de x multiplicando por 2 e coloca o resultado em c. As compreensões de lista dão muita flexibilidade ao criar listas personalizadas. A Figura 6-2 mostra a saída desses dois métodos especializados de criação de listas (e há muitos outros).

FIGURA 6-2:
O Haskell fornece métodos especializados de criação de listas.

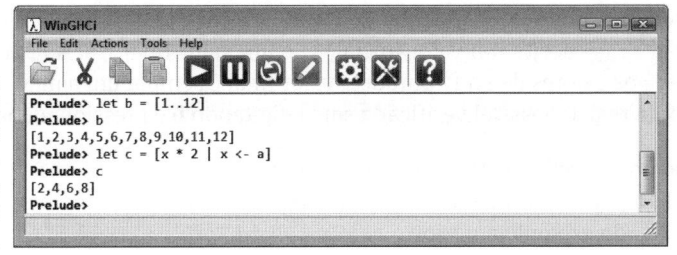

Usando o Python para criar listas

Criar uma lista no Python é incrivelmente parecido com o Haskell. Os exemplos neste capítulo são relativamente simples, portanto é possível executá-los abrindo um Anaconda Prompt (janela de comando ou do terminal), digitando **python** na linha de comando e pressionando Enter. Use o seguinte código para criar uma lista parecida com a usada para os exemplos do Haskell na seção anterior:

```
a = [1, 2, 3, 4]
```

Ao contrário dos nomes das variáveis do Haskell, os nomes do Python começam com letra maiúscula. Como consequência, o exemplo `AList`, que gera uma exceção no Haskell, funciona muito bem no Python, como mostrado na Figura 6-3.

FIGURA 6-3:
Os nomes das variáveis do Python podem começar com uma letra maiúscula.

Você também pode criar uma lista no Python baseada em um intervalo, mas o código para fazer isso é diferente no Haskell. Veja um método para criar uma lista no Python com base em um intervalo:

```
b = list(range(1, 13))
```

O exemplo combina as funções `list` e `range` para criar a lista. Observe que a função `range` aceita um valor inicial, 1, e um valor final, 13. A lista resultante conterá os valores de 1 a 12 porque o valor final é sempre um a mais que o valor da saída real. É possível verificar a saída digitando **b** e pressionando Enter.

Como no Haskell, o Python suporta as compreensões da lista, mas, novamente, o código para criar uma lista assim é diferente. Veja um exemplo de como criar a lista c, do exemplo anterior:

```
c = [a * 2 for a in range(1,5)]
```

DICA

O exemplo mostra a natureza impura do Python, porque, diferentemente do exemplo do Haskell, você conta com uma instrução, em vez do cálculo lambda, para fazer o serviço. Como alternativa, é possível definir o valor final da função `range` especificando `len(a)+1`. (A abordagem alternativa facilita criar uma lista com base nas compreensões, porque você não precisa lembrar o tamanho da lista de origem.) Quando digita **c** e pressiona Enter, o resultado é igual ao anterior, como mostrado na Figura 6-4.

FIGURA 6-4: O Python também permite usar as compreensões para criar listas.

```
>>> b = list(range(1, 13))
>>> b
[1, 2, 3, 4, 5, 6, 7, 8, 9, 10, 11, 12]
>>> c = [a * 2 for a in range(1,5)]
>>> c
[2, 4, 6, 8]
>>>
```

Avaliando as Listas

Em algum momento, você terá uma lista com dados. A lista pode ser útil nesse ponto, mas não será até que a avalie. *Avaliar* sua lista significa mais do que apenas a ler; também significa verificar o valor dela. Uma lista se torna útil somente quando os dados que ela contém ficam úteis. Você pode realizar essa tarefa matematicamente, como ao determinar o valor mínimo, máximo ou médio da lista, ou pode usar várias formas de análise para determinar como ela afeta você ou sua organização (ou possivelmente um cliente). Naturalmente, a primeira etapa na avaliação da lista é lê-la.

LEMBRE-SE

Este capítulo não analisa por completo o processo de avaliação. Na verdade, nenhum livro pode analisar a avaliação completamente porque isso significa coisas diferentes para pessoas diferentes. Contudo, as seguintes seções dão bastantes informações, pelo menos para iniciar o processo, depois você poderá seguir e descobrir outros meios de avaliação, inclusive realizando uma análise (outra etapa no processo) com as técnicas descritas na Parte 3 e as fornecidas por outros livros. O importante é que uma avaliação significa usar os dados, não os alterar de alguma forma. As mudanças fazem parte da manipulação vista adiante neste capítulo.

Usando o Haskell para avaliar listas

As seções anteriores deste capítulo mostraram que é possível ler uma lista simplesmente digitando seu identificador e pressionando Enter. É claro que depois você obtém a lista inteira, mas pode decidir que deseja apenas parte dela. Um modo de ter apenas uma parte é especificar um valor de índice, significando usar o operador !! no Haskell. Para ver o primeiro valor em uma lista definida como let a = [1, 2, 3, 4, 5, 6], você digita **a !! 0** e pressiona Enter. Os índices começam em 0, portanto o primeiro valor na lista a está no índice 0, não em 1, como se pode esperar. Na verdade, o Haskell fornece muitas maneiras de obter apenas partes das listas para que você possa ver elementos específicos:

- » head a: Mostra o valor no índice 0, que é 1.
- » tail a: Mostra o resto da lista após o índice 0, que é [2, 3, 4, 5, 6].
- » init a: Mostra tudo, exceto o último elemento da lista, que é [1, 2, 3, 4, 5].
- » last a: Mostra apenas o último elemento na lista, que é 6.
- » take 3 a: Requer o número de elementos que você deseja ver como entrada e mostra esse número desde o início da lista, que é [1, 2, 3].
- » drop 3 a: Requer o número de elementos que você não quer ver como entrada e mostra o resto da lista após retirar os elementos requeridos, que é [4, 5, 6].

USO DO ACENTO GRAVE (ASPA INVERTIDA OU MINUTO) NO HASKELL

Muitas pessoas ficam confusas com o uso do acento grave (`) ou aspa invertida (às vezes chamada de minuto) no Haskell. Se você digitasse 'div' (usando aspa simples em vez da aspa invertida), o Haskell exibiria uma mensagem de erro.

O Haskell fornece muitos outros modos de cortar e separar as listas, mas tudo se resume a ler a lista. A próxima etapa é um tipo de análise, que pode ser feito de diversas maneiras, mas veja as funções mais simples a considerar:

» `length a`: Retorna o número de elementos na lista, que é 6.
» `null a`: Verifica se a lista está vazia e retorna um resultado booliano, que é `False`.
» `minimum a`: Determina o menor elemento de uma lista e o retorna, que é 1.
» `maximum a`: Determina o maior elemento de uma lista e o retorna, que é 6.
» `sum a`: Soma os números da lista, que é 21.
» `product a`: Multiplica os números da lista, que é 720.

O Haskell tem um conjunto incrível de funções estatísticas em https://hackage.haskell.org/package/statistics [conteúdo em inglês] e você provavelmente encontrará bibliotecas de terceiros que ofereçam ainda mais. A seção "Usando Bibliotecas do Haskell", do Capítulo 3, explica como instalar e importar as bibliotecas conforme a necessidade. Mas, para algo simples, também é possível criar suas próprias funções. Por exemplo, você pode usar as funções `sum` e `length` para determinar o valor médio em uma lista, como mostrado aqui:

```
avg = \x -> sum(x) `div` length(x)
avg a
```

A saída é um valor inteiro 3 nesse caso (uma soma de 21/6 elementos). A função lambda segue o mesmo padrão usado no Capítulo 5. Note que nenhum operador de divisão real é definido para muitas operações no Haskell; você usa `div`. Tentar usar algo como `avg = \x -> sum(x) / length(x)` produzirá um erro. Na verdade, muitas palavras-chave especiais para a divisão estão resumidas no artigo em https://ebzzry.io/en/division/.

Usando o Python para avaliar listas

O Python fornece muitos modos diferentes de avaliar as listas. Para iniciar, você pode obter certo elemento usando um índice entre colchetes. Por exemplo, supondo que tenha uma lista definida como `a = [1, 2, 3, 4, 5, 6]`, digitar **a[0]** e pressionar Enter produzirá a saída 1. Diferente do Haskell, não é preciso usar palavras-chave estranhas para obter vários elementos do array; pelo contrário, use modificações de um índice, como mostrado aqui:

» `a[0]`: Obtém o início da lista, que é 1.
» `a[1:]`: Obtém o final da lista, que é `[2, 3, 4, 5, 6]`.

- **a[:-1]**: Obtém tudo, exceto o último elemento, que é [1, 2, 3, 4, 5].
- **a[-1:]**: Obtém apenas o último elemento, que é 6.
- **a[:-3]**: Faz o mesmo que `take 3 a` no Haskell.
- **a[-3:]**: Faz o mesmo que `drop 3 a` no Haskell.

Como no Haskell, provavelmente o Python fornece mais maneiras de cortar e separar as listas do que você precisará ou desejará. Também é possível executar níveis parecidos de análise básica usando o Python:

- `len(a)`: Retorna o número de elementos em uma lista.
- `not a`: Procura uma lista vazia. Essa verificação é diferente de `a is None`, que procura um valor nulo real; `a` não sendo definido.
- `min(a)`: Retorna o menor elemento da lista.
- `max(a)`: Retorna o maior elemento da lista.
- `sum(a)`: Soma os números da lista.

O interessante é que o Python não tem nenhuma chamada do método para obter o produto de uma lista, ou seja, todos os números são multiplicados. O programa conta muito com bibliotecas de terceiros, como NumPy (http://www.numpy.org/ — conteúdo em inglês) para realizar essa tarefa. Uma das maneiras mais fáceis de obter um produto sem recorrer a uma biblioteca de terceiros é mostrada aqui:

```
from functools import reduce
reduce(lambda x, y: x * y, a)
```

O método `reduce` encontrado na biblioteca `functools` (veja https://docs.python.org/3/library/functools.html [conteúdo em inglês] para obter detalhes) é muito flexível, no sentido de que você pode definir praticamente qualquer operação que funcione com cada elemento em uma lista. Nesse caso, a função lambda multiplica o elemento da lista atual, `y`, pelo valor acumulado, `x`. Se você quisesse encapsular essa técnica em uma função, poderia fazer isso com o seguinte código:

```
prod = lambda z: reduce(lambda x, y: x * y, z)
```

Para usar `prod` para encontrar o produto da lista `a`, digite **prod(a)** e pressione Enter. Não importa o nome, você obterá a mesma saída do Haskell: 720.

O Python fornece muitos cálculos estatísticos na biblioteca `statistics` (veja https://pythonprogramming.net/statistics-python-3-module-mean-standard-deviation/ [conteúdo em inglês] para obter detalhes). Mas, como no

Haskell, você pode descobrir que deseja criar as próprias funções para determinar coisas, como o valor médio das entradas em uma lista. O seguinte código mostra a versão do Python:

```
avg = lambda x: sum(x) // len(x)
avg(a)
```

Como antes, a saída é 3. Note o uso do operador // para fazer a divisão do inteiro. Se você usasse o operador de divisão padrão, teria um valor de ponto flutuante como saída.

Fazendo Manipulações Comuns da Lista

Manipular uma lista significa modificá-la de algum modo para produzir um resultado necessário. Uma lista pode conter os dados necessários, mas não na forma desejada. Você pode precisar apenas de parte da lista ou talvez a lista seja só um componente em um cálculo maior. Quem sabe não precise nem de uma lista; talvez o cálculo requeira uma tupla. A necessidade de manipular mostra que a lista original contém algo de que você precisa, mas está incompleta, imprecisa ou tem falhas de algum outro modo. As próximas seções fornecem um panorama das manipulações da lista que serão aperfeiçoadas no decorrer deste livro.

Entendendo as funções de manipulação da lista

Manipulação da lista significa mudá-la. Mas, no paradigma de programação funcional, não é possível mudar nada. Para todos os efeitos, toda variável aponta para uma lista que é uma constante, ou seja, que não pode mudar por algum motivo. Portanto, quando você trabalha com listas no código funcional, precisa considerar os aspectos do desempenho como um requisito. Toda alteração feita na lista precisará da criação de uma lista novinha, e você terá que apontar a variável para a nova estrutura. Para o desenvolvedor, a lista parece ter mudado, mas, internamente, não mudou; na verdade, não pode, ou o motivo fundamental para usar o paradigma de programação funcional falhará. Com isso em mente, veja as manipulações da lista comuns que você deseja considerar (essas manipulações são um acréscimo para as avaliações descritas antes):

» **Concatenação:** Somar duas listas para criar uma nova com todos os elementos das duas.
» **Repetição:** Criar um número específico de duplicatas de uma lista de origem.

» **Associação:** Determinar se um elemento existe em uma lista e extraí-lo potencialmente.

» **Iteração:** Interagir com cada elemento de uma lista individualmente.

» **Edição:** Remover elementos específicos, inverter a lista inteira ou parte dela, inserir novos elementos em certo local, classificar ou modificar uma parte da lista, mas manter o resto.

Usando o Haskell para manipular as listas

Uma funcionalidade de manipulação da lista no Haskell ocorre como parte do processo de avaliação. Basta definir a lista para ser igual ao resultado da avaliação. Por exemplo, o seguinte código coloca uma nova versão de a em b:

```
let a = [1, 2, 3, 4, 5, 6]
let b = take 3 a
```

CUIDADO

Você sempre deve colocar o resultado de uma avaliação em uma nova variável. Por exemplo, se tentasse usar `let a = take 3 a`, como é possível em outras linguagens, o Haskell emitiria uma exceção ou congelaria. Mas você pode usar `a = b` depois para mover o resultado da avaliação de b para a.

O Haskell fornece muitas funções de manipulação padrão. Por exemplo, `reverse a` produziria `[6,5,4,3,2,1]` como saída. Você também pode dividir as listas usando chamadas como `splitAt 3 a`, que produz uma tupla contendo duas listas como saída: `([1,2,3],[4,5,6])`. Para concatenar as duas listas, use o operador de concatenação: `++`. Por exemplo, para concatenar a e b, use `a ++ b`.

DICA

Você deve conhecer algumas funções interessantes do Haskell. Por exemplo, a função `filter` remove certos elementos baseados em critérios específicos, como todos os números ímpares. Nesse caso, use `filter odd a` para produzir a saída `[1,3,5]`. A função `zip` também é incrivelmente útil. Use-a para combinar duas listas. Use `zip a ['a', 'b', 'c', 'd', 'e', 'f']` para criar uma nova lista de tuplas assim: `[(1,'a'),(2,'b'),(3,'c'),(4,'d'),(5,'e'),(6,'f')]`. Todas essas funções aparecem na biblioteca `Data.List`, encontrada em http://hackage.haskell.org/package/base-4.11.1.0/docs/Data-List.html [conteúdo em inglês].

Usando o Python para manipular listas

Ao trabalhar com o Python, você tem acesso a um conjunto inteiro de funções de manipulação de lista. Muitas são funções de ponto anexadas a uma lista. Por exemplo, usando uma lista como `a = [1, 2, 3, 4, 5, 6]`, para invertê-la precisaria da função `reverse` assim: `a.reverse()`. Porém o que você obtém não é a saída esperada, mas uma versão modificada de a. Em vez da lista original, agora a contém: [6, 5, 4, 3, 2, 1].

Naturalmente, usar as funções de ponto é bom se deseja modificar a lista original; mas, em muitas situações, modificar a ideia original é simplesmente ruim, portanto é preciso outro modo de realizar a tarefa. Neste caso, pode-se usar o seguinte código para inverter uma lista e colocar o resultado em outra sem modificar a original:

```
reverse = lambda x: x[::-1]
b = reverse(a)
```

> **DICA**
>
> Como no Haskell, o Python tem um conjunto incrível de funções de lista — muitas para mencionar neste capítulo (mas você verá mais no decorrer deste livro). Um dos melhores lugares para encontrar um guia completo de funções de lista do Python é https://likegeeks.com/python-list-functions/ [conteúdo em inglês].

Entendendo o Dicionário e as Alternativas de Conjunto

Este capítulo não cobre os dicionários nem os conjuntos com pormenores. Você usa essas duas estruturas em detalhes na Parte 3 deste livro. Mas observe que os dicionários e os conjuntos são alternativas para as listas e aplicam certas regras, que facilitam trabalhar com os dados porque impõem uma estrutura e uma especialização maiores. Como mencionado na introdução deste capítulo, um dicionário usa pares de nome/valor para facilitar o acesso aos dados e fornecer exclusividade. Um conjunto também impõe uma exclusividade, mas sem usar as chaves oferecidas pela parte nome no par de nome/valor. É comum usar dicionários para armazenar conjuntos de dados complexos e conjuntos para realizar tarefas específicas da matemática.

Usando dicionários

O Haskell e o Python suportam os dicionários. Porém, ao trabalhar com o Haskell, você usa o HashMap (ou Map). Nos dois casos, você fornece pares de nome/valor, como mostrado aqui para o Python:

```
myDict = {"First": 1, "Second": 2, "Third": 3}
```

O primeiro valor, o nome, também é uma chave. As chaves são separadas por dois-pontos, e as entradas individuais, por vírgulas. Acesse qualquer valor no dicionário usando a chave, como `print(myDict["First"])`. A versão Haskell dos dicionários fica assim:

```
import qualified Data.Map as M
let myDict = M.fromList[("First", 1), ("Second", 2),
    ("Third", 3)]

import qualified Data.HashMap.Strict as HM
let myDict2 = HM.fromList[("First", 1), ("Second", 2),
    ("Third", 3)]
```

Os objetos `Map` e `HashMap` são diferentes; você não pode alterná-los. As duas estruturas são implementadas de modo diferente internamente, e é possível ter diferenças no desempenho usando uma em detrimento da outra. Na criação e no uso, as duas são difíceis de distinguir. Para acessar certo membro do dicionário, use `M.lookup "First" myDict` para o primeiro e `HM.lookup "First" myDict2` para o segundo. Nos dois casos, a saída será `Just 1`, indicando que existe apenas uma correspondência, e seu valor é 1. (A análise em https://stackoverflow.com/questions/7894867/performant-haskell-hashed-structure [conteúdo em inglês] fornece mais detalhes sobre como as estruturas de dados diferem.)

Usando conjuntos

Os conjuntos no Python são mutáveis (objeto `set`) ou imutáveis (objeto `frozenset`). A imutabilidade de `frozenset` permite usá-lo como um subconjunto de outro conjunto ou torná-lo um hash para usar em um dicionário. (O objeto `set` não oferece esses recursos.) Há outros tipos de conjunto também, mas, no momento, o foco são os conjuntos imutáveis para os usos da programação funcional. Assim, você verá `frozenset` usado neste livro, mas saiba que existem muitos que podem funcionar melhor para seu aplicativo em particular. O seguinte código cria um `frozenset`:

```
myFSet = frozenset([1, 2, 3, 4, 5, 6])
```

Use `frozenset` para fazer operações matemáticas ou agir como uma lista de itens. Por exemplo, é possível criar um conjunto que consiste nos dias da semana. Você não pode localizar os valores individuais em um `frozenset`, mas deve interagir com o objeto inteiro. Porém, como o objeto tem iteração, o seguinte código informa se `myFSet` contém o valor `1`:

```
for entry in myFSet:
    if entry == 1:
        print(True)
```

Os conjuntos do Haskell seguem um padrão parecido com o usado nos dicionários. Como todos os outros objetos do Haskell, os conjuntos são imutáveis, por isso não é preciso fazer as mesmas escolhas, como no Python. O próximo código mostra como criar um conjunto:

```
import Data.Set as Set
let mySet = Set.fromList [1, 2, 3, 4, 5, 6]
```

Por incrível que pareça, o conjunto do Haskell é muito mais fácil de usar do que o do Python. Por exemplo, se você quiser saber se `mySet` contém o valor 1, basta fazer a chamada a seguir:

```
Set.member 1 mySet
```

Considerando o Uso de Strings

As strings transmitem os pensamentos em termos do ser humano. Normalmente, as pessoas não falam por meio de números nem matemática; elas usam cadeias de palavras compostas de letras individuais para passar seus pensamentos e sentimentos. Infelizmente, os computadores não sabem o que é uma letra, muito menos as cadeias de letras usadas para criar palavras ou grupos de palavras usados para criar frases. Nada disso faz sentido para os computadores. Portanto, por mais estranhos que pareçam os números e a matemática para a maioria das pessoas, as strings de caracteres são igualmente estranhas para o computador (ou até mais). As próximas seções fornecerão uma visão geral do uso das strings dentro do paradigma de programação funcional.

Entendendo os usos das strings

As pessoas veem os vários tipos de objetos como strings, mas normalmente as linguagens de computador as tratam como entidades separadas. Duas delas são importantes para as tarefas de programação neste livro: caracteres e strings. *Caractere* é um elemento de um conjunto de caracteres, como a letra A. Os conjuntos de caracteres podem conter componentes diferentes de letras, como o caractere que controla o retorno do carro. Os conjuntos de caracteres estendidos podem fornecer acesso às letras usadas em idiomas diferentes do português. Mas não importa como alguém estrutura um conjunto de caracteres; um caractere é sempre uma entidade dentro deste conjunto. Dependendo de como o criador estrutura o conjunto, um caractere individual pode consumir 7, 8, 16 ou até 32 bits.

String é um grupo sequencial de zero ou mais caracteres em um conjunto de caracteres. Quando uma string contém zero elemento, ela aparece como uma string vazia. Porém a maioria das strings contém pelo menos um caractere. A representação de um caractere na memória é relativamente padrão entre as linguagens; consome apenas um local da memória para o tamanho específico desse caractere. Mas as strings têm várias formas, dependendo da linguagem. Portanto, as linguagens de computação tratam as strings de modo diferente dos caracteres por causa do modo como cada um usa a memória.

As strings não têm uso apenas como a saída do usuário nos aplicativos. Sim, você as usa para se comunicar com o usuário, mas também para outras finalidades, como rotular dados numéricos em um conjunto de dados. Elas também são fundamentais para certos formatos de dados, como XML. E mais, elas aparecem como um tipo de dado. Por exemplo, o HTML conta com a string agente para identificar as características do sistema cliente. Assim, mesmo que seu aplicativo nem mesmo interaja com o usuário, provavelmente você usará strings de alguma forma.

Executando tarefas relacionadas a strings no Haskell

Na verdade, uma string é uma lista de caracteres no Haskell. Para comprovar isso, crie uma nova string digitando **let myString = "Hello There!"** e pressionando Enter. Na próxima linha, digite **:t myString** e pressione Enter. A saída informará que `myString` é do tipo `[Char]`, uma lista de caracteres.

Como se pode esperar de uma linguagem puramente funcional, as strings do Haskell também são imutáveis. Quando você atribui uma nova string a uma variável de string do Haskell, o que realmente faz é criar uma nova string e apontar a variável para ela. As strings no Haskell equivalem às constantes em outras linguagens.

O Haskell fornece algumas bibliotecas específicas da string, como `Data.String`, em que você encontra funções como `lines` (que divide uma string em strings individuais, em uma lista entre novos caracteres de linha, `\n`) e `words` (que divide as strings em uma lista de palavras individuais). Você pode ver os resultados dessas funções na Figura 6-5.

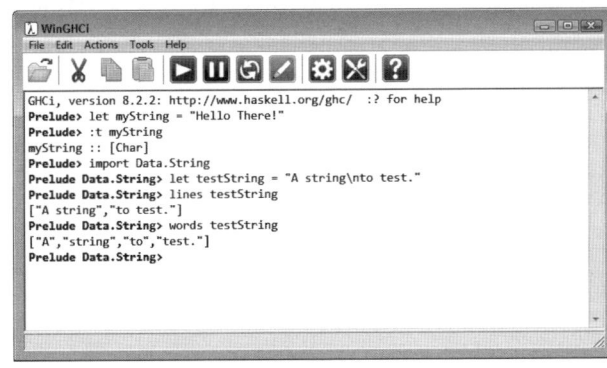

FIGURA 6-5:
O Haskell oferece, pelo menos, algumas bibliotecas relacionadas a strings.

CAPÍTULO 6 **Trabalhando com Listas e Strings** 103

LEMBRE-SE: Capítulos posteriores deste livro passam mais tempo lidando com as strings do Haskell, mas o gerenciamento de strings é conhecido com uma das maiores desvantagens dessa linguagem em particular. O artigo em `https://mmhaskell.com/blog/2017/5/15/untangling-haskells-strings` [conteúdo em inglês] fornece uma análise sucinta de alguns problemas e demonstra técnicas de gerenciamento de strings. A única coisa para tirar desse artigo é que você realmente tem cinco tipos diferentes para lidar se quer implementar totalmente as strings no Haskell.

Executando tarefas relacionadas a strings no Python

O Python, como uma linguagem impura, também vem com uma lista completa de funções de string; muitas para colocar neste capítulo. Criar uma string é muito fácil: basta digitar **myString = "Hello There!"** e pressionar Enter. As strings são as estrelas no Python e você tem acesso a todos os recursos normais de manipulação encontrados em outras linguagens, inclusive a formatação especial e os caracteres de escape. (O tutorial em `https://www.tutorialspoint.com/python/python_strings.htm` [conteúdo em inglês] não mostra nem metade, mas é um bom ponto de partida.)

LEMBRE-SE: Uma questão importante para os desenvolvedores Python é que as strings são imutáveis. Claro, isso leva a todo tipo de questionamento relacionado a como uma pessoa pode mudar aparentemente o valor de uma string em uma variável. Mas o que realmente acontece é que, quando você muda o conteúdo de uma variável, o Python cria uma nova string e aponta a variável para ela, em vez da string existente.

DICA: Um dos aspectos mais interessantes do Python é que também se pode tratar as strings como um tipo de lista. A seção "Usando o Python para avaliar listas" explica como avaliar as listas, e muitos dos mesmos recursos funcionam com as strings. Você tem acesso a todos os recursos de indexação para começar, mas também pode fazer coisas como usar `min(myString)`, que retorna o espaço, ou `max(myString)`, que retorna r, para processar as strings. Obviamente, não é possível usar `sum(myString)` porque não há nada para somar. Com o Python, se não estiver certo de que algo funcionará em uma string, experimente.

3 Praticando a Programação Funcional

NESTA PARTE...

Use a correspondência de padrões de modos práticos.

Considere a diferença da recursão funcional.

Veja como a recursão difere entre o Haskell e o Python.

Defina e use uma função de alta ordem.

Entenda os tipos funcionais.

> **NESTE CAPÍTULO**
> » Entendendo os padrões de dados
> » Procurando padrões nos dados
> » Adicionando a correspondência de padrões aos aplicativos

Capítulo 7
Fazendo a Correspondência de Padrões

adrões são um conjunto de qualidades, propriedades ou tendências que formam uma característica ou organização consistente, ou seja, um modelo repetitivo. As pessoas são boas em identificar padrões em todo lugar e em tudo. Na verdade, colocamos padrões de propósito em tudo diariamente, como no papel de parede ou nos tecidos. Mas os computadores são melhores que os humanos em identificar padrões fracos ou extremamente intrincados, pois têm capacidade de memória e velocidade de processamento para tanto. A capacidade de identificar um padrão chama-se *correspondência de padrões*, que é o tópico geral deste capítulo. Essa correspondência é um componente essencial na utilidade dos sistemas de computador e tem sido assim desde o início, por isso dificilmente este capítulo terá algo radical ou novo. Todavia, entender como os computadores encontram padrões é muitíssimo importante para definir como essa tecnologia aparentemente antiga desempenha um papel importante em novos aplicativos como IA, aprendizado automático, aprendizado profundo e todo tipo de análise de dados.

Os padrões mais úteis são os que podemos compartilhar com outras pessoas. Para compartilhar um padrão com alguém, deve-se criar uma linguagem para defini-lo, ou seja, uma *expressão*. Este capítulo também analisa as expressões regulares, um tipo particular de linguagem de padrões, e seu uso ao realizar tarefas, como a análise de dados. A criação de uma expressão regular ajuda a descrever para um aplicativo qual tipo de padrão deve ser encontrado, então o computador, com seu poder de processamento mais rápido, pode localizar o dado preciso que você necessita com um tempo mínimo. Essas informações básicas ajudam a entender a correspondência de padrões mais complexa que ocorre nos domínios da IA e da análise de dados avançada.

Naturalmente, trabalhar com padrões usando a correspondência por meio de vários tipos de expressões funciona de modo um pouco diferente no paradigma de programação funcional. As seções finais deste capítulo explicam como fazer a correspondência de padrões usando as duas linguagens deste livro: Haskell e Python. Os exemplos não são espetaculares, mas dão uma ideia de como a correspondência opera nos programas funcionais para que você possa aplicá-la em outros usos.

Procurando Padrões em Dados

Ao observar o mundo à sua volta, você vê todo tipo de padrão. O mesmo ocorre com os dados com os quais trabalha, mesmo que não tenha consciência disso. Por exemplo, os números de telefone e os CPFs são exemplos de dados que seguem um tipo de padrão, do tipo posicional. Um número de telefone consiste em um código de área com dois dígitos, uma operadora com quatro dígitos (mesmo que o número não seja mais da operadora específica) e o número real com quatro dígitos. As posições dessas três entidades são importantes para a formação do número de telefone, portanto, é comum ver um padrão de telefone expresso como (99) 9999-9999 (ou alguma variante), em que o valor 9 representa um número. Os outros caracteres fornecem a separação entre os elementos para ajudar as pessoas a verem o padrão.

Existem outros tipos de padrão nos dados, mesmo que você não os considere assim. Por exemplo, a organização das letras de A até Z é um padrão. Isso pode não parecer uma revelação, mas o uso desse padrão em particular ocorre quase que constantemente nos aplicativos, quando eles apresentam dados de forma ordenada para facilitar que os seres humanos os entendam e interajam com eles. Os padrões organizacionais são essenciais para o devido funcionamento dos aplicativos atuais, embora as pessoas os aceitem sem discutir na maioria das vezes.

Outro tipo de padrão é a progressão. Um dos padrões mais fáceis e muito aplicados nessa categoria é a progressão exponencial, expressada como N^x, em que o número N é elevado à potência x. Por exemplo, uma progressão exponencial 2 começando em 0 e terminando em 4 seria: 1, 2, 4, 8 e 16. A linguagem usada para expressar esse tipo de padrão é o algoritmo, e você normalmente usa os recursos da linguagem de programação, como a recursão, para expressá-lo no código.

Alguns padrões são abstrações de experiências reais. Considere a cor como exemplo. Expressar a cor em termos para um computador entender requer usar três ou quatro variáveis com três dígitos, em que os três primeiros são sempre um valor de vermelho, azul e verde. A quarta entrada pode ser um valor alfa que expressa a opacidade, ou um valor gama, que expressa uma correção usada para definir uma cor em particular, tendo em mente as capacidades de exibição de um dispositivo. Esses padrões abstratos ajudam as pessoas a modelarem o mundo real no ambiente do computador para que outras formas de correspondência de padrões ocorram (junto com outras tarefas, como a ampliação da imagem ou a correção da cor).

Os padrões transicionais ajudam as pessoas a entenderem outros dados. Por exemplo, referenciar todos os dados para um valor básico conhecido possibilita comparar os dados de diferentes fontes, coletados em momentos e modos diferentes, usando a mesma escala. Saber como várias entidades coletam os dados requeridos fornece meios para determinar qual transição aplicar nos dados para que eles sejam úteis como parte de uma análise de dados.

Os dados ainda podem ter padrões quando ausentes ou danificados. O padrão de dados inúteis pode sinalizar um mau funcionamento do dispositivo, uma falta de entendimento de como o processo de coleta de dados deve ocorrer ou até tendências de comportamento humano. O importante é que os padrões ocorrem em vários lugares e de diversos modos, e por isso é importante ter um computador para reconhecê-los. As pessoas podem ver apenas parte do cenário, mas um computador devidamente treinado tem o potencial de ver tudo.

LEMBRE-SE

Existem tantos tipos de padrões que, para documentar todos, seria necessário um livro inteiro. Basta lembrar que você pode treinar os computadores para reconhecer e reagir aos padrões de dados automaticamente, de modo que os dados se tornem úteis para as pessoas em várias empreitadas. A automação dos padrões de dados talvez seja uma das aplicações mais úteis da tecnologia de computação atual, embora muito poucas pessoas saibam que isso ocorre. O que elas veem é uma lista organizada de recomendações de produtos em seu site favorito ou um mapa com instruções sobre como ir de um lugar a outro; os dois casos precisam do reconhecimento de vários tipos de padrões e da transição dos dados para atender às necessidades humanas.

Entendendo as Expressões Regulares

Expressões regulares são strings especiais que descrevem um padrão de dados. O uso dessas strings especiais é tão consistente entre as linguagens de programação que saber como usá-las em uma linguagem facilita muito a utilização em todas as outras que as suportam. Como em todas as sintaxes cheias de recursos e razoavelmente flexíveis, as expressões regulares podem ficar bem complexas, e é por isso que provavelmente você passou algum tempo trabalhando de um modo preciso para representar certo padrão para usar na correspondência de padrões.

LEMBRE-SE
Usa-se expressões regulares para se referir à técnica de fazer a correspondência de padrões usando strings especialmente formatadas nos aplicativos. Porém a classe de código real usada para executar a técnica aparece como Regex, regex, ou até RegEx, dependendo da linguagem usada. Algumas linguagens empregam um termo inteiramente diferente, mas é uma minoria. Assim, ao se referir à classe de código em vez da técnica, use Regex (ou uma das outras letras maiúsculas).

DICA
As próximas seções são uma rápida visão geral das expressões regulares. Você pode encontrar uma documentação do Haskell mais detalhada em `https://wiki.haskell.org/Regular_expressions`, e a documentação do Python correspondente em `https://docs.python.org/3.6/library/re.html`. Essas fontes de ajuda extra podem ficar bem complexas e difíceis de seguir, portanto examine também o tutorial em `https://www.regular-expressions.info/` para mais informações [conteúdos em inglês].

A LETRA MAIÚSCULA É IMPORTANTE!

Ao trabalhar com expressões regulares, você deve ter muito cuidado ao usar corretamente as letras maiúsculas no padrão. Por exemplo, pedir ao compilador da expressão regular para procurar um *a* minúsculo exclui um *A* maiúsculo. Para procurar os dois, você deve especificar ambos.

O mesmo ocorre ao definir os caracteres de controle, âncoras e outros elementos-padrão da expressão regular. Alguns elementos podem ter equivalentes a letras minúsculas e maiúsculas. Por exemplo, \w pode especificar qualquer caractere alfanumérico e \W especifica qualquer caractere não alfanumérico. A diferença na letra maiúscula é importante.

Definindo caracteres especiais com escapes

Normalmente, os caracteres de escape definem um tipo especial de caractere; com frequência, um caractere de controle. Você aplica o escape em um caractere usando a barra invertida (\), o que significa que, se quiser pesquisar uma barra invertida, terá que usar duas barras em sequência (\\). O caractere em questão vem após o escape. Assim, \b sinaliza que você deseja procurar um caractere da tecla de retorno. As linguagens de programação padronizam esses caracteres de várias maneiras:

» **Caractere de controle:** Fornece acesso aos caracteres de controle, como tabulação (\t), nova linha (\n) e retorno do carro (\r). Note que \n (que tem um valor \u000D) é diferente de \r (que tem um valor \u000A).

» **Caractere numérico:** Define um caractere com base no valor numérico. Os tipos comuns incluem o octal (*nnn*), hexadecimal (\x*nn*) e Unicode (\u*nnnn*). Em cada caso, substitua *n* pelo valor numérico do caractere, como em \u0041 para a letra *A* maiúscula no Unicode. Observe que deve fornecer o número correto de dígitos e usar 0s para preencher o código.

» **Caractere especial com escape:** Especifica que o compilador da expressão regular deve exibir um caractere especial, como (ou [, da mesma maneira que um caractere literal, em vez de como um especial. Por exemplo, \(especificaria um parêntese de abertura, não o início de uma subexpressão.

Definindo caracteres curinga

Um caractere curinga pode definir um tipo de caractere, mas nunca um caractere específico. Você usa caracteres curinga para especificar qualquer dígito ou caractere. A seguinte lista informa os caracteres curinga comuns. Sua linguagem pode não suportar todos eles ou pode definir alguns além dos listados. Veja:

» **.:** Qualquer caractere (com a possível exceção do caractere de nova linha ou outros caracteres de controle).
» **\w:** Qualquer caractere alfanumérico.
» **\W:** Qualquer caractere não alfanumérico.
» **\s:** Qualquer caractere de espaço em branco.
» **\S:** Qualquer caractere que não seja espaço em branco.
» **\d:** Qualquer dígito decimal.
» **\D:** Qualquer dígito que não seja decimal.

Trabalhando com âncoras

As âncoras definem como interagir com uma expressão regular. Por exemplo, você pode querer trabalhar apenas com o início ou o final dos dados de destino. Cada linguagem de programação parece implementar algumas condições especiais em relação às âncoras, mas todas seguem a mesma sintaxe básica (quando a linguagem suporta a âncora). A seguinte lista define as âncoras comuns usadas:

- **^:** Considera o início da string.
- **$:** Considera o final da string.
- ***:** Corresponde a zero ou mais ocorrências do caractere especificado.
- **+:** Corresponde a uma ou mais ocorrências do caractere especificado. O caractere deve aparecer pelo menos uma vez.
- **?:** Corresponde a zero ou uma ocorrência do caractere especificado.
- **{m}:** Especifica *m* caracteres anteriores requeridos para uma correspondência.
- **{m,n}:** Especifica o intervalo de *m* a *n* de caracteres anteriores requeridos para uma correspondência.
- ***expressão|expressão*:** Executa ou pesquisa onde o compilador da expressão regular localizará uma ou outra expressão, e conta isso como uma correspondência.

LEMBRE-SE

Você pode acabar achando algumas âncoras difíceis. A ideia da correspondência significa definir certa condição que atenda a uma demanda. Por exemplo, considere este padrão: c?ro, que combinaria *caro* e *curo*, mas não *claro* nem *carro*, porque a âncora ? corresponde a apenas um caractere. Se você quisesse corresponder a *claro* e *carro* também, usaria c*ro, porque a âncora * pode corresponder a vários caracteres. Usar a âncora certa é essencial para ter o resultado desejado.

Delineando subexpressões com construções de grupo

Uma construção de grupo informa ao compilador da expressão regular para tratar uma série de caracteres como um grupo. Por exemplo, a construção de grupo `[a-z]` pede ao compilador para procurar todos os caracteres minúsculos entre *a* e *z*. Porém a construção de grupo `[az]` (sem o traço entre *a* e *z*) pede ao compilador para procurar apenas as letras *a* e *z*, mas nada entre elas, e a construção de grupo `[^a-z]` pede para procurar tudo, exceto as letras minúsculas de *a* até *z*. A seguinte lista descreve as construções de grupo comumente usadas. As letras e as palavras em itálico na lista são espaços reservados.

- **[x]:** Procura um caractere a partir dos especificados por *x*.
- **[x-y]:** Procura um caractere a partir do intervalo de caracteres especificados por *x* e *y*.
- **[^expressão]:** Localiza qualquer caractere não encontrado na *expressão de caracteres*.
- **(expressão):** Define um grupo de *expressões* regulares. Por exemplo, ab{3} corresponderia à letra *a* e a três cópias da letra *b*, ou seja, abbb. Mas (ab){3} corresponderia a três cópias da expressão ab: ababab.

Usando a Correspondência de Padrões na Análise

A correspondência de padrões nos computadores é tão antiga quanto os próprios computadores. Ao considerar várias fontes, é possível encontrar diferentes pontos de partida para essa correspondência, como os editores. Mas o fato é que você realmente não pode fazer muita coisa com um sistema de computador sem ter um tipo de correspondência de padrões. Por exemplo, o simples ato de parar certos tipos de loops requer que um computador identifique um padrão entre o estado existente de uma variável e o estado desejado. Da mesma forma, a entrada do usuário requer que o aplicativo corresponda entrada do usuário a um conjunto de entradas aceitáveis.

Os desenvolvedores reconhecem que as declarações da função também formam um tipo de padrão e que, para chamar a função com sucesso, quem chama deve corresponder ao padrão. Enviar o número errado ou tipos de variáveis como parte da chamada da função faz com que ela falhe. As estruturas de dados também formam um tipo de padrão porque os dados devem aparecer em certa ordem e ser de um tipo específico.

LEMBRE-SE Onde você escolhe definir o início da correspondência de padrões depende de como interpreta o ato. Com certeza, essa correspondência não é igual a contar, como em um loop `for` no aplicativo. Mas é possível afirmar que testar uma condição em um loop `While` combina a correspondência de padrões até certo ponto. O motivo de muitas pessoas verem os editores como o primeiro uso da correspondência de padrões é que eles foram os primeiros tipos de aplicativo a usar essa correspondência para fazer uma pesquisa, como localizar um nome em um documento. A pesquisa faz mais parte da análise porque você deve encontrar os dados antes de fazer qualquer coisa com eles.

Porém o ato de pesquisar é apenas um aspecto de uma aplicação mais ampla da correspondência de padrões na análise. Filtrar os dados também requer essa correspondência. Uma pesquisa é uma abordagem especial da correspondência de padrões no sentido de que ela tem êxito no momento em que o aplicativo localiza uma correspondência. A filtragem é um processo em batch que aceita todas as correspondências em um documento e descarta qualquer coisa que não combina, permitindo ver todas as correspondências sem fazer nada mais. A filtragem também pode variar quanto à pesquisa no sentido de que a pesquisa geralmente utiliza condições estáticas, ao passo que a filtragem pode empregar algum nível de condição dinâmica, como localizar os membros de um conjunto ou encontrar um valor dentro de certo intervalo.

Quando você deseja localizar todas as instâncias de certa estrutura de dados (um registro) em um grande armazenamento (o banco de dados), o filtro é a base para muitos recursos de análise nas linguagens declarativas, como SQL. O nível de filtragem no SQL é muito mais dinâmico do que em um mero filtro porque você pode aplicar conjuntos condicionais e algoritmos limitados no processo de localizar determinados elementos de dados.

DICA

Embora não seja a mais avançada das técnicas modernas de correspondência de padrões, as expressões regulares oferecem uma boa visão de como essa correspondência funciona nos aplicativos recentes. Você pode verificar intervalos e situações condicionais, e pode até aplicar certo nível de controle dinâmico. Mesmo assim, o mestre atual da correspondência é o algoritmo, que pode ser totalmente dinâmico e incrivelmente responsivo a condições particulares.

Trabalhando com a Correspondência de Padrões no Haskell

O Haskell fornece um conjunto completo de funcionalidade da correspondência de padrões. O exemplo nesta seção usa especificamente o pacote Text.Regex.Posix. Você pode, de fato, encontrar muitas implementações das expressões regulares analisadas em https://wiki.haskell.org/Regular_expressions. Porém a implementação mais fácil de usar é o pacote Text.Regex.Posix, descrito em http://hackage.haskell.org/package/regex-posix-0.95.1/docs/Text-Regex-Posix.html e suportado pelo pacote Text.Regix, descrito em http://hackage.haskell.org/package/regex-compat-0.95.1/docs/Text-Regex.html [conteúdos em inglês]. As próximas seções detalham a correspondência de padrões do Haskell usando dois exemplos.

Fazendo correspondências simples do Posix

Toda linguagem com a qual você trabalha terá peculiaridades quanto a Regex. Infelizmente, descobrir quais são essas peculiaridades no Haskell pode ser frustrante às vezes. Um dos melhores recursos que você pode usar para determinar como formatar uma string Regex do Haskell está em https://www.regular-expressions.info/posix.html. Na verdade, se você ler a seção complementar do site, encontrará implementações Regex para muitas outras linguagens também. O pacote Text.Regex.Posix segue essas convenções na maior parte. Mas, ao ver a tabela usada para descrever as classes de caracteres em https://www.regular-expressions.info/posixbrackets.html, é preciso saber que o Haskell não suporta caracteres abreviados, como \d para os dígitos. Você deve usar [0-9] para representar todos os dígitos [conteúdos em inglês].

Para começar a trabalhar com a forma Posix de Regex no Haskell, primeiro digite **import Text.Regex.Posix** e pressione Enter. Então, poderá criar um padrão para usar, como let vowels = "[aeiou]". Experimente digitando **"This is a test sentence." =~ vowels :: Bool** e pressionando Enter. Os resultados aparecem na Figura 7-1.

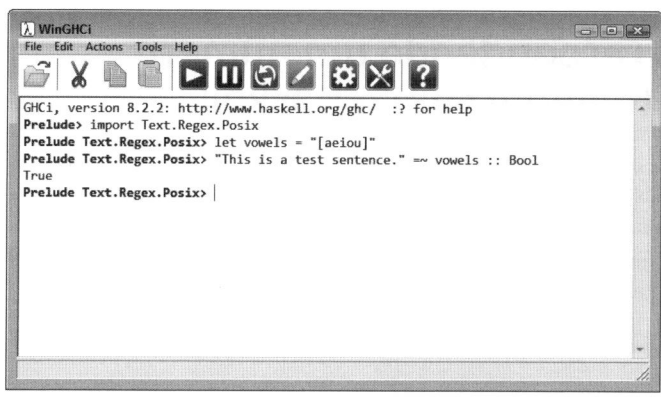

FIGURA 7-1:
O Regex do Haskell verifica uma frase de teste para ver a presença de vogais.

A saída mostra que a frase contém vogais. Observe que o processo de teste usa o operador =~ (que é um til, ~). E mais, você escolhe uma forma de saída fornecendo o operador :: seguido de um tipo, que é Bool nesse caso. Os resultados serão interessantes se mudar os tipos. Por exemplo, se usar Int, descobrirá que a frase de teste tem sete vogais. Usar String informa que a primeira instância é a letra *i*.

DICA

As coisas ficam ainda mais interessantes quando tuplas são oferecidas como o tipo. Por exemplo, se usar (String, String, String), verá a frase inteira com a parte antes da correspondência como a primeira entrada, e a correspondência em si e a parte após, como a última entrada, como na Figura 7-2. A tupla (String, String, String, [String]) fornece a adição de uma lista de grupos de correspondência.

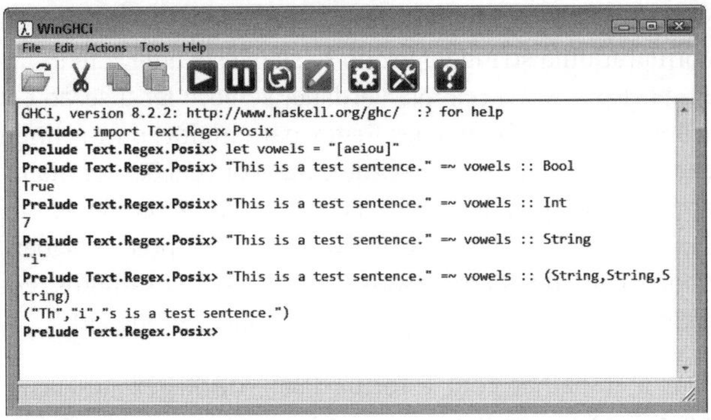

FIGURA 7-2:
Forneça uma tupla como a entrada para ter uma visão mais completa de como fica a correspondência no contexto.

```
GHCi, version 8.2.2: http://www.haskell.org/ghc/  :? for help
Prelude> import Text.Regex.Posix
Prelude Text.Regex.Posix> let vowels = "[aeiou]"
Prelude Text.Regex.Posix> "This is a test sentence." =~ vowels :: Bool
True
Prelude Text.Regex.Posix> "This is a test sentence." =~ vowels :: Int
7
Prelude Text.Regex.Posix> "This is a test sentence." =~ vowels :: String
"i"
Prelude Text.Regex.Posix> "This is a test sentence." =~ vowels :: (String,String,String)
("Th","i","s is a test sentence.")
Prelude Text.Regex.Posix>
```

Outra tupla útil é (Int, Int). Nesse caso, você recebe o deslocamento inicial começando em 0 da primeira correspondência e seu comprimento. Assim, verá uma saída (2, 1) porque i está no deslocamento 2 e tem um comprimento 1.

Correspondendo um número de telefone com o Haskell

A seção anterior descreveu os métodos usados para criar muitas correspondências simples no Haskell. Mas a maioria delas não é tão simples. O exemplo nesta seção mostra um tipo comum de correspondência que requer um pouco mais na estrutura de string da expressão: um número de telefone. Veja o padrão usado aqui:

```
let tel = "\\([0-9]{2}\\)[0-9]{4}\\-[0-9]{4}"
```

O padrão tel inclui muitos recursos novos. Começando à esquerda, você tem o escape \\ que é igual a uma barra invertida interpretada literalmente seguido de um parêntese esquerdo, (. Os três caracteres são necessários para definir um parêntese de abertura no padrão. A próxima entrada são os números de 0 a 9 ([0-9]) repetidos duas vezes ({2}). Os três caracteres seguintes definem o parêntese de fechamento para o código de área. A definição da operadora, [0-9]{4}, vem em seguida. Para criar um traço entre a operadora e o número, use novamente uma combinação de três caracteres, \\-. A parte do número aparece como [0-9]{4}.

Para testar o padrão, digite **"My telephone number is: (55)5555-1234." =~ tel :: String** e pressione Enter. (A parte My telephone number is: da entrada não fica no padrão, e você terá a saída certa mesmo que não a inclua.) Você verá apenas o número de telefone como saída. É claro que é possível usar todos os modificadores de tipo vistos na seção anterior. O problema de usar a correspondência de padrões é que ela pode ser muito delicada. Se digitar **"My telephone number is: 55-5555-1234." =~ tel :: String** e pressionar Enter, verá uma saída em branco, apesar de a frase incluir o que as pessoas reconheceriam como um número de telefone, como na Figura 7-3. O problema é que o padrão não corresponde a esse formato de número de telefone.

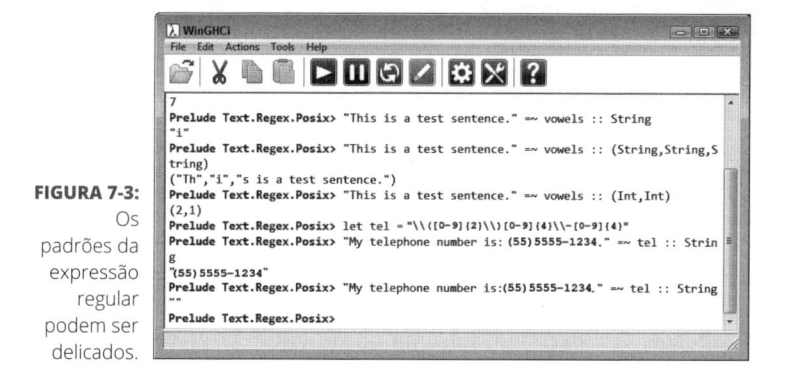

FIGURA 7-3: Os padrões da expressão regular podem ser delicados.

Trabalhando com a Correspondência de Padrões no Python

A correspondência de padrões no Python lembra muito a funcionalidade encontrada em várias outras linguagens. Embora o Haskell (visto na seção anterior) pareça um pouco limitado, o Python compensa com as capacidades robustas de correspondência de padrões fornecidas pela biblioteca de expressões regulares (`re`) (https://docs.python.org/3.6/library/re.html). O recurso em https://www.regular-expressions.info/python.html tem uma boa visão geral das capacidades do Python [conteúdos em inglês]. As seguintes seções detalham a funcionalidade do programa usando vários exemplos.

Fazendo correspondências simples do Python

Toda funcionalidade que você precisa para usar o Python nas tarefas RegEx básicas aparece na biblioteca `re`. Para usar essa biblioteca, digite **import re** e pressione Enter. Como no Haskell, é possível criar um padrão digitando **vowels = "[aeiou]"** e pressionando Enter. Teste o resultado digitando **re.search(vowels, "This is a test sentence.")** e pressionando Enter. O único problema é que você obtém de volta um objeto correspondente (https://docs.python.org/3.6/library/re.html#match-objects) — conteúdo em inglês), em vez do valor da pesquisa real, como se pode esperar. Para resolver isso, faça uma chamada para o grupo, `re.search(vowels, "This is a test sentence.").group()`. A Figura 7-4 mostra a diferença.

FIGURA 7-4:
As pesquisas do Python produzem um objeto correspondente, não uma saída de texto pura.

```
(base) C:\Users\John>python
Python 3.6.4 |Anaconda, Inc.| (default, Jan 16 2018, 10:22:32) [MSC v.1900 64 bi
t (AMD64)] on win32
Type "help", "copyright", "credits" or "license" for more information.
>>> import re
>>> vowels = "[aeiou]"
>>> re.search(vowels, "This is a test sentence.")
<_sre.SRE_Match object; span=(2, 3), match='i'>
>>> re.search(vowels, "This is a test sentence.").group()
'i'
>>>
```

Quando você ler a documentação do Python, encontrará bem poucas funções dedicadas a trabalhar com as expressões regulares, algumas pouco claras quanto à finalidade. Por exemplo, há uma opção entre fazer uma pesquisa com search ou uma correspondência com match. A opção match funciona apenas no início de uma string. Assim, se digitar **re.match(vowels, "This is a test sentence.")** e pressionar Enter, não verá nenhuma saída, o que parece impossível, uma vez que deve haver uma correspondência. Para entender a diferença, digite **re.match("a", "abcde")** e pressione Enter. Agora verá uma correspondência, porque ela ocorre na primeira letra da string de destino.

LEMBRE-SE

As opções search e match não localizarão todas as ocorrências do padrão na string de destino. Para encontrar todas as correspondências, use findall ou finditer. Para ver como funciona, digite **re.findall(vowels, "This is a test sentence.")** e pressione Enter. A saída da lista é mostrada na Figura 7-5. Como é uma lista, é possível manipulá-la como qualquer outra.

FIGURA 7-5:
Use findall para localizar todas as correspondências de um padrão na string.

```
(base) C:\Users\John>python
Python 3.6.4 |Anaconda, Inc.| (default, Jan 16 2018, 10:22:32) [MSC v.1900 64 bi
t (AMD64)] on win32
Type "help", "copyright", "credits" or "license" for more information.
>>> import re
>>> vowels = "[aeiou]"
>>> re.search(vowels, "This is a test sentence.")
<_sre.SRE_Match object; span=(2, 3), match='i'>
>>> re.search(vowels, "This is a test sentence.").group()
'i'
>>> re.match(vowels, "This is a test sentence.")
>>> re.match("a", "abcde")
<_sre.SRE_Match object; span=(0, 1), match='a'>
>>> re.findall(vowels, "This is a test sentence.")
['i', 'i', 'a', 'e', 'e', 'e']
>>>
```

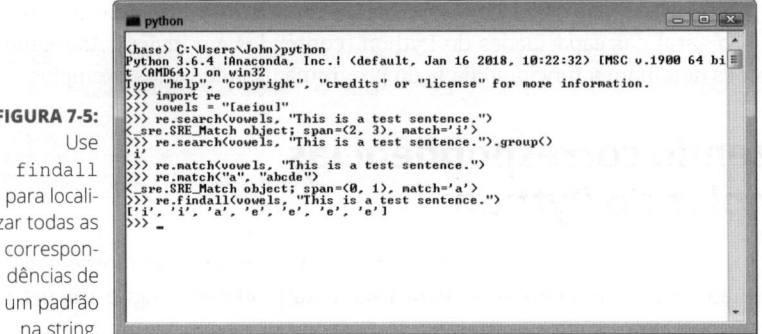

PAPO DE ESPECIALISTA

Veja de novo a Figura 7-4. Observe que o objeto correspondente tem a entrada span=(2, 3). Essa informação é importante porque mostra o local da correspondência na frase. Você pode usar isso com as funções start e end do objeto correspondente, como aqui:

```
testSentence = "This is a test sentence."
m = re.search(vowels, testSentence)
while m:
   print(testSentence[m.start():m.end()])
   testSentence = testSentence[m.end():]
   m = re.search(vowels, testSentence)
```

O código continua a pesquisa no resto da frase após cada busca, até não encontrar mais uma correspondência. A Figura 7-6 mostra a saída do exemplo. Obviamente, usar a função `finditer` seria mais fácil, mas esse código destaca que o Python fornece tudo o que é necessário para criar um código de correspondência de padrões relativamente complexo.

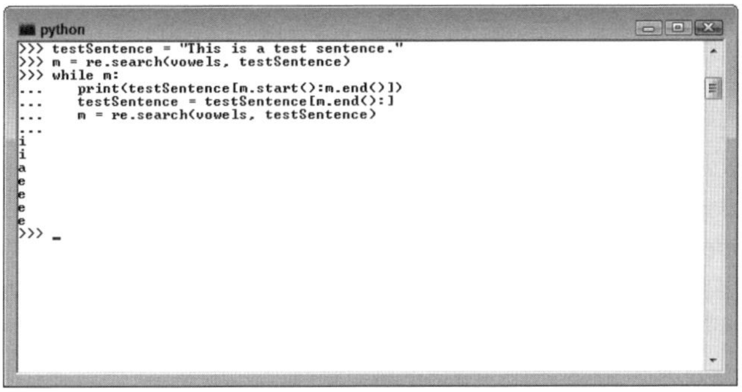

FIGURA 7-6: O Python possibilita sequências de correspondência de padrões relativamente complexas.

Fazendo mais do que corresponder

A biblioteca de expressões regulares do Python facilita muito fazer uma grande variedade de tarefas que não entram em uma categoria restrita de correspondência de padrões. Este capítulo analisa apenas algumas capacidades mais interessantes. Uma das mais usadas é a divisão de strings. Por exemplo, pode-se usar o seguinte código para dividir uma string de teste usando vários caracteres de espaço em branco:

```
testString = "This is\ta test string.\nYippee!"
whiteSpace = "[\s]"
re.split(whiteSpace, testString)
```

O caractere com escape, `\s`, representa todos os caracteres de espaço, incluindo o conjunto `[ \t\n\r\f\v]`. A função `split` pode dividir qualquer conteúdo usando qualquer caractere de expressão regular aceito, portanto é uma função de manipulação de dados extremamente útil. A saída desse exemplo aparece na Figura 7-7.

FIGURA 7-7:
A função split fornece um método muito poderoso para manipular os dados.

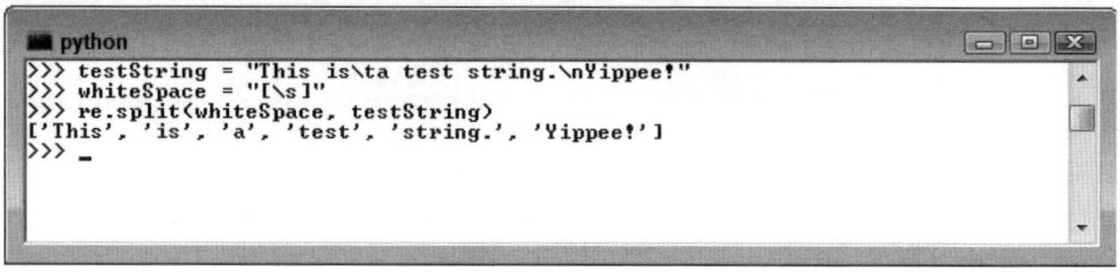

```
>>> testString = "This is\ta test string.\nYippee!"
>>> whiteSpace = "[\s]"
>>> re.split(whiteSpace, testString)
['This', 'is', 'a', 'test', 'string.', 'Yippee!']
>>>
```

Fazer substituições usando a função sub é outro ponto forte do Python. Em vez de uma substituição comum por vez, é possível fazer todas elas simultaneamente, contanto que o valor substituto seja o mesmo em todos os casos. Considere o código a seguir:

```
testString = "Stan says hello to Margot from Estoria."
pattern = "Stan|hello|Margot|Estoria"
replace = "Unknown"
re.sub(pattern, replace, testString)
```

A saída deste exemplo é `'Unknown says Unknown to Unknown from Unknown.'`. Você pode criar um padrão complexo e usar um único valor substituto para representar cada correspondência. Isso é útil ao fazer certos tipos de manipulação de dados para tarefas como a limpeza do conjunto de dados antes da análise.

Correspondendo um número de telefone com o Python

Se você cria um número de telefone que corresponde a uma expressão regular no Python ou no Haskell, os mesmos princípios básicos são aplicados. Mas os detalhes da implementação específica da linguagem diferem. Ao criar o padrão no Python, digite algo como **tel = "\(\d{2}\)\d{4}\-\d{4}"** e pressione Enter. Note que, como no Haskell, os caracteres de escape (,) e - devem ser aplicados. Mas, diferentemente do Haskell, os atalhos podem ser acessados. \d representa qualquer dígito.

Para testar o padrão, digite **re.search(tel, testString).group()** e pressione Enter. Você verá a saída mostrada na Figura 7-8. Como no exemplo do Haskell, esse padrão é igualmente delicado e será necessário corrigi-lo para ele funcionar com vários padrões de número de telefone.

FIGURA 7-8:
O Python facilita um pouco trabalhar com padrões, comparando-o com o Haskell.

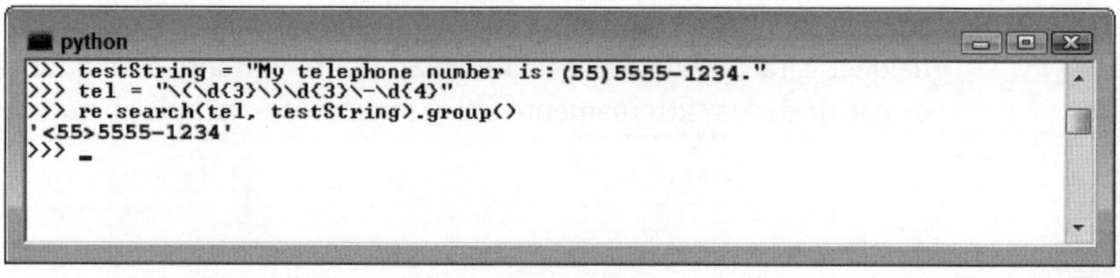

```
>>> testString = "My telephone number is: (55) 5555-1234."
>>> tel = "\(\d{3}\)\d{3}\-\d{4}"
>>> re.search(tel, testString).group()
'<55>5555-1234'
>>>
```

> **NESTE CAPÍTULO**
>
> » Definindo recursão e como funciona
>
> » Usando a recursão para fazer tarefas avançadas
>
> » Misturando recursão e funções
>
> » Entendendo os erros comuns da recursão

Capítulo **8**

Usando Funções Recursivas

Algumas pessoas confundem recursão com um tipo de loop. São tipos de programação completamente diferentes e nem seriam parecidos se fosse possível vê-los no nível básico. Na *recursão*, uma função chama a si mesma repetidamente e controla cada chamada com entradas em pilha, em vez de um estado do aplicativo, até que a condição usada determine a necessidade de fazer a chamada da função atender a algum requisito. Nesse ponto, a lista de entradas empilhadas é liberada com a função passando os resultados de sua parte do cálculo para quem chama, até a pilha se esvaziar e a função inicial ter a saída requerida da chamada. Embora pareça muito complexo, na prática a recursão é um método extremamente elegante de resolver certos problemas de computação, e pode ser a única solução em algumas situações. Este capítulo apresenta os fundamentos da recursão usando as duas linguagens-alvo deste livro, portanto não se preocupe se essa definição inicial o deixou em dúvida quanto ao significado dela.

Naturalmente, você pode querer saber como a recursão funciona em algumas tarefas comuns, como iterar uma lista, dicionário ou conjunto. Este capítulo descreve todos os requisitos básicos para substituir os loops pela recursão ao interagir com estruturas de dados comuns. Depois, veremos as tarefas mais avançadas e demonstraremos como o uso da recursão pode realmente ser superior aos loops usados no passado, sem mencionar que pode ser mais fácil de ler e também é mais flexível. Naturalmente, ao usar outros paradigmas de programação, é provável que você continue a usar os loops porque essas linguagens são projetadas para trabalhar com eles.

LEMBRE-SE

Um dos aspectos mais interessantes de usar funções de primeira classe no paradigma de programação funcional é que agora é possível passar funções, em vez de variáveis, para permitir a recursão. Essa capacidade torna a recursão no paradigma funcional muito mais poderosa do que em outros paradigmas, porque a função pode fazer mais do que uma variável, e, passando funções diferentes, você pode alterar como a sequência de recursão principal funciona.

As pessoas entendem os loops com muito mais facilidade porque os usamos naturalmente no cotidiano. Todo dia fazemos tarefas repetitivas várias vezes, ou até atender a certa condição. Você vai ao mercado, sabe que precisa de uma dúzia de belas maçãs e conta-as individualmente enquanto as coloca em uma sacola plástica. A falta da recursão em nosso cotidiano é um dos motivos para ser tão difícil enfiá-la em nossas cabeças, e é por isso que as pessoas cometem tantos erros comuns ao usá-la. O final deste capítulo explica alguns erros comuns de programação para que possa usar com sucesso a recursão para criar aplicativos incríveis.

Realizando Tarefas Mais de uma Vez

Uma das principais vantagens de um computador é sua capacidade de fazer tarefas de modo repetitivo, muitas vezes mais rápido e com maior precisão do que o ser humano consegue. Até uma linguagem que conta com os paradigmas de programação funcional requer um método de realizar tarefas mais de uma vez; do contrário, criar a linguagem não faria sentido. Como as condições sob as quais as linguagens funcionais repetem as tarefas são diferentes das linguagens que usam outros paradigmas, reconsiderar o conceito inteiro da repetição vale a pena, mesmo que você tenha trabalho com essas outras linguagens. As próximas seções fornecem uma pequena visão geral.

Definindo a necessidade de repetição

O ato de repetir uma ação parece bem simples de entender. Mas a repetição em aplicativos ocorre com mais frequência do que se pode imaginar. Veja alguns usos da repetição a considerar:

» Realizar uma tarefa várias vezes.

» Realizar uma tarefa um número variável de vezes até uma condição ser atendida.

» Realizar uma tarefa um número variável de vezes até ocorrer um evento.

» Verificar uma entrada.

» Criar um loop de mensagens.

» Dividir uma tarefa grande em partes menores, depois executar essas partes.

» Obter dados em partes, em uma fonte diferente do aplicativo.

» Automatizar o processamento de dados usando várias estruturas de dados como entrada.

Na verdade, você pode criar com facilidade uma lista muito longa de elementos de código repetidos na maioria dos aplicativos. O importante na repetição é evitar escrever o mesmo código mais de uma vez. Qualquer aplicativo que contenha um código repetido se torna um pesadelo para a manutenção. Cada rotina deve aparecer apenas uma vez para facilitar essa manutenção, significando usar a repetição para permitir a execução mais de uma vez.

DICA Sem instruções de loop reais, a necessidade de repetição fica muito mais clara, porque de repente ela se torna o centro das atenções. Considerar o processo de repetir certos atos sem contar com o estado ou variáveis mutáveis assume uma nova importância. Na verdade, a dificuldade de executar essa tarefa de um modo simples faz com que a maioria dos designers de linguagem aumente as linguagens puras com algum tipo de mecanismo de loop geral. Por exemplo, o Haskell fornece a função `forM`, que tem relação com a execução da E/S (veja o artigo em http://learnyouahaskell.com/input-and-output para obter detalhes). A biblioteca `Control.Monad` tem muitas funções interessantes que lembram um loop, mas que não são loops de verdade — são funções que implementam a repetição usando estruturas de dados como entrada (veja https://hackage.haskell.org/package/base-4.2.0.1/docs/Control-Monad.html para obter detalhes) [conteúdos em inglês]. Veja um exemplo de `forM`:

```
import Control.Monad
values <- forM [1, 2, 3, 4]
   (\a -> do
      putStrLn $ "The value is: " ++ show a )
```

Nesse caso, `forM` processa uma lista que contém quatro valores, passando-os para a função lambda seguinte. Essa função apenas produz os valores usando `putStrLn` e `show a`. A Figura 8-1 mostra a saída desse exemplo. Obviamente, linguagens impuras, como o Python, fornecem métodos mais tradicionais de ações repetidas.

Usando a recursão em vez do loop

O paradigma de programação funcional não permite o uso de loops por dois motivos simples. Primeiro, um loop requer a manutenção do estado, e o paradigma não permite estados. Segundo, normalmente os loops requerem variáveis mutáveis para que a variável possa receber as últimas atualizações dos dados, enquanto o loop continua a realizar sua tarefa. Como mencionado antes, não é possível usar variáveis mutáveis na programação funcional. Isso parece resumir por completo o motivo para evitar os loops, mas ainda há outro.

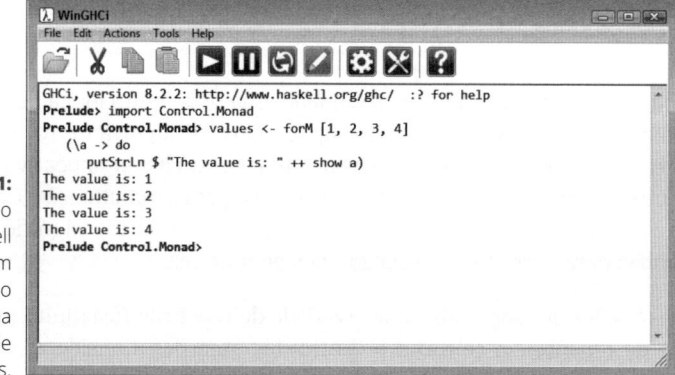

FIGURA 8-1: Até o Haskell fornece um mecanismo de loop na forma de funções.

Uma das razões para a programação funcional ser tão incrível é que você pode usá-la em vários processadores sem se preocupar com os problemas comuns encontrados em outros paradigmas de programação. Como é certo que cada chamada da função produz precisamente o mesmo resultado sempre, dadas as mesmas entradas, você pode executar uma função em qualquer processador sem se importar com o processador usado para a chamada anterior. Esse recurso também afeta a recursão, porque ela não tem estado.

Quando uma função chama a si mesma, não importa onde ocorrerá a próxima chamada; ela pode ocorrer em qualquer processador, em qualquer local. A falta de estado e as variáveis mutáveis tornam a recursão a ferramenta perfeita para usar em quantos processadores um sistema tiver, para agilizar o máximo possível os aplicativos.

Entendendo a Recursão

A recursão, em essência, é um método de realizar tarefas repetidamente, em que a função original chama a si mesma. Estão disponíveis vários métodos para realizar essa tarefa, como descrito nas próximas seções. O importante a lembrar é a repetição. O uso de uma lista, dicionário, conjunto ou coleção como mecanismo para inserir dados é menos importante do que o conceito de uma função chamando a si mesma até que ocorra um efeito ou ela atenda a um requisito específico.

Considerando a recursão básica

Esta seção explica a recursão básica, que é o tipo normalmente visto na maioria das linguagens. Neste caso, a função doRep cria uma lista contendo um número específico, n, com um valor, x, como mostrado aqui para o Python:

```
def doRep(x, n):
    y = []
    if n == 0:
        return []
    else:
        y = doRep(x, n - 1)
        y.append(x)
        return y
```

Para entender o código, pense no processo ao contrário. Antes de fazer qualquer outra coisa, o código chama doRep repetidamente até n == 0. Então, quando n == 0, a primeira etapa real no processo de recursão é criar uma lista vazia, e é isso que o código faz.

Nesse momento, a chamada retorna, e a primeira etapa real termina, mesmo que você tenha chamado doRep seis vezes antes de chegar a esse ponto. A próxima etapa real, quando n == 1, é tornar y igual à primeira etapa real, uma lista vazia, depois anexar x a essa lista chamando y.append(x). Aqui, a segunda etapa real termina retornando [4] para a etapa anterior, que estava aguardando no limbo o tempo todo.

A recursão continua acontecendo até n == 5, quando realiza a anexação final e retorna [4, 4, 4, 4, 4] para quem chama, como na Figura 8-2.

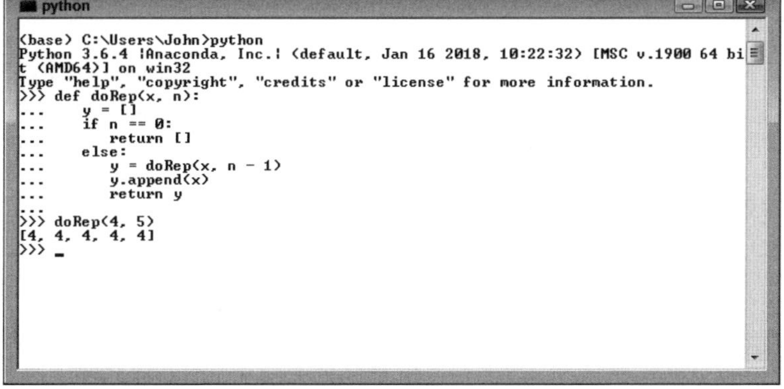

FIGURA 8-2: A recursão parece trabalhar de trás para frente em relação à execução do código.

DICA

Às vezes, é muito difícil enfiar na cabeça o que acontece na recursão; portanto, colocar uma instrução `print` no lugar certo ajuda. Veja uma versão modificada do código do Python com essa instrução inserida. Note que a instrução `print` fica após a chamada recursiva para que você veja o resultado. A Figura 8-3 mostra o fluxo de chamadas nesse caso.

```
def doRep(x, n):
    y = []
    if n == 0:
        return []
    else:
        y = doRep(x, n - 1)
        print(y)
        y.append(x)
        return y
```

FIGURA 8-3:
Adicionar uma instrução `print` no lugar certo facilita o entendimento da recursão.

```
>>> def doRep(x, n):
...     y = []
...     if n == 0:
...         return []
...     else:
...         y = doRep(x, n - 1)
...         print(y)
...         y.append(x)
...         return y
...
>>> doRep(4, 5)
[]
[4]
[4, 4]
[4, 4, 4]
[4, 4, 4, 4]
[4, 4, 4, 4, 4]
>>> _
```

Realizar a mesma tarefa no Haskell requer praticamente o mesmo código, com um pequeno ajuste. Veja a mesma função escrita nele:

```
doRep x n | n <= 0 = [] | otherwise = x:doRep x (n-1)
```

A técnica é a mesma do exemplo do Python. A função aceita duas entradas, `x` (o número a anexar) e `n` (o número de vezes a anexar). Quando `n` é 0, o código do Haskell retorna uma lista vazia. Do contrário, ele anexa `x` à lista e retorna a lista anexada. A Figura 8-4 mostra a funcionalidade do exemplo Haskell.

FIGURA 8-4:
O Haskell também facilita criar a função doRep.

```
GHCi, version 8.2.2: http://www.haskell.org/ghc/  :? for help
Prelude> doRep x n | n <= 0 = [] | otherwise = x:doRep x (n-1)
Prelude> doRep 4 5
[4,4,4,4,4]
Prelude>
```

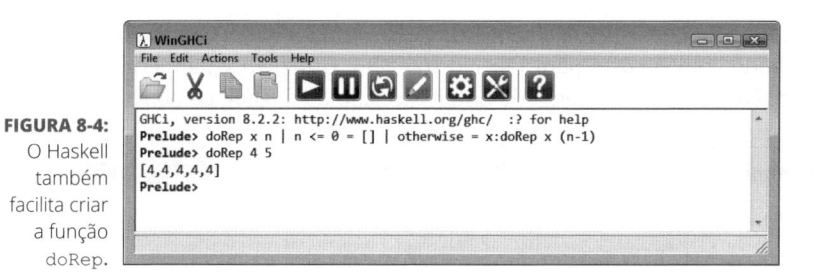

Realizando tarefas com listas

As *listas* representam várias entradas para a mesma chamada durante a mesma execução. Uma lista pode ter qualquer tipo de dados, em qualquer ordem. Ela é usada quando uma função requer mais de um valor para calcular uma saída. Por exemplo, considere a seguinte lista do Python:

```
myList = [1, 2, 3, 4, 5]
```

Se você quisesse utilizar a recursão-padrão para somar os valores na lista e fornecer uma saída, poderia usar o seguinte código:

```
def lSum(list):
    if not list:
        return 0
    else:
        return list[0] + lSum(list[1:])
```

A função conta com o corte para remover um valor por vez da lista e adicioná-lo à soma. O *caso básico* (princípio, mais simples ou fundamento) é que todos os valores acabaram, e agora list tem um conjunto vazio, ([]), significando que tem um valor 0. Para testar o exemplo, digite **lSum(myList)** e pressione Enter.

Utilizar funções lambda na recursão do Python nem sempre é fácil, mas esse exemplo em particular serve para usar uma função lambda com facilidade. A vantagem é que você pode criar uma função inteira em uma linha, como mostrado no código a seguir (com duas linhas, mas usando um caractere de continuação de linha):

```
lSum2 = lambda list: 0 if not list \
    else list[0] + lSum2(list[1:])
```

O código funciona precisamente do mesmo modo como no exemplo maior, contando com o corte para fazer o trabalho. Utilize-o igualmente, digitando **lSum2(myList)** e pressionando Enter. O resultado é igual, como na Figura 8-5.

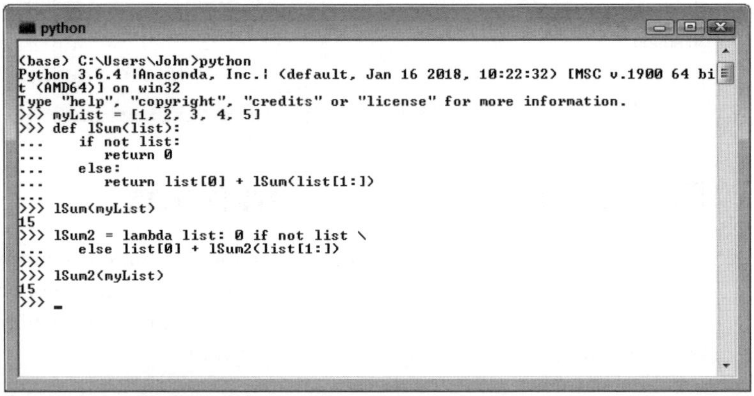

FIGURA 8-5:
Use listas de várias entradas simples para a mesma chamada da função.

```
(base) C:\Users\John>python
Python 3.6.4 |Anaconda, Inc.| (default, Jan 16 2018, 10:22:32) [MSC v.1900 64 bi
t (AMD64)] on win32
Type "help", "copyright", "credits" or "license" for more information.
>>> myList = [1, 2, 3, 4, 5]
>>> def lSum(list):
...     if not list:
...         return 0
...     else:
...         return list[0] + lSum(list[1:])
...
>>> lSum(myList)
15
>>> lSum2 = lambda list: 0 if not list \
...     else list[0] + lSum2(list[1:])
...
>>> lSum2(myList)
15
>>> _
```

Upgrade para conjunto e dicionário

O Haskell e o Python suportam conjuntos, mas, no Python, você os obtém como parte do ambiente inicial e, no Haskell, deve carregar a biblioteca Data.Set (consulte http://hackage.haskell.org/package/containers-0.5.11.0/docs/Data-Set.html [conteúdo em inglês] para ter o suporte requerido). Os *conjuntos* diferem das listas no sentido de que não podem ter duplicatas e geralmente são apresentados em ordem. No Python, os conjuntos são armazenados como hashes. Em alguns aspectos, os conjuntos representam uma formalização das listas. As listas podem ser convertidas em conjuntos em qualquer linguagem. Veja a versão Haskell:

```
import Data.Set as Set
myList = [1, 4, 8, 2, 3, 3, 5, 1, 6]
mySet = Set.fromList(myList)
mySet
```

que tem a saída fromList [1,2,3,4,5,6,8] nesse caso. Note que, mesmo que a lista de entrada não esteja ordenada, mySet fica ordenada quando exibida. O Python conta com a função set para fazer a conversão:

```
myList = [1, 4, 8, 2, 3, 3, 5, 1, 6]
mySet = set(myList)
mySet
```

A saída, nesse caso, é {1, 2, 3, 4, 5, 6, 8}. Observe que os conjuntos no Python usam um caractere delimitador diferente, as chaves. A natureza exclusiva e ordenada dos conjuntos facilita usar certos tipos de rotinas recursivas, como encontrar um valor único.

PAPO DE ESPECIALISTA

Você pode encontrar muitas análises sobre os conjuntos do Haskell online, e algumas pessoas nem têm certeza de que a linguagem os implementa, como mostrado em `https://stackoverflow.com/questions/7556573/why-is-there-no-built-in-set-data-type-in-haskell`. Muitos profissionais do Haskell preferem usar listas para tudo, então contam com uma abordagem chamada *compreensões de lista* para conseguir um efeito parecido com o uso dos conjuntos, como descrito em `http://learnyouahaskell.com/starting-out#im-a-list-comprehension` [conteúdos em inglês]. O importante é que, se você deseja usar conjuntos no Haskell, eles estão disponíveis.

Um *dicionário* aprimora a exclusividade dos conjuntos criando pares de chave/valor, em que a chave é exclusiva, mas o valor não precisa ser. Usar chaves agiliza as pesquisas porque elas normalmente são curtas, e, só de olhar, você encontra determinado valor. O Haskell e o Python colocam a chave primeiro, seguida do valor. Mas os métodos usados para criar um dicionário diferem. Veja a versão do Haskell:

```
let myDic = [("a", 1), ("b", 2), ("c", 3), ("d", 4)]
```

Note que ele, na verdade, usa uma lista de tuplas. E mais, muitos profissionais do Haskell chamam isso de *lista de associação*, em vez de dicionários, mesmo que o conceito seja o mesmo; não importa o nome. Veja a forma do Python:

```
myDic = {"a": 1, "b": 2, "c": 3, "d": 4}
```

Ele usa uma forma especial de conjunto para realizar a mesma tarefa. No Python e no Haskell, podem-se acessar os valores individuais usando a chave. No Haskell, poderia usar a função `lookup`: `lookup "b" myDic`, para descobrir que `b` está associado a `2`. O Python usa uma forma de índice para acessar os valores individuais, como `myDic["b"]`, que também acessa o valor `2`.

É possível usar a recursão com conjuntos e dicionários do mesmo jeito como faz com as listas. Mas a recursão realmente se destaca nas estruturas de dados complexas. Considere este dicionário aninhado do Python:

```
myDic = {"A":{"A": 1, "B":{"B": 2, "C":{"C": 3}}}, "D": 4}
```

Nesse caso, você tem um dicionário aninhado dentro de outros dicionários em quatro níveis, criando um conjunto de dados complexo. E mais, o dicionário aninhado contém o mesmo valor de chave `"A"` do dicionário no primeiro nível (o que é permitido), o mesmo valor de chave `"B"` no segundo nível e a chave "C" no terceiro. Pode ser preciso procurar as chaves repetidas, e a recursão é uma ótima maneira de fazer isso, como mostrado aqui:

```
def findKey(obj, key):
    for k, v in obj.items():
        if isinstance(v, dict):
            findKey(v, key)
        else:
            if key in obj:
                print(obj[key])
```

Esse código vê todas as entradas usando um loop `for`. Observe que o loop desagrupa as entradas na chave, `k`, e no valor, `v`. Quando o valor é outro dicionário, o código chama recursivamente `findKey` com o valor e a chave como entrada. Do contrário, se a instância não for um dicionário, o código verificará para saber se a chave aparece no objeto de entrada e imprimirá apenas o valor desse objeto. Nesse caso, um objeto pode ser uma entrada ou um subdicionário. A Figura 8-6 mostra o exemplo.

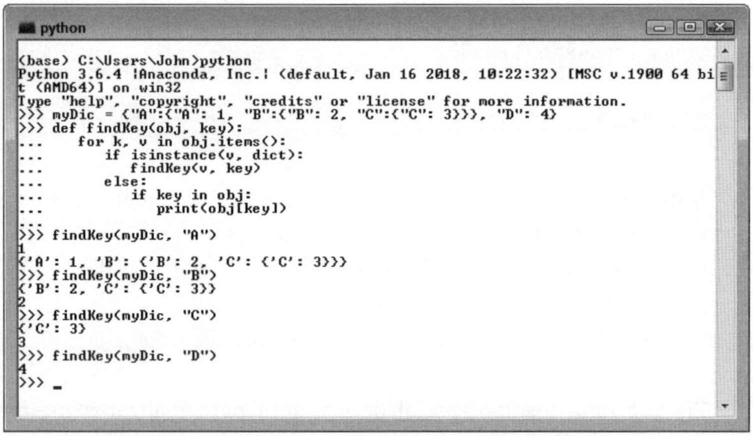

FIGURA 8-6: Os dicionários podem fornecer conjuntos de dados complexos que você pode analisar recursivamente.

Considerando o uso de coleções

Dependendo da linguagem escolhida, você pode ter acesso a outros tipos de coleções. A maioria das linguagens suporta listas, conjuntos e dicionários pelo menos, mas você pode ver algumas alternativas para o Haskell em http://hackage.haskell.org/package/collections-api-1.0.0.0/docs/Data-Collections.html e para o Python em https://docs.python.org/3/library/collections.html [conteúdos em inglês]. Todas essas coleções têm algo em comum: você pode usar a recursão para processar seu conteúdo. Muitas vezes, o problema não é fazer a recursão funcionar, mas simplesmente encontrar a técnica certa para acessar os elementos de dados individuais.

Usando a Recursão em Listas

As seções anteriores deste capítulo o prepararam para trabalhar com vários tipos de estruturas de dados usando a recursão. Em geral, você vê as listas usadas sempre que possível, porque são simples e podem ter qualquer tipo de dado. Infelizmente, as listas também podem ser bem difíceis de trabalhar por terem qualquer tipo de dado (a maioria das análises requer trabalhar com um único tipo de dado), e os dados podem ter duplicatas. Além disso, você pode achar que o usuário não fornece os dados certos. As próximas seções mostrarão um caso simples de busca dos valores anterior e posterior na seguinte lista de números:

```
myList = [1,2,3,4,5,6]
```

Trabalhando com o Haskell

Este exemplo apresenta alguns conceitos novos em relação aos exemplos anteriores porque procura fornecer uma cobertura mais completa. O seguinte código mostra como encontrar os valores anterior e posterior em uma lista:

```
findNext :: Int -> [Int] -> Int
findNext _ [] = -1
findNext _[_] = -1
findNext n (x:y:xs)
    | n == x = y
    | otherwise = findNext n (y:xs)

findPrev :: Int -> [Int] -> Int
findPrev _ [] = -1
findPrev _[_] = -1
findPrev n (x:y:xs)
    | n == y = x
    | otherwise = findPrev n (y:xs)
```

Nos dois casos, o código começa com uma assinatura do tipo que define o que é esperado nas entradas e saídas. Como se pode ver, as duas funções requerem valores Int para a entrada e fornecem valores Int como a saída. As duas linhas seguintes fornecem saídas para lidar com os casos de uma entrada vazia (uma lista sem entradas) e uma entrada única (uma lista com uma entrada). Não há valor anterior nem posterior em nenhum caso.

O principal das duas funções começa dividindo a lista em partes: a entrada atual, a entrada seguinte e o resto da lista. Portanto, o processamento começa com x = 1, y = 2 e xs = [3, 4, 5, 6]. O código inicia perguntando se n é igual a x para findNext e se n é igual a y para findPrev. Quando são iguais, a função retorna o valor posterior ou anterior, o que for adequado. Do contrário, chama recursivamente findNext ou findPrev com o resto da lista. Como a lista fica um item menor em cada recursão, o processamento para com um retorno bem-sucedido do valor posterior ou anterior, ou com -1, caso a lista esteja vazia. A Figura 8-7 mostra esse exemplo. Ela apresenta pesquisas com e sem êxito.

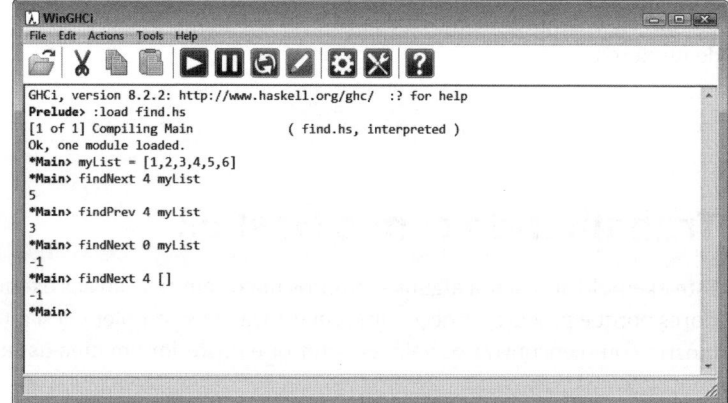

FIGURA 8-7: As funções findNext e findPrev ajudam a localizar itens em uma lista.

Trabalhando com o Python

A versão Python do código conta com funções lambda porque o processo é simples o bastante para não usar várias linhas. Veja o código do Python usado para este exemplo:

```
findNext = lambda x, obj: -1 if len(obj) == 0 \
    or len(obj) == 1 \
    else obj[1] if x == obj[0] \
        else findNext(x, obj[1:])

findPrev = lambda x, obj: -1 if len(obj) == 0 \
    or len(obj) == 1 \
    else obj[0] if x == obj[1] \
        else findPrev(x, obj[1:])
```

> ### TIPAGEM LAMBDA NO PYTHON
>
> Você pode querer saber por que o código de exemplo das funções lambda neste capítulo não inclui o tipo de dados como parte da lista de argumentos. A resposta rápida é que não se pode fornecer um tipo de dados segundo a explicação em https://www.python.org/dev/peps/pep-3107/#lambda [conteúdo em inglês], que também explica os motivos dessa omissão. Se a tipagem de dados for importante, será preciso usar uma forma de função lambda.

Normalmente, é possível colocar tudo em uma única linha; o exemplo usa caracteres de continuação de linha para caber nas margens deste livro. Como no código Haskell, o exemplo começa verificando se a lista de entrada contém dois ou mais valores. Ele também retorna -1 quando não há nenhum valor anterior nem posterior a encontrar. O mecanismo essencial usado, uma comparação, é igual no exemplo do Haskell. Nesse caso, o código do Python conta com o corte para reduzir o tamanho da lista em cada passagem. A Figura 8-8 mostra o exemplo em ação usando buscas com e sem êxito.

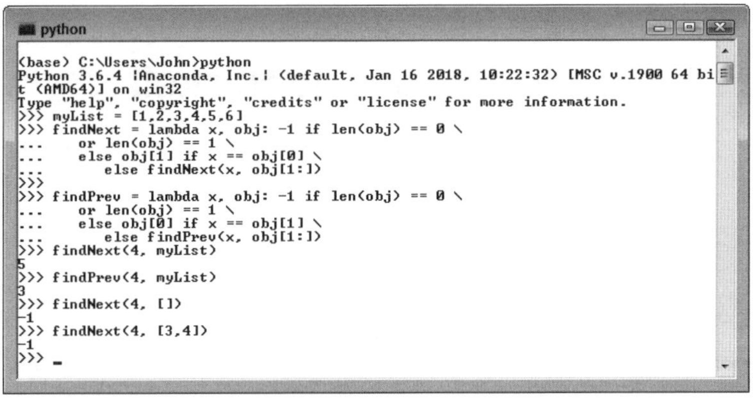

FIGURA 8-8: O Python usa o mesmo mecanismo do Haskell para encontrar correspondências.

Passando Funções em Vez de Variáveis

Esta seção explica como passar funções para outras funções usando uma técnica que é um dos recursos mais poderosos do paradigma de programação funcional. Mesmo que a seção não seja estritamente sobre recursão, você poderá usar suas técnicas com ela. O código de exemplo é simplificado para o princípio ficar claro.

Entendendo quando uma função é necessária

Ser capaz de passar uma função para outra fornece muita flexibilidade necessária. A função passada pode modificar a resposta da função receptora sem modificar a execução dela. As duas funções trabalham juntas para criar a saída, que é uma mistura das duas.

> **DICA** Normalmente, quando se usa a técnica de função dentro de função, uma delas determina o processo usado para produzir uma saída, enquanto a segunda determina como a saída é conseguida. Nem sempre isso acontece, mas, ao criar uma função que recebe outra como entrada, é preciso ter em mente um objetivo em particular que realmente requeira essa função como entrada. Dada a complexidade de depurar esse tipo de código, você precisa ter um nível específico de flexibilidade usando uma função, em vez de alguma outra entrada.

Também é tentador passar uma função para outra e mascarar como o processo funciona, mas essa abordagem tem uma armadilha. Tente executar a função externamente quando possível e insira o resultado. Do contrário, você acabará tendo que descobrir o local preciso de um problema, em vez de processar os dados.

Passando funções no Haskell

O Haskell fornece uma funcionalidade interessante, e este exemplo esclarece parte dela. O seguinte código mostra o uso das assinaturas do Haskell com bons resultados ao criar funções que aceitam outras como entrada:

```
doAdd :: Int -> Int -> Int
doAdd x y = x + y

doSub :: Int -> Int -> Int
doSub x y = x - y

cmp100 :: (Int -> Int -> Int) -> Int -> Int -> Ordering
cmp100 f x y = compare 100 (f x y)
```

As assinaturas e o código para doAdd e doSub são simples. As duas funções recebem dois inteiros como entrada e fornecem um inteiro como saída. A primeira função apenas soma os valores; a segunda os subtrai. As assinaturas são importantes para a próxima etapa.

A segunda etapa é criar a função cmp100, que aceita uma função como a primeira entrada. Observe a parte (Int -> Int -> Int) da assinatura. A seção indica uma função (por causa dos parênteses) que aceita dois inteiros como entrada e fornece um inteiro como saída. A função em questão pode ser qualquer uma que tenha essas características. A próxima parte da assinatura mostra que a função receberá dois inteiros como entrada (para passar para a função chamada) e fornecerá uma ordem como saída.

O código real mostra que a função é chamada com os dois inteiros como entrada. Em seguida, `compare` é chamada com `100` como o primeiro valor e o resultado do que acontece na função chamada como a segunda entrada. A Figura 8-9 mostra o código de exemplo em ação. Note que os dois valores de entrada numéricos dão resultados diferentes, dependendo da função fornecida.

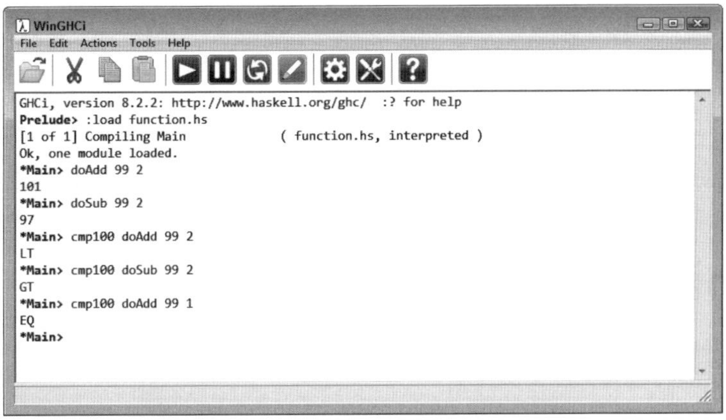

FIGURA 8-9: Dependendo da função passada, os mesmos números produzem resultados diferentes.

Passando funções no Python

Para o exemplo nesta seção, não é possível usar uma função lambda para realizar as tarefas requeridas com o Python, portanto o seguinte código conta com funções-padrão. Observe que as funções são iguais às fornecidas no exemplo anterior para o Haskell e trabalham praticamente da mesma maneira.

```
def doAdd(x, y):
    return x + y

def doSub(x, y):
    return x - y

def compareWithHundred(function, x, y):
    z = function(x, y)
    out = lambda x: "GT" if 100 > x \
        else "EQ" if 100 == x else "LT"
    return out(z)
```

A grande diferença é que o Python não fornece uma função `compare` que resulta no mesmo tipo de saída da função `compare` do Haskell. Nesse caso, uma função lambda faz a comparação e fornece a devida saída. A Figura 8-10 mostra o exemplo em ação.

FIGURA 8-10: O Python complica um pouco a comparação.

```
(base) C:\Users\John>python
Python 3.6.4 |Anaconda, Inc.| (default, Jan 16 2018, 10:22:32) [MSC v.1900 64 bit (AMD64)] on win32
Type "help", "copyright", "credits" or "license" for more information.
>>> def doAdd(x, y):
...     return x + y
...
>>> def doSub(x, y):
...     return x - y
...
>>> def compareWithHundred(function, x, y):
...     z = function(x, y)
...     out = lambda x: "GT" if 100 > x \
...         else "EQ" if 100 == x else "LT"
...     return out(z)
...
>>> doAdd(99, 2)
101
>>> doSub(99, 2)
97
>>> compareWithHundred(doAdd, 99, 2)
'LT'
>>> compareWithHundred(doSub, 99, 2)
'GT'
>>> compareWithHundred(doAdd, 99, 1)
'EQ'
>>>
```

Definindo os Erros Comuns da Recursão

A recursão realmente pode causar alguns problemas, não porque é delicada ou mal projetada, mas porque os desenvolvedores não recorrem a ela com muita frequência. Na verdade, a maioria dos desenvolvedores a evita porque a vê como sendo difícil, quando realmente não é. Uma rotina recursiva devidamente projetada tem uma elegância e eficiência não encontradas em outras estruturas de programação. Dito isso, os desenvolvedores ainda cometem alguns erros comuns ao usarem a recursão, e as próximas seções darão alguns exemplos.

Esquecendo uma terminação

Ao trabalhar com estruturas de loop, você vê o início e o fim dele com relativa facilidade. Mesmo assim, a maioria das estruturas de loop não é infalível quanto a fornecer uma estratégia de saída, e os desenvolvedores cometem erros. As rotinas recursivas são mais difíceis porque não se pode ver a terminação. Tudo o que de fato é visto é uma função que chama a si mesma, e você sabe onde está o começo porque é onde a função é chamada inicialmente.

LEMBRE-SE

A recursão não conta com o estado; portanto, não se pode contar com ele para realizar uma tarefa um número definido de vezes (como em um loop `for`) e depois terminar, a menos que você projete a recursão para terminar assim. E ainda, mesmo que a recursão pareça uma instrução `while`, porque geralmente conta com uma condição para terminar, ela não usa uma variável, por isso não há nada para atualizar. A recursão termina quando detecta um evento ou atende a uma condição, mas as circunstâncias para fazer isso diferem dos loops. Portanto, é preciso ter cuidado ao usar a recursão para assegurar que termine antes de o sistema host ficar sem espaço de pilha para suportar a rotina recursiva.

Passando dados incorretamente

Cada nível da recursão geralmente requer um tipo de entrada de dados. Do contrário, fica impossível saber se um evento ocorreu ou uma condição foi atendida. O problema não é entender a necessidade de passar dados, mas a necessidade de passar os dados *corretos*. Quando a maioria dos desenvolvedores escreve aplicativos, o foco é o nível atual — ou seja, onde o aplicativo está agora. Contudo, ao resolver um problema de recursão, o foco é onde o aplicativo estará no futuro, a próxima etapa. Essa capacidade de escrever código para o presente, mas trabalhar com os dados no futuro, dificulta o entendimento preciso do que passar para o próximo nível quando a função chama a si mesma de novo.

Da mesma forma, ao processar os dados que o nível anterior passou, vê-los no presente é outra dificuldade. Quando os desenvolvedores escrevem a maioria dos aplicativos, eles olham o passado. Por exemplo, ao ver a entrada do usuário, o desenvolvedor olha a entrada como a tecla (ou teclas) que o usuário pressionou, no passado. Os dados recebidos do nível anterior em uma recursão estão no presente, o que afeta como você os exibe ao escrever o código.

Definindo uma instrução básica correta

Recursão significa dividir uma tarefa complexa em uma simples. A tarefa complexa, como processar uma lista, parece impossível. Assim, o que se faz é pensar no que é possível. Considere a saída essencial para um elemento de dado, depois use isso como a instrução básica. Por exemplo, ao processar uma lista, você precisa simplesmente exibir o valor do elemento de dado. Essa instrução se torna sua instrução básica. Muitos processos de recursão falham porque o desenvolvedor vê a extremidade errada primeiro. É preciso considerar primeiro a conclusão da tarefa, então trabalhar progressivamente nas partes mais complexas dos dados após isso.

LEMBRE-SE A simplicidade é sempre melhor ao trabalhar com a recursão. Quanto menor e mais simples for a instrução básica, menor e mais simples será o resto da recursão. Uma instrução básica não deve incluir nenhum tipo de lógica nem loop. Na verdade, se puder reduzir a uma única instrução, será o melhor caminho a seguir. Você não desejará fazer nada mais do que é absolutamente necessário quanto à instrução básica.

> **NESTE CAPÍTULO**
>
> » Definindo os tipos de manipulação de dados
>
> » Mudando o tamanho do conjunto de dados com fatiamento e recorte
>
> » Mudando o conteúdo do conjunto de dados com mapeamento e filtragem
>
> » Organizando seus dados

Capítulo **9**

Avançando com Funções de Alta Ordem

Os capítulos anteriores deste livro passaram muito tempo vendo como realizar tarefas básicas do aplicativo e exibindo dados para saber o que eles contêm de vários modos. Mas apenas exibi-los não ajuda muito. Os dados raramente estão da forma necessária, e, mesmo que estejam, você ainda precisa ter a opção de misturá-los com outros dados para criar novos modelos do mundo real. Ter a capacidade de modelar os dados de certas maneiras, descartar o que não precisa, aprimorar sua aparência, mudar seu tipo e condicioná-los para atender às suas necessidades é o principal objetivo deste capítulo.

A modelagem, na forma de fatiamento e recorte (*slicing and dicing*), é o tipo mais comum de manipulação. A análise de dados às vezes leva horas, dias ou até semanas. Qualquer coisa que você puder fazer para aprimorar os dados para que correspondam a critérios específicos será importante para obter respostas rápidas. Ter respostas com rapidez é fundamental no mundo atual. Sim, você precisa da resposta certa, mas, se outra pessoa tiver essa resposta primeiro, descobrirá que ela não importa mais. Perdeu sua vantagem competitiva.

Também é essencial ter os dados certos. O uso do mapeamento permite correlacioná-los aos sistemas de informação para que se chegue a novas conclusões. E mais, o excesso de informação, sobretudo do tipo errado, nunca é produtivo, portanto a filtragem é essencial. A combinação de mapeamento e filtragem permite controlar o conteúdo do conjunto de dados sem mudar a veracidade dele. Resumindo, você tem uma nova visão das boas e velhas informações.

A apresentação dos dados, ou seja, a organização, também é importante. A seção final deste capítulo explica como organizá-los para ver melhor os padrões que contêm. Como não há apenas um modo de organizar, uma apresentação pode mostrar um conjunto de padrões e outra, exibir padrões diferentes. O objetivo de toda essa manipulação de dados é ver algo neles que você não viu antes. Talvez os dados lhe deem uma ideia para um novo produto ou ajudem a comercializar produtos com um novo grupo de usuários. As possibilidades são quase infinitas.

Considerando Tipos de Manipulação de Dados

Quando o termo manipulação de dados é mencionado, informações diferentes são transmitidas para pessoas diferentes, dependendo da especialidade em particular. Um panorama da manipulação de dados pode incluir o termo *CRUD*, que significa Create, Read, Update e Delete ["Criar, Ler, Atualizar e Deletar", em tradução livre]. Um gerente do banco de dados pode exibir os dados unicamente dessa perspectiva de baixo nível, que envolve apenas os mecanismos de trabalhar com os dados. Porém um banco repleto de dados, mesmo com dados precisos e informativos, não é muito útil, ainda que você tenha os melhores procedimentos CRUD e políticas. Assim, só definir a manipulação dos dados como CRUD não é suficiente, mas é um começo.

CUIDADO

Para tornar úteis grandes conjuntos de dados é necessário transformá-los de algum modo. De novo, dependendo do público-alvo, a transformação assume vários significados. Um significado que será visto neste livro é a modificação dos dados de modo que indique uma coisa quando, na verdade, é informada outra para começar (veja isso como uma manipulação dos dados). De fato, é uma boa ideia evitar toda essa manipulação, porque você acabará com resultados muito imprevisíveis ao fazer uma análise, mesmo que eles inicialmente pareçam promissores e até informem o que você acha que devem informar.

Outro tipo de transformação de dados realmente faz algo que compensa. Nesse caso, o significado dos dados não muda, só a apresentação. É possível separar esse tipo de transformação em vários métodos que incluem (mas não necessariamente se limitam a) as seguintes tarefas:

» **Limpeza:** Assim como qualquer coisa, os dados ficam sujos. Talvez você ache que alguns não têm informações e que outros realmente estão corretos, mas desatualizados. De fato, os dados ficam sujos de muitos modos, e sempre é necessário limpá-los antes do uso. O livro *Aprendizado de Máquina Para Leigos,* de John Paul Mueller e Luca Massaron (Alta Books), explica a limpeza com muitos detalhes.

» **Verificação:** Estabelecer que os dados estão limpos não significa que estejam corretos. Um conjunto de dados pode conter muitas entradas que parecem corretas, mas que, na verdade, não estão. Por exemplo, uma data de aniversário pode estar no formato certo e parecer correta até que seja determinado que a pessoa em questão tem mais de 200 anos. Um número de série pode estar no formato correto, mas, depois de verificar, você descobre que sua organização nunca produziu a peça com tal número. O ato da verificação ajuda a assegurar a veracidade de qualquer análise realizada e gera menos valores atípicos que distorcem os resultados.

» **Tipo de dados:** Os dados podem parecer corretos e podem ser verificados como sendo verdadeiros, embora ainda não funcionem. Um problema importante com os dados é que o tipo pode estar incorreto ou no formato errado. Por exemplo, um conjunto de dados usa inteiros para certa coluna (recurso), enquanto outro, valores com ponto flutuante para a mesma coluna. Do mesmo modo, alguns conjuntos de dados usam a hora local para datas e horas, ao passo que outros usam GMT. A transformação dos dados de vários conjuntos para que tenham correspondência é uma tarefa essencial, embora essa transformação não mude realmente o significado deles.

» **Formato:** Os conjuntos de dados têm muitos problemas de formato. Por exemplo, um conjunto usa uma coluna para os nomes das pessoas; outro, três colunas (primeira, do meio e última); e um terceiro, cinco colunas (prefixo, primeira, do meio, última e sufixo). Os três conjuntos de dados estão corretos, mas o formato das informações é diferente, portanto é preciso fazer uma transformação para que eles trabalhem juntos.

» **Intervalo:** Alguns dados têm categorias ou usam intervalos específicos para indicar certas condições. Por exemplo, as probabilidades variam de 0 a 1. Em alguns casos, não há um intervalo acordado. Assim, você vê dados aparecendo em intervalos diferentes, mesmo que se refiram ao mesmo tipo de informação. Transformar todos os dados para corresponderem ao mesmo intervalo permitirá fazer uma análise usando dados de vários conjuntos.

» **Linha de base:** Muitas pessoas falam sobre dB quando consideram a saída de áudio em várias situações. Mas um decibel é apenas uma razão logarítmica, como descrito em `http://www.animations.physics.unsw.edu.au/jw/dB.htm`. Sem um valor de referência ou linha de base, determinar o que significa o valor dB é impossível. Para o áudio, dB é referenciado como 1 volt (dBV), descrito em `http://www.sengpielaudio.`

com/calculator-db-volt.htm [conteúdos em inglês]. A referência é padrão, portanto implícita, mesmo que poucas pessoas saibam que ela está envolvida. Agora, imagine o caos que seria se algumas pessoas usassem 1 volt para uma referência e outras, 2 volts. dBV perderia o sentido como uma unidade de medida. Muitos tipos de dados formam uma razão ou outro valor que requer uma referência. As transformações ajustam a referência ou o valor da linha de base quando necessário para que os valores sejam comparados de modo significativo.

LEMBRE-SE

Muitas outras transformações podem ser propostas. O importante nesta seção é que o método usado determina o tipo de transformação que ocorre, e certos tipos de transformações devem ser feitas para tornar os dados úteis. Aplicar uma transformação incorreta ou aplicar a certa de maneira errada resultará em uma saída inútil, mesmo quando os dados em si estiverem corretos.

Aplicando o Fatiamento e Recorte

Fatiamento e recorte é uma técnica para controlar o tamanho de um conjunto de dados. O *fatiamento* ocorre quando se usa um subconjunto do conjunto de dados em um eixo. Por exemplo, você pode querer apenas certos registros (também chamados de casos) ou apenas certas colunas (também chamadas de recursos). O *recorte* ocorre quando se faz o fatiamento em várias direções. Ao trabalhar com dados bidimensionais, selecione certas linhas e colunas a partir dessas linhas. O recorte é usado com mais frequência nos dados tridimensionais ou de nível mais alto, quando se deseja restringir os eixos x e y, mas manter o eixo z (como um exemplo). As próximas seções descrevem o fatiamento e o recorte com mais detalhes, e demonstram como realizá-los com o Haskell e o Python.

Controlando os conjuntos de dados

Os conjuntos de dados ficam imensos. Os dados continuam acumulando-se a partir de várias fontes até ficar impossível para uma pessoa comum entendê--los. Portanto o fatiamento e o recorte parecem, no início, um meio de tornar os dados mais compreensíveis. Talvez sejam, mas isso não é o importante. Dados demais até sobrecarregam um computador; não do mesmo jeito como o ser humano fica, porque um computador não entende nada, mas chega ao ponto de o processamento ocorrer em um ritmo muito lento. Como diz o clichê: tempo é dinheiro; é precisamente por isso que o tamanho do conjunto de dados precisa ser controlado. Quanto mais focada for uma análise de dados, mais rápido ocorrerá.

> ## FATIAMENTO E RECORTE REAIS
>
> Os exemplos deste capítulo demonstram as técnicas usadas com o paradigma de programação funcional do modo mais simples possível. Com isso em mente, os exemplos contam com as capacidades nativas da linguagem sempre que possível. No mundo real, ao trabalhar com grandes aplicativos, em vez de experimentar, você usa bibliotecas para facilitar a tarefa, sobretudo ao trabalhar com imensos bancos de dados. Por exemplo, é comum que os desenvolvedores Python contem com NumPy (http://www.numpy.org/) ou pandas (https://pandas.pydata.org/) quando realizam essa tarefa. Do mesmo modo, os desenvolvedores Haskell normalmente usam matrix (https://hackage.haskell.org/package/hmatrix), repa (https://hackage.haskell.org/package/repa) e vector (https://hackage.haskell.org/package/vector) para as mesmas tarefas. As bibliotecas variam em funcionalidade, fornecem recursos específicos da linguagem e dificultam comparar o código. Assim, quando você descobre inicialmente como executar uma técnica, em geral é melhor contar com a capacidade nativa, depois adicionar a funcionalidade da biblioteca para ampliar a linguagem. [Conteúdos em inglês.]

Às vezes, é necessário usar o fatiamento e o recorte para dividir os dados em unidades de treinamento e teste para as tecnologias de computação, como o aprendizado automático. Use o conjunto de treinamento para ajudar um algoritmo a realizar o processamento certo do modo correto com exemplos. Então, o conjunto de teste verifica se o treinamento foi como o planejado. Mesmo que o aprendizado automático seja a tecnologia mais destacada atualmente que requer dividir os dados em grupos, você pode encontrar outros exemplos. Muitos gerentes de banco de dados trabalham melhor quando os dados são divididos em partes e realizam o processamento em batch, por exemplo.

CUIDADO: O fatiamento e o recorte lhe podem dar um resultado que não reflete as realidades de todos os dados. Se os dados não forem aleatórios, uma parte deles poderá conter mais itens do que a outra. Como consequência, às vezes você deve tornar aleatório (misturar) o conjunto de dados usando as técnicas de fatiamento e recorte.

Focando dados específicos

As técnicas de fatiamento e recorte também o ajudam a melhorar o foco de certa análise. Por exemplo, você pode não precisar de todas as colunas (recursos) em um conjunto de dados. Remover as irrelevantes realmente facilita o uso dos dados e fornece resultados mais confiáveis.

Do mesmo modo, pode ser preciso remover as informações desnecessárias do conjunto. Por exemplo, um conjunto de dados com entradas dos últimos três anos requer fatiar ou recortar quando é preciso analisar apenas os resultados do primeiro ano. Mesmo que você possa usar várias técnicas para ignorar as entradas extras no código, eliminar os anos indesejados do conjunto usando as técnicas de fatiamento e o recorte faz mais sentido.

DICA

Mantenha o fatiamento e o recorte afastados da filtragem. Eles focam os grupos de dados aleatórios para os quais não é necessário considerar os valores de dados individuais. Fatiar certo ano de um conjunto de dados contendo valores de vendas é diferente de filtrar as vendas produzidas por determinado agente. A filtragem busca valores de dados específicos, independentemente de qual grupo os contenha. A seção "Filtrando Dados", mais adiante neste capítulo, explica a filtragem em detalhes, mas lembre-se de que as duas técnicas são diferentes.

Fatiando e recortando com o Haskell

O fatiamento e o recorte do Haskell requerem um pouco de habilidade para entender por que você não acessa diretamente o fatiamento, como pode ser feito com outras linguagens usando a indexação. Naturalmente, há bibliotecas que encapsulam o processo, mas esta seção examina uma técnica da linguagem nativa que fará o trabalho usando as funções `take` e `drop`. O fatiamento poderá ser um processo de uma etapa se você tiver o código correto. Para começar, o seguinte código começa com uma lista unidimensional, `let myList = [1, 2, 3, 4, 5]`.

```
-- Display the first two elements.
take 2 myList

-- Display the remaining three elements.
drop 2 myList

-- Display a data slice of just the center element.
take 1 $ drop 2 myList
```

O fatiamento criado pela última instrução começa retirando os dois primeiros elementos com `drop 2 myList`, deixando `[3, 4, 5]`. O operador `$` conecta a saída à próxima chamada da função, `take 1`, que produz a saída `[3]`. Usando esse pequeno experimento, você cria facilmente uma função `slice`:

```
slice xs x y = take y $ drop x xs
```

Para obter apenas o elemento central de `myList`, você chamaria `slice myList 2 1`, em que `2` é o índice que inicia em zero e `1` é o tamanho da saída desejada. A Figura 9-1 mostra como funciona a sequência.

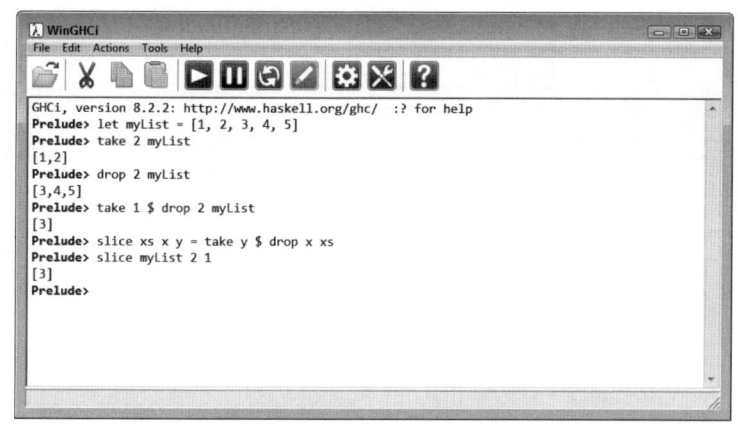

FIGURA 9-1:
Use a função `slice` para obter apenas um fatiamento de `myList`.

```
GHCi, version 8.2.2: http://www.haskell.org/ghc/  :? for help
Prelude> let myList = [1, 2, 3, 4, 5]
Prelude> take 2 myList
[1,2]
Prelude> drop 2 myList
[3,4,5]
Prelude> take 1 $ drop 2 myList
[3]
Prelude> slice xs x y = take y $ drop x xs
Prelude> slice myList 2 1
[3]
Prelude>
```

É claro que o fatiamento que funciona apenas em arrays unidimensionais não é muito útil. Você pode testar a função `slice` em um array bidimensional começando com uma nova lista, `let myList2 = [[1,2],[3,4],[5,6],[7,8],[9,10]]`. Experimente a mesma chamada de antes, `slice myList2 2 1`, e verá a saída esperada de `[[5,6]]`. Portanto, `slice` funciona bem mesmo com uma lista bidimensional.

O recorte é quase igual, mas não muito. Para testar a função `dice`, comece com uma lista um pouco mais robusta, `let myList3 = [[1,2,3],[4,5,6],[7,8,9],[10,11,12],[13,14,15]]`. Como agora está lidando com valores internos, em vez de listas contidas em uma lista, conte com a recursão para realizar a tarefa. A seção "Definindo a necessidade de repetição", do Capítulo 8, apresenta a função `forM`, que repete certo segmento do código. O próximo código mostra uma sequência de recorte simplificada, mas completa.

```
import Control.Monad
let myList3 =
    [[1,2,3],[4,5,6],[7,8,9],[10,11,12],[13,14,15]]
slice xs x y = take y $ drop x xs
dice lst x y = forM lst (\i -> do return(slice i x y))
lstr = slice myList3 1 3
lstr
lstc = dice lstr 1 1
lstc
```

Para usar `forM`, importe com `import Control.Monad`. A função `slice` fica como antes, mas deve ser definida dentro do escopo criado após a importação. A função `dice` usa `forM` para examinar cada elemento na lista de entrada, depois fatiá-lo, conforme a necessidade. O que você está fazendo é fatiar a lista dentro da lista. Os próximos itens do código primeiro fatiam `myList3` em linhas, depois, em colunas. A saída é a esperada: `[[5],[8],[11]]`. A Figura 9-2 mostra a sequência de eventos.

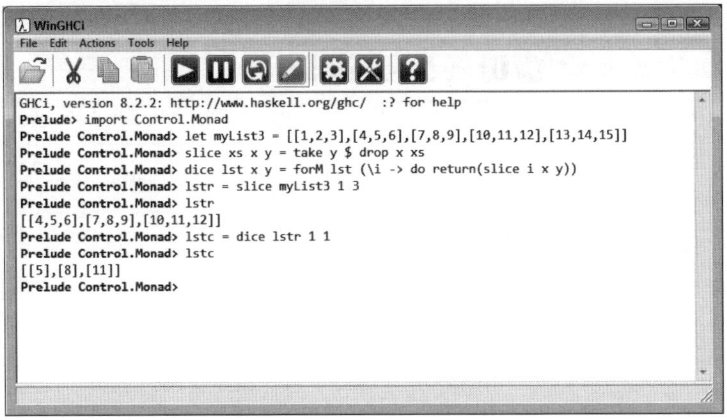

FIGURA 9-2:
O recorte é um processo com duas etapas.

```
GHCi, version 8.2.2: http://www.haskell.org/ghc/  :? for help
Prelude> import Control.Monad
Prelude Control.Monad> let myList3 = [[1,2,3],[4,5,6],[7,8,9],[10,11,12],[13,14,15]]
Prelude Control.Monad> slice xs x y = take y $ drop x xs
Prelude Control.Monad> dice lst x y = forM lst (\i -> do return(slice i x y))
Prelude Control.Monad> lstr = slice myList3 1 3
Prelude Control.Monad> lstr
[[4,5,6],[7,8,9],[10,11,12]]
Prelude Control.Monad> lstc = dice lstr 1 1
Prelude Control.Monad> lstc
[[5],[8],[11]]
Prelude Control.Monad>
```

Fatiando e recortando com o Python

Em alguns aspectos, o fatiamento e o recorte são bem mais fáceis no Python do que no Haskell. Para começar, você usa índices para realizar a tarefa. E mais, o Python oferece mais funcionalidade predefinida. Como consequência, o exemplo de lista unidimensional fica assim:

```python
myList = [1, 2, 3, 4, 5]

print(myList[:2])
print(myList[2:])
print(myList[2:3])
```

O uso de índices permite escrever um código sucinto e sem funções especiais. A saída é a esperada:

```
[1, 2]
[3, 4, 5]
[3]
```

Cortar uma lista bidimensional é tão fácil quanto trabalhar com uma unidimensional. Veja o código e a saída da parte bidimensional do exemplo:

```python
myList2 = [[1,2],[3,4],[5,6],[7,8],[9,10]]

print(myList2[:2])
print(myList2[2:])
print(myList2[2:3])


[[1, 2], [3, 4]]
```

```
[[5, 6], [7, 8], [9, 10]]
[[5, 6]]
```

Observe que a funcionalidade Python corresponde à das funções `take` e `drop` do Haskell; basta realizar a tarefa usando índices. O recorte requer uma função especial, mas ela é concisa nesse caso e não precisa de várias etapas:

```
def dice(lst, rb, re, cb, ce):
    lstr = lst[rb:re]
    lstc = []
    for i in lstr:
        lstc.append(i[cb:ce])
    return lstc
```

Aqui, realmente não se pode usar uma função lambda, pelo menos não com facilidade. O código primeiro fatia a lista de entrada, depois a separa, como no exemplo do Haskell, mas tudo ocorre em uma única função. Observe que o Python requer um loop, mas a função usa um loop `for` padrão, em vez de contar com a recursão. A desvantagem dessa abordagem é que o loop depende do estado, significando que você não pode usá-lo em uma configuração totalmente funcional. Veja o código de teste para a parte de recorte do exemplo:

```
myList3 = [[1,2,3],[4,5,6],[7,8,9],[10,11,12],[13,14,15
    ]]

print(dice(myList3, 1, 4, 1, 2))

[[5], [8], [11]]
```

Mapeando Seus Dados

Você encontra muitas referências extremamente confusas para o termo *mapa* na ciência da computação. Por exemplo, um mapa é associado ao gerenciamento do banco de dados (veja https://en.wikipedia.org/wiki/Data_mapping — conteúdo em inglês), em que os elementos dos dados são mapeados entre dois modelos de dados distintos. Porém, para este capítulo, *mapeamento* se refere ao processo de aplicar uma função de alta ordem em cada membro de uma lista. Como a função é aplicada em cada membro, a relação entre os membros da lista fica inalterada. Há muitos motivos para fazer o mapeamento, como assegurar que o intervalo de dados fique dentro de certos limites. As próximas seções o ajudarão a entender melhor os usos do mapeamento e demonstrarão a técnica usando as duas linguagens suportadas neste livro.

Entendendo a finalidade do mapeamento

A principal ideia por trás do mapeamento é aplicar uma função em todos os membros de uma lista ou estrutura parecida. Usar o mapeamento ajuda a ajustar o intervalo de valores ou preparar os valores para certos tipos de análise. As linguagens funcionais deram origem à ideia do mapeamento, mas agora ele é usado na maioria das linguagens de programação que suportam funções de primeira classe.

LEMBRE-SE

O objetivo do mapeamento é aplicar a função ou funções igualmente em uma série de números para conseguir resultados específicos. Por exemplo, elevar os números ao quadrado descarta uma série de valores negativos. Naturalmente, você pode pegar o valor absoluto de cada número com facilidade. Talvez seja preciso converter uma probabilidade entre 0 e 1 em uma porcentagem entre 0 e 100 para um relatório ou outra saída. A relação entre os valores ficará igual, mas o intervalo, não. O mapeamento permite obter exibições de dados específicas.

Tarefas de mapeamento com o Haskell

O Haskell é uma das poucas linguagens de computação cuja função `map` não é necessariamente a que você deseja. Por exemplo, a `map` associada a `Data.Map.Strict`, `Data.Map.Lazy` e `Data.IntMap` funciona com a criação e o gerenciamento de dicionários, não a aplicação de uma função consistente em todos os membros de uma lista (veja https://haskell-containers.readthedocs.io/en/latest/map.html e http://hackage.haskell.org/package/containers-0.5.11.0/docs/Data-Map-Strict.html para obter detalhes — conteúdos em inglês). O que você deseja é a função `map` que aparece como parte da introdução básica para que acesse `map` sem importar nenhuma biblioteca.

A função `map` aceita uma função como entrada, junto com um ou mais valores em uma lista. Você pode criar uma função, `square`, que gera a raiz quadrada do valor de entrada: `square x = x * x`. Uma lista de valores, `items = [0, 1, 2, 3, 4]`, serve como entrada. Chamar `map square items` produz uma saída `[0,1,4,9,16]`. Naturalmente, você cria outra função com facilidade: `double x = x + x`, com uma saída `map double items` de `[0,2,4,6,8]`. A saída recebida depende claramente da função usada como entrada (como se espera).

DICA

É fácil ficar desorientado tentando criar funções complexas para modificar os valores em uma lista. Por sorte, você pode usar o operador de composição (. ou ponto) para combiná-los. Na verdade, o Haskell aplica primeiro a segunda função. Assim, `map (square.double) items` produz uma saída `[0,4,16,36,64]` porque multiplica primeiro os números, depois os eleva ao quadrado. Do mesmo modo, `map (double.square) items` produz uma saída `[0,2,8,18,32]` porque a elevação ao quadrado ocorre primeiro, seguida da multiplicação.

O operador de aplicação ($) também é importante para o mapeamento. Você pode criar uma condição para a qual aplicar um argumento em uma lista de funções. Como mostrado na Figura 9-3, coloque o argumento primeiro na lista, seguido da lista de funções (`map ($4) [double, square]`). A saída será uma lista com um elemento para cada função, que é [8, 16] nesse caso. Usar a recursão permitiria aplicar uma lista de números em uma lista de funções.

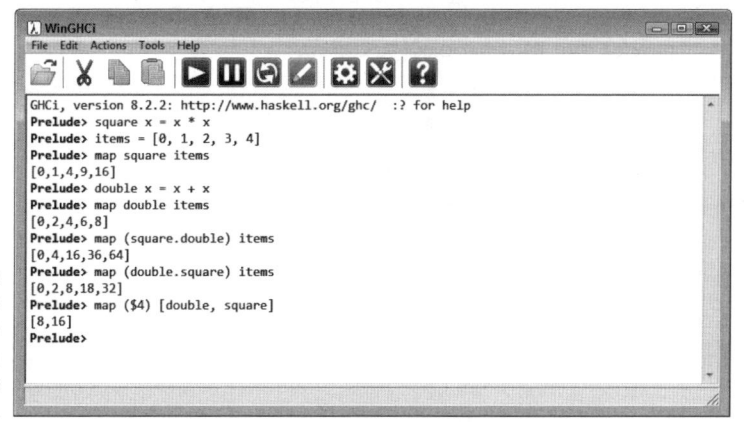

FIGURA 9-3: Você pode aplicar um valor em uma lista de funções.

```
GHCi, version 8.2.2: http://www.haskell.org/ghc/  :? for help
Prelude> square x = x * x
Prelude> items = [0, 1, 2, 3, 4]
Prelude> map square items
[0,1,4,9,16]
Prelude> double x = x + x
Prelude> map double items
[0,2,4,6,8]
Prelude> map (square.double) items
[0,4,16,36,64]
Prelude> map (double.square) items
[0,2,8,18,32]
Prelude> map ($4) [double, square]
[8,16]
Prelude>
```

Tarefas de mapeamento com o Python

O Python realiza muitas das mesmas tarefas de mapeamento do Haskell, porém geralmente de maneira um pouco diferente. Veja, por exemplo, o seguinte código:

```
square = lambda x: x**2
double = lambda x: x + x
items = [0, 1, 2, 3, 4]

print(list(map(square, items)))
print(list(map(double, items)))
```

Você obtém a mesma saída que teria com o Haskell usando um código parecido. Mas note que deve converter o objeto `map` em um objeto `list` antes de imprimir. Como o Python é uma linguagem impura, criar um código que processa uma lista de entradas em relação a duas ou mais funções é relativamente fácil, como mostrado neste código:

```
funcs = [square, double]

for i in items:
    value = list(map(lambda items: items(i), funcs))
    print(value)
```

Note que, como no código do Haskell, você está aplicando valores da lista individuais em relação à lista de funções. Mas o Python requer uma função lambda para fazer isso. A Figura 9-4 mostra a saída do exemplo.

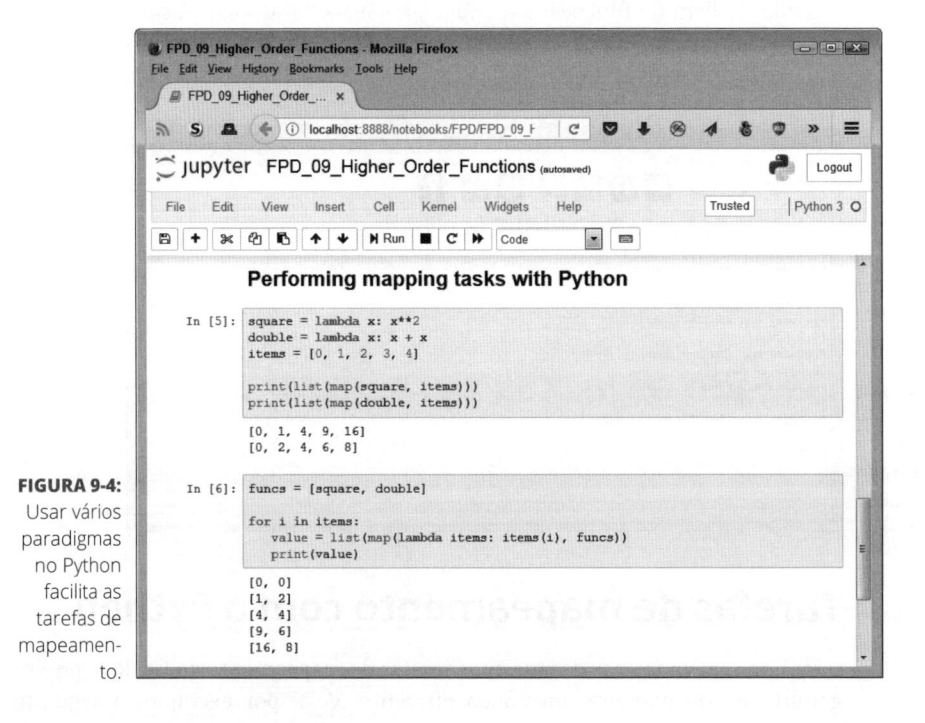

FIGURA 9-4: Usar vários paradigmas no Python facilita as tarefas de mapeamento.

Filtrando Dados

A maioria das linguagens de programação fornece funções específicas para filtrar os dados atualmente. Mesmo quando a linguagem não fornece tal função, é possível usar métodos comuns para fazer a filtragem manualmente. As seguintes seções explicam o que é filtragem e como usar as duas linguagens-alvo para realizar a tarefa.

Entendendo a finalidade do filtro

A *filtragem de dados* é uma ferramenta essencial para remover os valores atípicos dos conjuntos de dados, assim como selecionar dados específicos com base em um ou mais critérios da análise. Enquanto o fatiamento e o recorte selecionam os dados independentemente do conteúdo específico, a filtragem faz determinadas seleções para atingir objetivos em particular. Logo, as duas técnicas não são mutuamente excludentes; você pode empregar as duas no mesmo conjunto de dados em um esforço para localizar certo dado necessário para uma análise. As seguintes seções detalham o uso da filtragem e fornecem exemplos das técnicas de filtragem de dados simples para as duas linguagens deste livro.

LEMBRE-SE

Os desenvolvedores geralmente aplicam o fatiamento e o recorte, o mapeamento e a filtragem juntos para modelar os dados de um jeito que não mude as relações inerentes entre os elementos de dados. Nos três casos, a organização dos dados fica inalterada e um elemento com duas vezes o tamanho do outro tende a permanecer nessa mesma relação. Modificar o intervalo de dados, o número de elementos de dados e outros fatores em um conjunto de dados que não o alteram (sua relação com o ambiente a partir no qual foi obtido) é comum em data science ao se preparar para realizar tarefas como uma análise e comparação, bem como a criação de conjuntos de dados únicos e enormes a partir de vários conjuntos menores. A filtragem permite assegurar que os dados certos estarão no lugar certo, no momento certo.

Usando o Haskell para filtrar dados

O Haskell conta com uma função `filter` para remover os elementos indesejados das listas e de outras estruturas do conjunto de dados. Essa função aceita duas entradas: uma descrição do que você deseja remover e a lista de elementos a filtrar. Há três formas de descrições do filtro:

» Palavras-chave especiais, como `odd` e `even`.
» Comparações lógicas simples, como `>`.
» Funções lambda, como `\x -> mod x 3 == 0`.

Para ver como tudo isso funciona, pode-se criar uma lista como `items = [0, 1, 2, 3, 4, 5]`. A Figura 9-5 mostra os resultados de cada um dos cenários de filtragem.

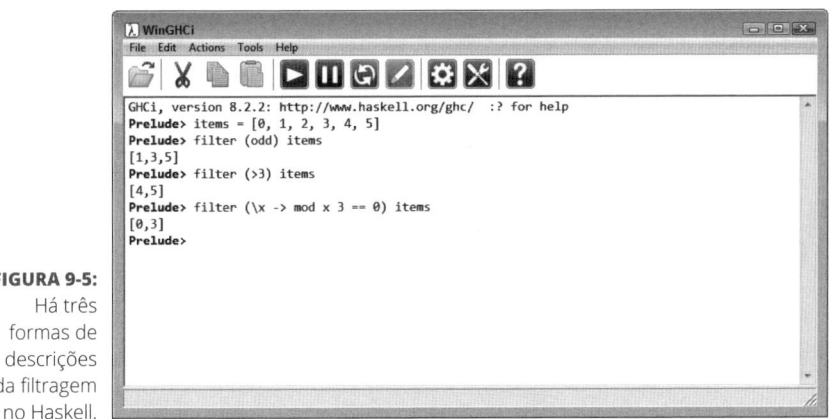

FIGURA 9-5: Há três formas de descrições da filtragem no Haskell.

CUIDADO: Você desejará considerar com cuidado o uso dos operadores do Haskell ao realizar qualquer tarefa, sobretudo a filtragem. Por exemplo, a princípio, rem e mod podem não parecer muito diferentes. Usar rem 5 3 produz a mesma saída de mod 5 3 (uma saída 2). Porém, como notado em https://stackoverflow.com/questions/5891140/difference-between-mod-and-rem-in-haskell [conteúdo em inglês], surge uma diferença ao trabalhar com um número negativo. Nessa situação, mod 3 (-5) produz uma saída -2, e rem 3 (-5) produz 3.

Usando o Python para filtrar dados

O Python não fornece algumas cortesias que o Haskell tem quanto à filtragem. Por exemplo, você não tem acesso a palavras-chave especiais, como odd ou even. Na verdade, a filtragem inteira no Python requer funções lambda. Logo, para obter os mesmos resultados para os três casos da seção anterior, use este código:

```
items = [0, 1, 2, 3, 4, 5]

print(list(filter(lambda x: x % 2 == 1, items)))
print(list(filter(lambda x: x > 3, items)))
print(list(filter(lambda x: x % 3 == 0, items)))
```

Observe que você deve converter a saída filter usando uma função como list. Não é preciso usar list; pode-se usar qualquer estrutura de dados, inclusive set e tuple. A função lambda criada deve ser avaliada como True ou False, como acontece no Haskell. A Figura 9-6 mostra a saída desse exemplo.

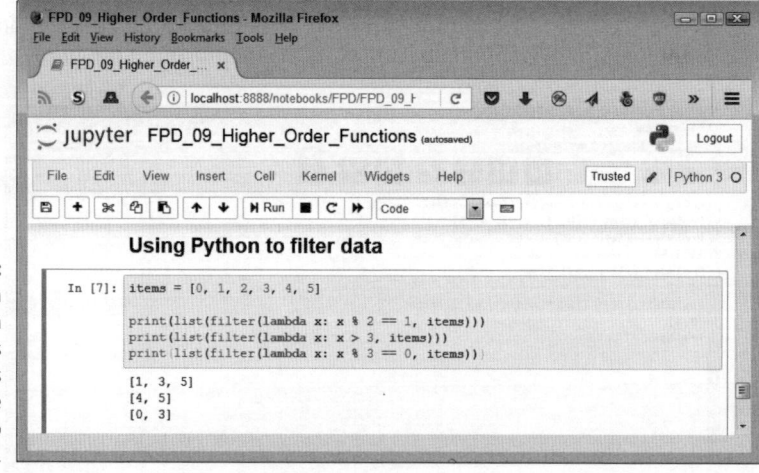

FIGURA 9-6: O Python não tem alguns recursos especiais de filtragem do Haskell.

Organizando os Dados

Nenhuma das técnicas analisadas até o momento muda diretamente a organização dos dados. Todas conseguem mudar indiretamente a organização por meio de um processo de seleção de dados, mas esse não é o objetivo dos métodos aplicados. Porém, às vezes, é preciso mudar isso. Por exemplo, você pode querer que sejam classificados ou agrupados com base em critérios específicos. Em alguns casos, organizar os dados também pode significar torná-los aleatórios de algum modo para assegurar que uma análise reflita o mundo real. As próximas seções explicam os tipos de organização que a maioria das pessoas aplica nos dados; também é mencionado como é possível implementar a classificação usando as duas linguagens que aparecem neste livro.

Considerando os tipos de organização

Organização — ou seja, a formação de qualquer objeto com base em um padrão em particular — é uma parte essencial de trabalhar com os dados para os seres humanos. A coordenação dos elementos em um conjunto de dados baseado em certa necessidade geralmente é a última etapa para tornar os dados úteis, exceto quando outras partes do processo de limpeza requerem que essa organização funcione corretamente. A forma como algo é organizado afeta o modo de as pessoas o verem, e organizar o objeto de outra maneira mudará a perspectiva humana; portanto, geralmente as pessoas acabam organizando os conjuntos de dados de um jeito e reorganizando-os de outro. Não há um modo certo nem errado de organizar os dados; você só precisa usar a abordagem que funciona melhor para exibir as informações de um jeito que o ajude a ver o padrão desejado.

DICA

É possível considerar a organização de várias maneiras. Algumas vezes, a melhor organização é não ter nenhuma. Ver padrões em padrões aparentemente aleatórios acontece em muitas áreas da vida, inclusive na arte (veja os estereogramas em `http://www.vision3d.com/sghidden.html` [conteúdo em inglês] como exemplo). Um padrão é o que você cria, portanto pensar no que deseja ver, em vez de deixar as coisas claras e organizadas, é o melhor modo de conseguir seus objetivos. A seguinte lista dá algumas ideias sobre organização, e a maioria já foi considerada, mas outras provavelmente não. A lista não está completa.

» **Classificação:** Uma das maneiras mais comuns de organizar os dados é classificá-los, sendo a classificação alfanumérica a mais comum. Porém as classificações não precisam estar limitadas à ordem dos dados segundo o alfabeto ou número do caractere do computador. Por exemplo, você poderia classificar segundo o tamanho do valor ou semelhança. Na verdade, a ideia apenas significa colocar o valor em uma ordem decrescente (ou crescente) de acordo com qualquer critério que o classificador julgar necessário.

» **Agrupamento:** Juntar dados, como os dados com o maior grau de semelhança, é outro tipo de classificação. Por exemplo, eles podem ser agrupados por intervalo de valores, com cada intervalo formando determinado grupo. Como na classificação, o critério de agrupamento é variável. Você pode escolher agrupar dados textuais pelo número de vogais em cada elemento. Pode agrupar os dados numéricos segundo um tipo de algoritmo. Talvez queira todos os valores divisíveis por 3 em um bloco e os divisíveis por 7, em outro, e um terceiro bloco com valores que não são divisíveis.

» **Categorização:** Analisar os dados e juntar os que têm as mesmas propriedades é outro método de organização. As propriedades podem ser qualquer coisa. Talvez seja necessário encontrar valores que correspondam a cores específicas ou palavras que passam certo tipo de significado. Os valores não precisam ter nenhuma semelhança em particular; só precisam ter algumas propriedades.

» **Embaralhamento:** A desorganização pode ser um tipo de organização. A teoria do caos (veja https://fractalfoundation.org/resources/what-is-chaos-theory/ para ter uma explicação — conteúdo em inglês) é usada em muitos eventos todos os dias. Na verdade, muitas ciências atuais contam com os efeitos do caos. A mistura de dados geralmente melhora a saída dos algoritmos e cria condições que lhe permitem ver padrões inesperados. Criar um tipo de organização com a aleatoriedade dos dados parece contraditório do ponto de vista humano, mas funciona.

Classificando dados com o Haskell

O Haskell fornece muitos mecanismos de classificação, tanto que provavelmente você não precisará reclassificar para fazer qualquer coisa de natureza personalizada, a menos que seus dados sejam exclusivos, e seus requisitos, incomuns. Mas obter a funcionalidade nativa encontrada nas bibliotecas existentes pode ser um pouco intimidador às vezes. Para começar, é preciso uma lista um pouco mais complexa do que as outras usadas neste capítulo: `original = [(1, "Hello"), (4, "Yellow"), (5, "Goodbye"), (2, "Yes"), (3, "No")]`. Use o seguinte código para fazer uma classificação básica:

```
import Data.List as Dl
sort original
```

A saída é baseada no primeiro membro de cada tupla: `[(1,"Hello"),(2,"Yes"),(3,"No"),(4,"Yellow"),(5,"Goodbye")]`. Se quiser fazer uma classificação inversa, poderá usar a seguinte chamada:

```
(reverse . sort) original
```

LEMBRE-SE

Observe como as chamadas das funções `reverse` e `sort` aparecem nesse exemplo. Você também deve incluir o espaço mostrado entre `reverse`, `sort` e o operador de composição (.). O problema de usar essa abordagem é que o Haskell deve percorrer a lista duas vezes: uma para classificá-la e outra para invertê-la. Uma alternativa é usar a função `sortBy`, como mostrado aqui:

```
sortBy (\x y -> compare y x) original
```

Essa função permite usar qualquer função de comparação necessária para obter o resultado desejado. Por exemplo, você pode não estar interessado em classificar pelo primeiro membro da tupla, mas pelo segundo. Nesse caso, deve usar a função `snd` de `Data.Tuple` (carregada com Prelude) com a função `comparing` de `Data.Ord` (que deve ser importada):

```
import Data.Ord as Do
sortBy (comparing $ snd) original
```

LEMBRE-SE

Observe como a chamada aplica `comparing` em `snd` usando o operador de aplicação (`$`). Usar o operador correto é essencial para as classificações funcionarem. Os resultados são como o esperado: `[(5,"Goodbye"),(1,"Hello"), (3,"No"),(4,"Yellow"),(2,"Yes")]`. Mas você pode não querer uma classificação direta. Pode precisar classificar pelo tamanho das palavras no segundo membro da tupla. Logo, faça a seguinte chamada:

```
sortBy (comparing $ length . snd) original
```

A chamada aplica `comparing` no resultado da composição de `snd`, seguido de `length` (basicamente, o tamanho do segundo membro da tupla). A saída reflete a mudança na comparação: `[(3,"No"),(2,"Yes"),(1,"Hello"),(4,"Yellow"), (5,"Goodbye")]`. O importante é que você classifique da maneira que for necessária usando instruções relativamente simples no Haskell, a menos que trabalhe com dados complexos.

Classificando dados com o Python

Os exemplos desta seção usam a mesma lista encontrada na seção anterior: `original = [(1, "Hello"), (4, "Yellow"), (5, "Goodbye"), (2, "Yes"), (3, "No")]`, e você verá basicamente as mesmas classificações, mas da perspectiva do Python. Para entender os exemplos, é preciso saber usar o método `sort` versus a função `sorted`. Quando usa o método `sort`, o Python muda a lista original, que pode não ser a que você quer. E mais, `sort` funciona apenas com listas e `sorted`, com qualquer iteração. A função `sorted` produz a saída que não muda a lista original. Assim, se quiser manter o formato da lista original, use a seguinte chamada:

```
sorted(original)
```

A saída é classificada pelo primeiro membro da tupla: `[(1, 'Hello'), (2, 'Yes'), (3, 'No'), (4, 'Yellow'), (5, 'Goodbye')]`, mas a lista original fica intacta. Inverter uma lista requer o uso da palavra-chave `reverse`, como mostrado aqui:

```
sorted(original, reverse=True)
```

O Haskell e o Python usam funções lambda para fazer classificações especiais. Por exemplo, para classificar pelo segundo elemento da tupla, use o seguinte código:

```
sorted(original, key=lambda x: x[1])
```

DICA

A palavra-chave `key` é muito flexível, pode ser usada de vários modos. Por exemplo, `key=str.lower` faria uma classificação sem levar em conta as letras maiúsculas e minúsculas. Algumas funções lambda comuns aparecem no módulo `operator`. Por exemplo, você também poderia classificar pelo segundo elemento da tupla com este código:

```
from operator import itemgetter
sorted(original, key=itemgetter(1))
```

Também é possível criar classificações complexas. Por exemplo, é possível classificar pelo tamanho do segundo elemento da tupla assim:

```
sorted(original, key=lambda x: len(x[1]))
```

LEMBRE-SE

Observe que você deve usar a função lambda ao fazer uma classificação personalizada. Por exemplo, testar este código resultará em um erro:

```
sorted(original, key=len(itemgetter(1)))
```

Mesmo que `itemgetter` obtenha a chave do segundo elemento da tupla, ela não possui um tamanho. Para usar o tamanho da segunda tupla, você deve trabalhar diretamente com a tupla.

> **NESTE CAPÍTULO**
> » Entendendo os tipos
> » Criando e gerenciando tipos
> » Corrigindo erros do tipo
> » Usando tipos no código

Capítulo 10
Lidando com Tipos

O termo *tipo* assume um novo significado ao trabalhar com linguagens funcionais. Em outras linguagens, quando se fala em tipo, isso significa o rótulo anexado a certo dado. Esse rótulo informa ao compilador como interagir com o dado e está intimamente ligado ao valor. Nas linguagens funcionais, o tipo se refere mais ao mapeamento. Você cria funções que expressam um mapeamento ou uma transformação entre os tipos de dados. A função é uma expressão matemática que define a transformação usando uma representação do cálculo envolvida na transformação. Como uma linguagem suporta essa ideia de mapeamento e transformação depende de como trata os tipos subjacentes. Como o Haskell fornece uma abordagem mais pura em relação ao tipo e ao paradigma da programação funcional, este capítulo o foca um pouco mais.

Como em outras linguagens, novos tipos podem ser criados quando necessário nas linguagens funcionais. Mas a maneira como cria e usa os novos tipos difere por causa do modo de exibir o tipo. Curiosamente, criar novos tipos pode ser mais fácil nas linguagens funcionais porque o processo é relativamente simples, e o resultado é mais fácil de ler na maioria dos casos.

O outro lado da moeda é que as linguagens funcionais tendem a ter um gerenciamento do tipo mais rígido. (Isso ocorre na maior parte, pelo menos. Com certeza há exceções, como o JavaScript, que está sendo corrigido; veja https://www.w3schools.com/js/js_strict.asp [conteúdo em inglês] para obter detalhes.)

Por causa dessa rigidez, é necessário saber como entender, gerenciar e corrigir os erros do tipo. E mais, deve-se entender como o uso do tipo afeta problemas como a falta de dados. Este capítulo inclui exemplos no Haskell e no Python para demonstrar vários aspectos do tipo.

Desenvolvendo Tipos Básicos

As linguagens funcionais fornecem vários métodos para definir o tipo. Lembre-se de que não importa o paradigma de programação usado, o computador verá números, ou seja, 0s e 1s. O conceito de tipo não significa nada para ele, pois o tipo existe para ajudar as pessoas a escreverem o código. Como em tudo, ao trabalhar com tipos, é melhor começar pelo simples. As próximas seções examinam os fundamentos do tipo no contexto funcional e explicam como expandir esses tipos para criar novos.

Entendendo a percepção funcional do tipo

Como mencionado na introdução, uma linguagem funcional pura, como o Haskell, usa expressões para tudo. Como tudo é uma expressão, você pode substituir as funções que fornecem a saída correta por um valor. Mas os valores também são expressões, e essa ideia pode ser testada usando :t para ver seus tipos. Ao digitar **:t True** e pressionar Enter, verá True :: Bool como saída, porque True é uma expressão que produz uma saída Bool. Do mesmo modo, quando digita **:t 5 == 6** e pressiona Enter, vê 5 == 6 :: Bool como saída. Sempre que usar o comando :t, verá a definição do tipo de qualquer coisa colocada depois dele.

O Python tem uma visão parecida, mas de modo diferente, porque suporta vários paradigmas da programação. No Python, você aponta para um objeto usando um nome. O objeto contém o valor e fornece suas propriedades associadas, controlando seu uso porque sabe como ser esse objeto em particular. É possível apontar para um objeto diferente usando o nome definido, mas o objeto original fica inalterado. Para ver essa percepção de tipo, use a função type do Python. Ao digitar **type(1)**, verá <class 'int'> como saída. Outras linguagens podem informar que o tipo de um valor 1 é int, não que o tipo de um valor 1 é uma instância da classe int. Se criar uma variável digitando **myInt = 1** e pressionando Enter, depois usar a função type(myInt), ainda verá <class 'int'> como saída. O nome myInt apenas aponta para um objeto que é uma instância da classe int. Até as expressões funcionam assim. Por exemplo, ao digitar **myAdd = 1 + 1** e usar type(myAdd), você ainda terá <class 'int'> como saída.

Considerando a assinatura do tipo

Muitas linguagens não funcionais usam assinaturas do tipo para ter bons resultados, embora possam ter nomes e usos um pouco diferentes, como a assinatura da função no C++. Mesmo assim, as assinaturas usadas para descrever as entradas e as saídas das unidades maiores da construção de aplicativos para uma linguagem não são novas. A assinatura do tipo no Haskell é simples. Você usou uma para a função `findNext` no Capítulo 8:

```
findNext :: Int -> [Int] -> Int
```

Nesse caso, a expressão `findNext` (no lado esquerdo dos dois-pontos) espera um `Int` e um `[Int]` (lista) como entrada e fornece um `Int` como saída. Uma assinatura do tipo engloba tudo o que é necessário para descrever totalmente uma expressão e ajuda a diminuir a ambiguidade em potencial relacionada ao uso da expressão. Nem sempre o Haskell precisa que uma assinatura seja fornecida (muitos exemplos neste livro não usam uma), mas gerará um erro se existir ambiguidade no uso de uma expressão e você não fornecer a assinatura do tipo requerida. Quando não fornece tal assinatura, o compilador deduz uma (como descrito na seção anterior). As seções posteriores deste capítulo explicam algumas complexidades de usar as assinaturas do tipo.

O Python também pode usar assinaturas do tipo, mas a filosofia dele é diferente das muitas outras linguagens. A assinatura não é imposta pelo interpretador, mas os IDEs e outras ferramentas a usam para ajudar a localizar problemas em potencial no código. Considere esta função com a assinatura do tipo:

```
def doAdd (value1 : int, value2 : int) -> int:
    return value1 + value2
```

CUIDADO

A função trabalha como se espera. Por exemplo, `doAdd(1, 2)` produz uma saída 3. Quando você digita **type((doAdd(1, 2)))** e pressiona Enter, também obtém o resultado esperado `<class 'int'>`. Porém a filosofia do Python é que as chamadas da função respeitarão a tipagem necessária para fazer a função trabalhar, de modo que o interpretador não faça nenhuma verificação. A chamada `doAdd("Hello", " Goodbye")` produz uma saída `'Hello Goodbye'`, que com certeza não é um inteiro. Ao digitar **type((doAdd("Hello", " Goodbye")))** e pressionar Enter, você obtém a saída correta, mas não esperada, `<class 'str'>`.

Um modo de resolver o problema é usar um verificador de tipos estático, como mypy (http://mypy-lang.org/ — conteúdo em inglês). Quando chama essa ferramenta, ela verifica o código em relação à assinatura fornecida.

PAPO DE ESPECIALISTA

Uma assinatura do tipo mais completa do Python tende a incluir algum tipo de captura de erro. E mais, você poderia usar valores-padrão para tornar a entrada pretendida mais aparente. Por exemplo, poderia mudar `doAdd` para ficar assim:

```
def doAdd (value1 : int = 0, value2 : int = 0) -> int:
   if not isinstance(value1, int) or \
      not isinstance(value2, int):
         raise TypeError
   return value1 + value2
```

O problema com essa abordagem é que ela executa o contador no modo Python de realizar tarefas. Quando você adiciona tal código de verificação de tipos, automaticamente limita o potencial de outras pessoas usarem as funções de maneiras úteis, inesperadas e completamente seguras. O Python conta com uma abordagem chamada Tipagem Pato (veja `http://wiki.c2.com/?DuckTyping` e `https://en.wikipedia.org/wiki/Duck_typing` [conteúdo em inglês] para obter detalhes). Basicamente, se anda como um pato e grasna como um pato, deve ser um pato, apesar de o criador não o ver como um.

Criando tipos

Em algum momento, os tipos predefinidos de qualquer linguagem não atenderão a suas necessidades e você precisará criar um tipo personalizado. O método usado para criar tipos personalizados varia segundo a linguagem. Como mencionado na seção "Entendendo a percepção funcional do tipo", anteriormente neste capítulo, o Python vê tudo como um objeto. Nesse sentido, ele é uma linguagem orientada a objetos dentro de limites (por exemplo, o Python não suporta encapsulamento convencional). Com isso em mente, para criar um novo tipo nele, você cria uma nova classe, como descrito em `https://docs.python.org/3/tutorial/classes.html` e `https://www.learnpython.org/en/Classes_and_Objects` [conteúdos em inglês]. Este livro não descreve a orientação a objetos, portanto você não verá muito em relação a criar tipos personalizados do Python.

O Haskell adota uma abordagem inteiramente diferente para o processo que está naturalmente alinhado com os princípios da programação funcional. Na verdade, você pode ficar surpreso ao descobrir as coisas que podem ser feitas com muito pouco código. As seções a seguir dão um panorama da criação de tipos no Haskell, enfatizando a funcionalidade do paradigma de programação funcional.

Usando AND

O Haskell tem o conceito de somar os tipos para criar um novo. Uma das operações que podem ser feitas com esses tipos é AND, que iguala os tipos como um único tipo novo. Nesse caso, forneça uma definição como a mostrada aqui.

```
data CompNum = Comp Int Int
```

É essencial controlar os lados esquerdo e direito da definição separadamente. O lado esquerdo é o construtor de tipos e começa com a palavra-chave `data`. Por enquanto, crie um construtor de tipos apenas fornecendo um nome, que é `CompNum` (para um número complexo; veja https://www.mathsisfun.com/numbers/complex-numbers.html [conteúdo em inglês] para obter detalhes).

O lado direito é o construtor de dados. Ele define a essência do tipo de dados. Nesse caso, inclui um identificador, `Comp`, seguido de dois valores `Int` (os componentes real e imaginário). Para criar e testar o tipo, você usaria o seguinte código:

```
x = Comp 5 7
:t x
```

A saída, como se pode esperar, é `x :: CompNum`, e o novo tipo de dado mostra o construtor de dados correto. Essa versão em particular de `CompNum` tem um problema. Digite **x** apenas e verá a mensagem de erro mostrada na Figura 10-1.

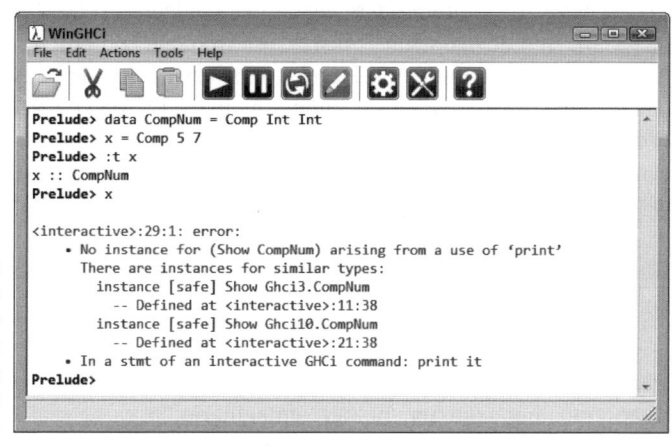

FIGURA 10-1: Esse tipo de dado não fornece um meio de mostrar o conteúdo.

Para corrigir o problema, informe o tipo de dados para derivar a funcionalidade requerida. A natureza declarativa do Haskell significa que realmente não é necessário fornecer uma implementação; declarar que um tipo de dado faz algo é suficiente para criá-la, como mostrado aqui:

```
data CompNum = Comp Int Int deriving Show
x = Comp 5 7
:t x
x
```

LEMBRE-SE

É importante lembrar a palavra-chave deriving, porque ela facilita muito sua vida. Agora, o novo tipo de dado funciona como o esperado (veja a Figura 10-2).

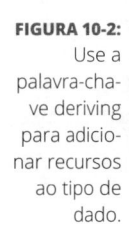

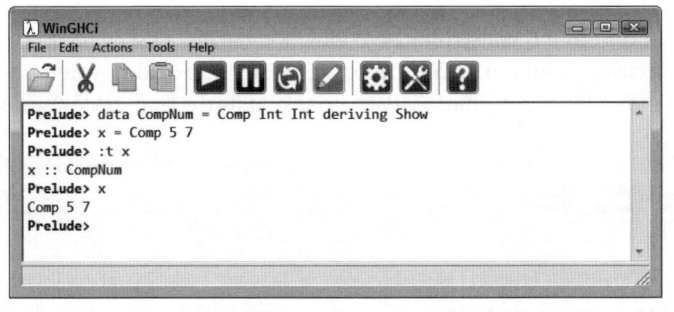

FIGURA 10-2: Use a palavra-chave deriving para adicionar recursos ao tipo de dado.

Usando OR

Um dos aspectos mais interessantes dos tipos de dados do Haskell é que você pode criar um tipo de dado *Sum*, ou seja, um tipo que contém vários construtores que basicamente definem diversos tipos associados. Para criar tal tipo, separe cada construtor de dados usando uma barra (|), que é basicamente um operador OR. O seguinte código mostra como é possível criar uma versão de CompNum (mostrada na seção anterior) que fornece números complexos, puramente reais e imaginários.

```
data CompNum = Comp Int Int | Real Int | Img Int deriving
    Show
```

Ao trabalhar com um número real, a parte imaginária é sempre 0. Do mesmo modo, ao trabalhar com um número imaginário, a parte real é sempre 0. Por isso, as definições Real e Img requerem apenas um Int como entrada. A Figura 10-3 mostra a nova versão de CompNum em ação.

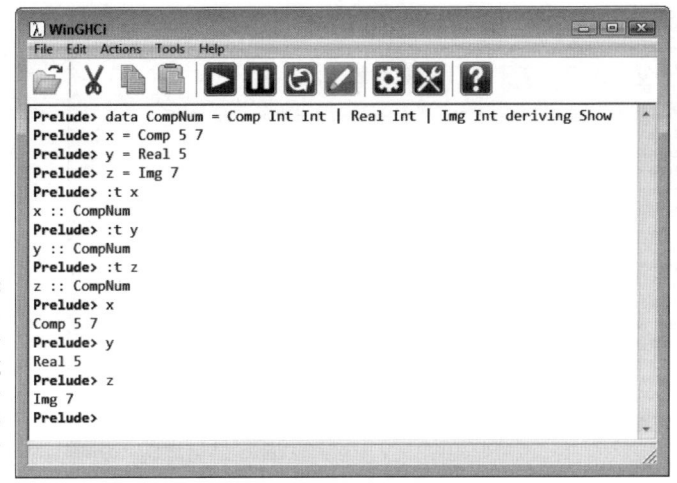

FIGURA 10-3:
Use a palavra-chave deriving para adicionar recursos ao tipo de dado.

```
Prelude> data CompNum = Comp Int Int | Real Int | Img Int deriving Show
Prelude> x = Comp 5 7
Prelude> y = Real 5
Prelude> z = Img 7
Prelude> :t x
x :: CompNum
Prelude> :t y
y :: CompNum
Prelude> :t z
z :: CompNum
Prelude> x
Comp 5 7
Prelude> y
Real 5
Prelude> z
Img 7
Prelude>
```

Como se pode ver, cada variável é definida usando o construtor de dados aplicável. Ao verificar o tipo com `:t`, você vê que todos usam o mesmo construtor de tipos: `CompNum`. Porém, ao exibir os valores individuais, vê o tipo de número que a expressão contém.

Definindo enumerações

A capacidade de enumerar valores é essencial como parte da categorização. Fornecer valores distintos para as propriedades de certo objeto real é importante se você quer entender melhor o objeto e mostrar como ele se relaciona com os outros objetos no mundo. As seções anteriores exploraram o uso dos construtores de dados com um tipo de entrada, mas nada é informado se você deve fornecer um valor. O seguinte código demonstra como criar uma enumeração no Haskell:

```
data Colors = Red | Blue | Green deriving (Show, Eq, Ord)
```

Observe que você fornece apenas um rótulo para os construtores individuais, que são, então, separados por um operador OR. Como nos exemplos anteriores, você deve usar `deriving` para permitir a exibição do conteúdo de certa variável. Mas observe que o exemplo também deriva de `Eq` (que testa a igualdade) e `Ord` (que testa a diferença). A Figura 10-4 mostra como funciona essa enumeração.

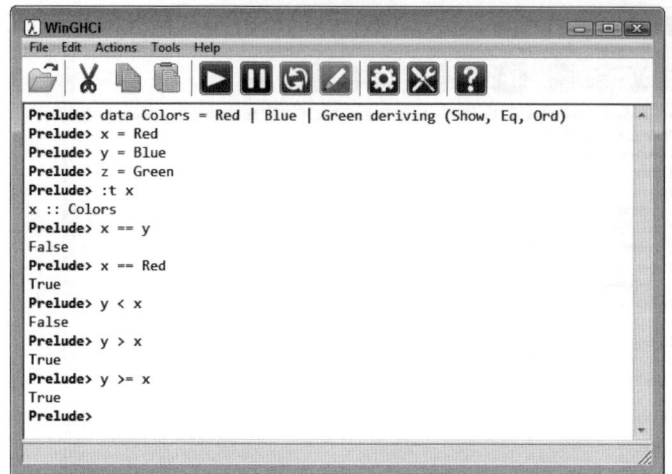

FIGURA 10-4:
As enumerações são feitas de construtores de dados sem entradas.

```
Prelude> data Colors = Red | Blue | Green deriving (Show, Eq, Ord)
Prelude> x = Red
Prelude> y = Blue
Prelude> z = Green
Prelude> :t x
x :: Colors
Prelude> x == y
False
Prelude> x == Red
True
Prelude> y < x
False
Prelude> y > x
True
Prelude> y >= x
True
Prelude>
```

Como sempre, todas as variáveis individuais usam o mesmo tipo de dado, que é Colors nesse caso. Você pode comparar o conteúdo da variável. Por exemplo, x == y é False porque são dois valores diferentes. Note que é possível comparar uma variável com seu construtor de dados, como no caso de x == Red, que é True. Você tem acesso a todos os operadores lógicos nesse caso, portanto pode criar uma lógica relativamente complexa com base no valor lógico desse tipo em particular.

As enumerações também aparecem usando um texto alternativo. Por sorte, o Haskell lida com essa necessidade também. Esse código atualizado apresenta as cores de uma nova maneira:

```
data Colors = Red | Blue | Green deriving (Eq, Ord)
instance Show Colors where
    show Red = "Fire Engine Red"
    show Blue = "Sky Blue"
    show Green = "Apple Green"
```

A palavra-chave instance define um modo específico de como as instâncias desse tipo devem realizar certas tarefas. Nesse caso, define o uso de Show. Cada cor aparece por vez com a cor associada. Observe que você não define mais Show em deriving; usa a forma deriving ou instance, não ambas. Supondo que crie três variáveis, como mostrado na Figura 10-4, (onde x = Red, y = Blue e z = Green), veja a saída do exemplo:

```
x = Fire Engine Red
y = Sky Blue
z = Apple Green
```

Considerando os construtores de tipos e dados

Muitas fontes de dados contam com registros para empacotar os dados e facilitar o uso. Um registro tem elementos individuais que você usa junto para descrever algo. Felizmente, é possível criar tipos de registro no Haskell. Veja um exemplo:

```
data Name = Employee {
    first :: String,
    middle :: Char,
    last :: String} deriving Show
```

O tipo `Name` inclui um construtor de dados para `Employee` que tem os campos `first` e `last` do tipo `String` e `middle` do tipo `Char`.

```
newbie = Employee "Sam" 'L' "Wise"
```

Observe que `'L'` deve aparecer entre aspas simples para que seja do tipo `Char`, enquanto as duas outras entradas aparecem com aspas duplas para o tipo `String`. Como você derivou `Show`, pode exibir o registro, como mostrado na Figura 10-5. Para o caso de estar se perguntando, também é possível exibir valores de campos individuais, como na figura.

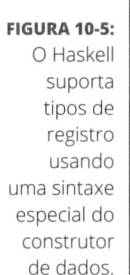

FIGURA 10-5: O Haskell suporta tipos de registro usando uma sintaxe especial do construtor de dados.

O problema dessa construção é que ela é rígida, e você pode precisar de flexibilidade. Outro modo de criar registros (ou qualquer outro tipo) é adicionar argumentos ao construtor de tipos, como mostrado aqui:

```
data Name f m l = Employee {
    first :: f,
    middle :: m,
    last :: l} deriving Show
```

Essa forma de construção tem parâmetros, o que significa que a entrada vem do construtor de tipos. A diferença é que agora você pode criar o registro usando `Char` ou `String` para o nome do meio. Infelizmente, também pode criar registros `Employee` que realmente não fazem nenhum sentido, como mostrado na Figura 10-6, a menos que seja criada uma assinatura do tipo correspondente `Name :: (String String String) -> Employee`.

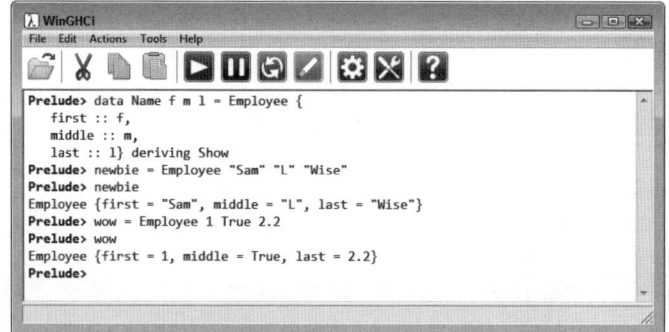

FIGURA 10-6: Os tipos com parâmetro são mais flexíveis.

LEMBRE-SE O Haskell suporta um conjunto incrível de estruturas de tipos, e este capítulo apenas inicia a compreensão delas. O artigo em https://wiki.haskell.org/Constructor [conteúdo em inglês] dá informações extras sobre os construtores de tipos e dados, inclusive o uso dos tipos recursivos.

CRIANDO SINÔNIMOS DO HASKELL

Qualquer pessoa que tenha usado o C++ entende o valor dos sinônimos ao tornar o código mais legível. Porém um sinônimo não é realmente um tipo novo; apenas fornece outro nome para um tipo existente para que você crie um código mais fácil de entender. Por sorte, o Haskell também suporta esse curso. Por exemplo, o seguinte código cria um sinônimo para `Float`, chamado `MyFloat`:

```
type MyFloat = Float
```

Você usa esse tipo como parte de uma assinatura do tipo para facilitar a leitura. Por exemplo, o seguinte código cria um novo tipo chamado `Test` com um construtor de dados chamado `DoIt` que usa `MyFloat` para criar uma variável chamada `x`.

```
data Test = DoIt MyFloat deriving Show
x = DoIt 3.3
```

Compondo Tipos

As seguintes seções descrevem a composição de tipos especiais: monoides, mônadas e semigrupos. O que torna esses tipos especiais é que eles têm uma base matemática, como a maioria das coisas funcionais; mas o objetivo em particular dessa matemática é abstrair os detalhes para que você veja as regras gerais subjacentes que controlam algo e então desenvolva o código para atender a tais regras.

LEMBRE-SE

O motivo para querer realizar o processo de abstração é que ele ajuda a criar um código melhor com menos efeitos colaterais (ou possivelmente nenhum). As linguagens funcionais não devem ter efeitos colaterais? Em geral, sim, mas algumas atividades, como obter a entrada do usuário, apresentam esses efeitos. A parte matemática da programação funcional não tem efeitos colaterais, mas, no momento em que você apresenta a interação do usuário (como um exemplo), começa a ter que realizar as tarefas em certa ordem, inserindo tais efeitos. O artigo em `https://wiki.haskell.org/Haskell_IO_for_Imperative_Programmers` [conteúdo em inglês] fornece um bom panorama explicando por que os efeitos colaterais são inevitáveis e, em alguns casos, realmente necessários.

Entendendo os monoides

O box "Considerando a base matemática para monoides e semigrupos" pode deixá-lo confuso. Às vezes, um exemplo funciona melhor para mostrar como algo realmente funciona, em vez de todo o jargão usado para o descrever. Portanto, como se vê, esta seção começa com uma lista do Haskell, que é um monoide. Para comprovar que é um monoide, uma lista tem estas três leis:

- **Fechamento:** O resultado de uma operação sempre deve ser uma parte do conjunto que compõe o grupo que define o monoide.
- **Associatividade:** A ordem na qual as operações em três ou mais objetos ocorrem não deve importar. Mas a ordem dos elementos individuais, sim.
- **Identidade:** Sempre há uma operação que não faz nada aplicando-se um elemento neutro.

As listas abordam automaticamente a primeira lei. Se trabalha com uma lista de números, fazer uma operação nela resultará em uma saída numérica, mesmo que a saída seja outra lista; ou seja, você não pode criar uma lista de números, realizar uma operação nela e obter um resultado `Char`. Para demonstrar as outras duas regras, comece criando as três listas a seguir:

```
a = [1, 2, 3]
b = [4, 5, 6]
c = [7, 8, 9]
```

CONSIDERANDO A BASE MATEMÁTICA PARA MONOIDES E SEMIGRUPOS

Monoides e semigrupos pertencem basicamente à álgebra abstrata e à matemática discreta, como mostrado em http://www.euclideanspace.com/maths/discrete/index.htm [conteúdo em inglês]. Esses termos são assustadores para a maioria das pessoas. Porém você pode exibir as abstrações de modo simples. Digamos que veja a imagem de três ursos em um computador. Quando perguntado, o computador mostrará que está gerenciando milhões de pixels; uma tarefa difícil. Mas, quando alguém lhe pergunta a mesma coisa, a resposta é que vê três ursos. Em um momento, você abstraiu os detalhes (milhões de pixels com várias propriedades) e chegou a uma nova verdade (três ursos).

A abstração matemática vai ainda mais longe. No exemplo dos três ursos, uma abstração matemática removeria o segundo plano, porque deseja focar os ursos individuais (tornando-se discreta). Então, é possível remover as diferenças entre os animais e, finalmente, as características animais da imagem para ficar com um contorno que mostra a essência dos ursos, o que os torna únicos nessa imagem ou uma generalização deles. Depois, você pode usar os ursos para identificar outros em mais imagens. O que a matemática faz é ajudar a generalizar o mundo à sua volta; você realmente não faz a aritmética.

O próximo nível abaixo da abstração matemática, como descrito neste capítulo, é usar grupos (veja http://www.euclideanspace.com/maths/discrete/groups/index.htm — conteúdo em inglês). *Grupo* é um conjunto de objetos que conta com uma operação em particular para combinar pares de objetos nesse conjunto. Muitos textos que você pode ter lido explicam essa tarefa usando números, porque definir as regras requeridas é mais fácil com eles. Mas qualquer objeto pode ser usado. Digamos que tenha o conjunto de todas as letras e a operação de concatenação (basicamente a adição de letras). Uma palavra seria a concatenação das letras individuais encontradas no conjunto, ou seja, o grupo de todas as letras.

> O conceito de grupos sempre envolve objetos afins achados em conjuntos com uma operação associada; mas, além dessa definição, os objetos e a operação podem ser de qualquer tipo, e o resultado se baseia no tipo usado para combiná-los. Porém os grupos têm regras específicas, que normalmente contam com números, como a regra de identidade, que é uma operação que não faz nada. Por exemplo, adicionar 0 a um grupo de números não faz nada, portanto usar 0 elemento com a operação de soma atenderia à regra de identidade. A operação inversa fornece o que equivale ao negativo do grupo. Por exemplo, ao trabalhar com o conjunto de todos os números e a operação de soma, se você combinar 1 com –1 terá 0, o elemento de identidade.
>
> Para criar um grupo que é a concatenação das letras, é preciso um monoide, como descrito em http://www.euclideanspace.com/maths/discrete/groups/monoid/index.htm [conteúdo em inglês]. *Monoide* é como um grupo, exceto que não requer uma operação inversa. Não existe um –a, por exemplo, para combinar com a letra a. Portanto, é possível criar palavras a partir do conjunto de todas as letras sem ter que fornecer uma operação inversa para cada palavra. Um *semigrupo* é, na verdade, um tipo especial de monoide, exceto que não inclui a operação de identidade também. Ao considerar o grupo de todas as letras, um grupo sem um caractere nulo (o elemento de identidade) requereria um semigrupo para a expressão.

Nesse caso, o exemplo usa a concatenação (++) para criar uma lista a partir de três. A lei da associação não requer que a ordem em que uma operação ocorre importe, mas a ordem dos elementos individuais, sim. As duas linhas a seguir testam os dois critérios:

```
(a ++ b) ++ c == a ++ (b ++ c)
(a ++ b) ++ c == (c ++ b) ++ a
```

A saída da primeira comparação é `True` porque a ordem da concatenação não importa. A saída da segunda é `False` porque a ordem dos elementos individuais, sim.

A terceira lei, a da identidade, requer o uso de uma lista vazia, que equivale a 0 no conjunto de todos os números geralmente usados para explicar a identidade. Por isso, essas duas instruções são verdadeiras:

```
a ++ [] == a
[] ++ a == a
```

Ao realizar tarefas usando o Haskell, é preciso usar `import Data.Monoid`. Isso acontece ao trabalhar com strings. Como mostrado na Figura 10-7, as strings também funcionam bem como monoides. Note a demonstração da identidade usando uma string vazia. Na verdade, muitos tipos da coleção Haskell funcionam como monoides com vários operadores, inclusive `Sequence`, `Map`, `Set`, `IntMap` e `IntSet`. Usando os exemplos de tipos personalizados descritos antes neste capítulo como ponto de partida, qualquer coleção usada como base para um novo tipo terá automaticamente a funcionalidade monoide incorporada. O exemplo em https://www.yesodweb.com/blog/2012/10/generic-monoid [conteúdo em inglês] mostra uma implementação mais complexa do Haskell para os monoides como um tipo personalizado (usando um registro nesse caso).

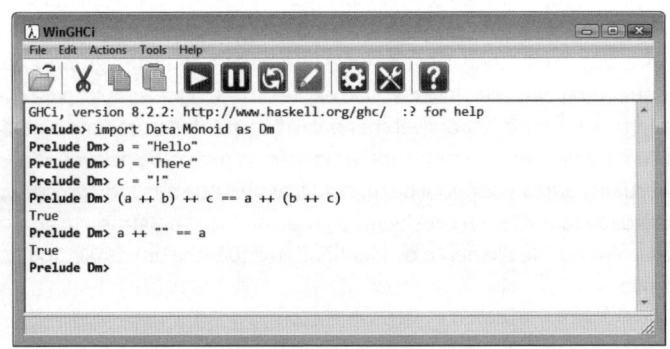

FIGURA 10-7: As strings podem agir como monoides também.

> **DICA**
>
> Depois de importar com `import Data.Monoid`, você também terá acesso ao operador `<>` para realizar operações de anexação. Por exemplo, a seguinte linha de código do Haskell testa a lei associativa:

```
(a <> b) <> c == a <> (b <> c)
```

> **LEMBRE-SE**
>
> Mesmo que esta seção tenha focado a tarefa simples de anexar um objeto a outro, a maioria das linguagens fornece muitas funções adicionais para usar com os monoides, tornando-os particularmente úteis. Por exemplo, o Haskell fornece a função `Dual`, que inverte a saída de uma operação de anexação. A seguinte instrução é verdadeira porque a expressão à direita usa a função `Dual`:

```
((a <> b) <> c) == getDual ((Dual c <> Dual b) <> Dual a)
```

Mesmo que o lado direito pareça não funcionar com base em um texto anterior, o uso da função `Dual` torna isso possível. Para a instrução funcionar, você também deve chamar `getDual` para converter o objeto `Dual` em uma lista-padrão. É possível encontrar mais funções desse tipo em http://hackage.haskell.org/package/base-4.11.1.0/docs/Data-Monoid.html [conteúdo em inglês].

As mesmas regras das coleções se aplicam ao Python. Como mostrado na Figura 10-8, as listas do Python se comportam como as do Haskell.

FIGURA 10-8: As coleções do Python também agem como monoides.

> **DICA** Diferentemente do Haskell, o Python não tem uma classe monoide predefinida que possa ser usada como base para criar o próprio tipo com o suporte monoide. Mas é possível ver muitas implementações monoides do Python online. A explicação em https://github.com/justanr/pynads/blob/master/pynads/abc/monoid.py descreve como se pode implementar a funcionalidade Haskell como parte do Python. A implementação em https://gist.github.com/zeeshanlakhani/1284589 é menor e provavelmente mais fácil de usar, além de ter exemplos de como usar a classe no próprio código. [Conteúdos em inglês.]

Considerando o uso de Nothing, Maybe e Just

Na verdade, o Haskell não tem um tipo universal de valor nulo. Tem Nothing, mas, para usá-lo, o tipo subjacente deve suportá-lo. E mais, Nothing é realmente algo, portanto não é nulo (que, de fato, não é nada). Se atribuir Nothing a uma variável e imprimir essa variável na tela, o Haskell informará que seu valor é Nothing. Resumindo, Nothing é um tipo especial de valor que informa a ausência de dados, sem realmente atribuir nulo à variável. Usar essa abordagem tem vantagens significativas, entre elas temos menos paralisações do aplicativo e menor possibilidade de um valor ausente criar furos de segurança.

Em geral, você não atribui Nothing a uma variável diretamente. Pelo contrário, cria uma função ou outra expressão que faz a atribuição. O seguinte exemplo mostra uma função simples que apenas soma dois números. Mas os números devem ser inteiros positivos maiores que 0:

```
doAdd::Int -> Int -> Maybe Int
doAdd _ 0 = Nothing
doAdd 0 _ = Nothing
doAdd x y = Just (x + y)
```

Observe que a assinatura do tipo tem `Maybe Int` como saída. Isso significa que pode ser `Int` ou `Nothing`. Antes de poder usar esse exemplo, é preciso carregar algum suporte para ele:

```
import Data.Maybe as Dm
```

Para testar como `Maybe` funciona, você pode experimentar diversas versões da chamada da função:

```
doAdd 5 0
doAdd 0 6
doAdd 5 6
```

As duas primeiras resultam em uma saída `Nothing`. Porém a terceira resulta em uma saída `Just 11`. Naturalmente, agora você tem um problema, porque não pode usar a saída `Just 11` como uma entrada numérica para outra coisa. Para resolver isso, pode fazer uma chamada para `fromMaybe 0 (doAdd 5 6)`. Agora, a saída aparecerá como `11`. Do mesmo modo, quando a saída é `Nothing`, você vê um valor `0`, como mostrado na Figura 10-9. O primeiro valor para `fromMaybe`, `0`, informa o que produzir quando a saída da chamada da função é `Nothing`. Portanto, se quiser evitar o problema com `Nothing` na próxima chamada, forneça um valor `1`.

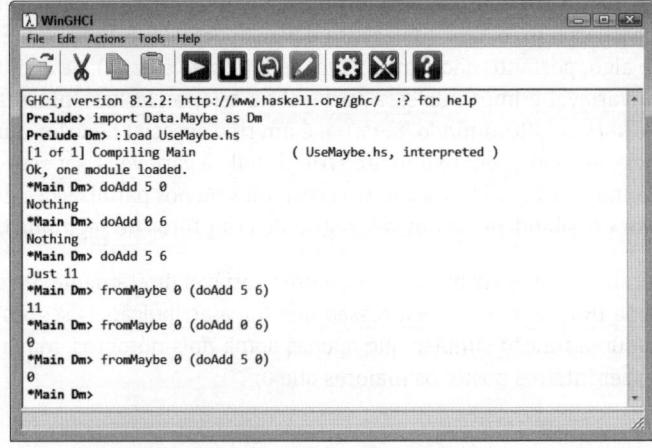

FIGURA 10-9: O Haskell permite processar dados de modos únicos com pouco código.

DICA

Como deve imaginar, o Python não tem `Maybe` e `Just` instalados. Mas é possível adicionar essa funcionalidade ou contar com códigos que outras pessoas criaram. O artigo em http://blog.senko.net/maybe-monad-in-python descreve esse processo e fornece um link para uma implementação `Maybe` que você pode usar com o Python. A biblioteca PyMonad encontrada em https://pypi.org/project/PyMonad/ também inclui todos os recursos necessários e é fácil de usar. [Conteúdos em inglês.]

Entendendo os semigrupos

A seção "Entendendo os monoides", antes neste capítulo, explica três regras que os monoides devem seguir. Os semigrupos são como os monoides, exceto que não têm uma exigência de identidade. Na verdade, eles representam um nível final de abstração, como visto no box "Considerando a base matemática para monoides e semigrupos", anteriormente. Nesse nível final, as coisas são o mais simples e flexíveis possível. Naturalmente, às vezes é necessário lidar com uma situação na qual algo é `Nothing`, e a regra de identidade ajuda a resolver o problema. As pessoas têm opiniões diferentes em relação à necessidade e à utilidade dos semigrupos, como mostrado na análise em https://stackoverflow.com/questions/40688352/why-prefer-monoids-over-semigroups-in-haskell-why-do-we-need-mempty [conteúdo em inglês]. Mas uma boa regra prática é usar a abstração mais simples sempre que possível, que seriam os semigrupos. Para trabalhar com semigrupos, execute `import Data.Semigroup`.

LEMBRE-SE

Você pode se perguntar por que usaria um semigrupo quando um monoide parece muito mais capaz. Um exemplo de objeto que deve usar um semigrupo é uma caixa delimitadora. Essa caixa não pode estar vazia; ela deve ocupar algum espaço, ou não existe e, portanto, o objeto associado não tem finalidade. Outro exemplo de quando usar um semigrupo é `Data.List.NonEmpty` (http://hackage.haskell.org/package/base-4.11.1.0/docs/Data-List-NonEmpty.html — conteúdo em inglês), uma lista que sempre deve ter, pelo menos, uma entrada. Usar um monoide nesse caso não funcionaria. O importante é que os semigrupos têm um local definido na criação de um código robusto, e, em alguns casos, você realmente abre seu código a condições de erro ao não o utilizar. Por sorte, os semigrupos funcionam de modo muito parecido com os monoides, portanto, se souber usar um, saberá usar o outro.

Parametrizando os Tipos

A seção "Considerando os construtores de tipos e dados", anteriormente neste capítulo, mostra um exemplo de tipo parametrizado na forma de `Name`. Naquela seção, são considerados dois tipos de construções para `Name` que basicamente terminam no mesmo resultado. Porém você precisa usar tipos parametrizados no momento certo. Esses tipos funcionam melhor quando o tipo age como uma caixa que pode manter qualquer tipo de valor. O Name é muito específico, portanto não é o melhor para parametrizar, porque realmente não pode aceitar qualquer entrada.

Um exemplo melhor para parametrizar os tipos seria criar uma tupla personalizada que aceita três entradas e fornece meios para acessar cada membro usando uma função especial. Seria como uma extensão das funções fst e snd fornecidas pela tupla-padrão. E mais, ao criar um tipo assim, você deseja fornecer um recurso de conversão para um padrão. Veja o código usado para este exemplo:

```
data Triple a b c = Triple (a, b, c) deriving Show

fstT (Triple (a, b, c)) = show a
sndT (Triple (a, b, c)) = show b
thdT (Triple (a, b, c)) = show c

cvtToTuple (Triple (a, b, c)) = (a, b, c)
```

Nesse caso, o tipo usa parâmetros para criar um novo valor: a, b e c representam elementos de qualquer tipo. Assim, o exemplo começa com uma tupla real, mas especial, Triple. Quando você exibir o valor usando show, a saída se parecerá com qualquer outro tipo personalizado.

As funções especiais permitem acessar elementos específicos de Triple. Para não confundir os nomes, o exemplo usa uma estratégia de nomenclatura parecida, mas diferente, como fstT, sndT e thdT. Teoricamente, você poderia usar caracteres curinga para cada uma das entradas não essenciais, mas há bons motivos para fazer isso nesse caso.

Finalmente, cvtToTuple permite mudar Triple de volta para tuple com três elementos. A tupla convertida tem a mesma funcionalidade de uma tupla criada de outro modo. O seguinte código de teste permite verificar a operação do tipo e das funções associadas:

```
x = Triple("Hello", 1, True)

show(x)
fstT(x)
sndT(x)
thdT(x)
show(cvtToTuple(x))
```

As saídas demonstram que o tipo funciona como o esperado:

```
Triple ("Hello",1,True)
"Hello"
1
True
("Hello",1,True)
```

Infelizmente, não há um equivalente Python desse código. Você pode imitá-lo, mas deve criar uma solução personalizada. O material em https://ioam.github.io/param/Reference_Manual/param.html#parameterized-module e https://stackoverflow.com/questions/46382170/how-can-i-create-my-own-parameterized-type-in-python-like-optionalt [conteúdos em inglês] é útil, mas esse é o momento em que precisa contar com o Haskell caso esse tipo de tarefa seja crítico para seu aplicativo em particular e você não deseje criar uma solução personalizada.

Lidando com Dados Ausentes

Em um mundo perfeito, toda aquisição de dados resultaria em registros completos sem nada faltando nem errado. Mas, no mundo real, os conjuntos de dados geralmente contêm muitos dados ausentes; e você se pergunta como lidar com o problema para que sua análise seja correta, seu aplicativo não se paralise e ninguém de fora corrompa sua configuração usando algo como um vírus. As seções a seguir não lidam com todo dado ausente, mas dão uma visão geral do que pode dar errado e oferecem possíveis correções.

Lidando com os nulos

Linguagens diferentes usam termos diferentes para a ausência de um valor. O Python usa o termo None e o Haskell usa Nothing. Nos dois casos, o valor indica a ausência de um valor antecipado. Muitas vezes, os motivos para a ausência de dados não são evidentes. O problema é que os dados não existem, significando que não estão disponíveis para usar na análise ou em outras finalidades. Em algumas linguagens, o valor ausente pode causar paralisações ou abrir passagem para vírus (veja o próximo box "Valores nulos, o erro de bilhões de dólares" para ter mais informações).

Ao trabalhar com o Haskell, você deve verificar os valores Nothing, como descrito na seção "Considerando o uso de Nothing, Maybe e Just", antes neste capítulo. O objetivo é assegurar as verificações no lugar certo, agora que não existe mais um bom motivo para os valores nulos não verificados. Naturalmente, você ainda deve escrever seu código de modo proativo para lidar com o caso Nothing (com a ajuda da execução do Haskell, que verifica se as funções recebem os devidos valores). O importante é que o Haskell não tem um tipo independente ao qual você possa recorrer como Nothing; o tipo Nothing está associado a cada tipo de dado que o requer, facilitando localizar e lidar com os valores nulos.

O Python inclui um tipo nulo individual chamado None e você pode atribuí-lo a uma variável. Porém note que None ainda é um objeto no Python, embora não o seja em outras linguagens. A variável ainda tem um objeto atribuído: o objeto None. Como None é um objeto, é possível verificá-lo usando is. E mais, por causa da natureza de None, ele tende a causar menos paralisações e deixar menos abertura para pessoas más. Veja um exemplo usando None:

```
x = None
if x is None:
    print("x is missing")
```

LEMBRE-SE

A saída desse exemplo é x is missing, como se pode esperar. Note também que o Python não tem o conceito de ponteiros, que é uma causa enorme de valores nulos em outras linguagens. Provavelmente, alguém mostrará que você também pode verificar None usando x == None. É uma má ideia porque é possível anular o operador == (igualdade), mas não is, significando que usar is fornece um comportamento consistente. A análise em https://stackoverflow.com/questions/3289601/null-object-in-python [conteúdo em inglês] tem todos os detalhes sobre as diferenças entre == e is, e por que você sempre deve usar is.

VALORES NULOS, O ERRO DE BILHÕES DE DÓLARES

Os valores nulos causam todo tipo de confusão nos aplicativos modernos. Porém eles eram um meio de permitir que os aplicativos fossem executados mais rapidamente em um equipamento muito lento. As verificações requeridas para assegurar que os valores nulos não existissem levavam tempo e podiam causar uma lentidão absurda na execução dos aplicativos. Como a maioria das correções de problemas com velocidade, essa tem um alto custo que continua a criar problemas, como abrir passagens para vírus e causar muitos erros de dados difíceis de localizar. A apresentação em https://www.infoq.com/presentations/Null-References-The-Billion-Dollar-Mistake-Tony-Hoare [conteúdo em inglês] chama as referências nulas de erro de bilhões de dólares. Essa apresentação ajuda os desenvolvedores a entenderem a história e, portanto, o raciocínio por trás dos valores nulos que agora atormentam o desenvolvimento de aplicativos modernos.

Fazendo a substituição dos dados

Dados ausentes ou incorretos apresentam problemas. Antes de fazer qualquer coisa, você deve verificar o conjunto de dados usado. Criar tipos (usando as técnicas encontradas nas seções anteriores deste capítulo) que verificam automaticamente os próprios dados é um bom começo. Por exemplo, você pode criar um tipo para os saldos bancários e assegurar que o saldo nunca seja negativo (a menos que queira permitir um saque a descoberto). Mas, mesmo com a melhor construção de tipos disponível, um conjunto de dados pode ter entradas de dados inúteis ou entradas sem dados. Por isso, verifique problemas como dados ausentes e dados que aparecem fora do intervalo.

Depois de encontrar os dados ausentes ou incorretos, considere os desdobramentos do erro. Na maioria dos casos, há três opções:

- » Ignorar o problema.
- » Corrigir a entrada.
- » Excluir a entrada e os elementos associados.

Ignorar o problema faz o aplicativo falhar e certamente produzirá resultados imprecisos quando a entrada for crítica para a análise. Porém a maioria dos conjuntos de dados contém entradas supérfluas, ou seja, que podem ser ignoradas, a menos que requeira as informações extras que fornecem.

Corrigir a entrada é demorado na maioria dos casos porque você deve definir um método de correção. Como não se sabe o que causou o erro em primeiro lugar ou o valor de dado original, qualquer correção feita será falha de certa forma. Algumas pessoas usam medidas estatísticas (como descrito na próxima seção) para fazer uma correção que não ajuda nem diminui o quadro geral estatístico das entradas obtidas em conjunto. Infelizmente, até essa abordagem tem falhas, porque a entrada pode representar um desvio importante da norma.

Excluir a entrada é rápido e corrige o problema de um modo que provavelmente não fará o aplicativo paralisar. Mas excluir a entrada tem o problema de afetar qualquer análise feita. Além disso, excluir uma linha inteira (caso) de um conjunto de dados significa perder não apenas a entrada corrigida (o recurso em particular), mas também todas as outras entradas nessa linha. Como consequência, a exclusão de uma linha causa danos visíveis nos dados em alguns casos.

Considerando as medidas estatísticas

Uma *medida estatística* é aquela que conta com a matemática para criar um tipo de entrada geral ou média para usar no lugar de uma entrada ausente ou incorreta. Dependendo dos dados em questão e de como você cria os tipos para suportar seu aplicativo, é possível contar com as medidas estatísticas para corrigir, pelo menos, alguns problemas em seu conjunto de dados.

LEMBRE-SE

Normalmente, as medidas estatísticas são úteis apenas para os dados numéricos. Por exemplo, adivinhar o conteúdo de um campo de string seria impossível. Se a análise feita no campo envolver uma medida numérica, como o comprimento ou a frequência de letras específicas, você poderá usar as medidas estatísticas para criar uma substituição de texto ininteligível — basicamente sem sentido (veja http://www.webdesignerstoolkit.com/copy.php para obter detalhes) —, mas não conseguirá criar o texto original real.

Algumas correções estatísticas para os dados ausentes ou imprecisos são mais úteis do que outras. Na verdade, você pode restringir a lista de medidas estatísticas comumente usadas a estas:

» **Média (ou valor médio):** Um cálculo que envolve somar todos os valores em uma coluna e dividir pelo número de itens nela. O resultado é um número que é a média de todos os números na coluna. É a medida que tem menos probabilidade de afetar sua análise.

» **Mediana:** O valor central de uma série de números. Esse valor não é necessariamente uma média, mas o valor do meio. Por exemplo, na série 1, 2, 4, 4, 5, o valor 4 é a mediana porque aparece no meio do conjunto. A média (ou valor médio) seria 3,2. É a medida que tem mais probabilidade de representar o valor central e geralmente afeta só um pouco a análise.

» **Moda (valor mais comum):** O número que aparece com mais frequência em uma série, mesmo que o valor esteja na extremidade da escala. Por exemplo, na série 1, 1, 1, 2, 4, 5, 6, o modo é 1; a média é 2,8; e a mediana é 2. É a medida que reflete o valor que tem a maior probabilidade de estar correto, mesmo que afete muito sua análise.

Como se vê, usar a medida estatística certa é importante. É claro que há muitas outras medidas estatísticas, e você pode achar que uma delas é melhor para seus dados. Uma técnica que pode usar para assegurar que os valores muito críticos sejam o mais precisos possível é plotar os dados para ver a forma que eles criam e usar uma medida estatística com base nisso.

Criando e Usando Classes do Tipo

O Haskell tem muitas classes do tipo. Na verdade, você as usou várias vezes neste capítulo. As classes mais comuns incluem Eq, Ord, Show, Read, Enum, Bounded, Num, Integral e Floating. O nome *classe do tipo* confunde muitas pessoas, sobretudo as que conhecem a programação orientada a objetos (OOP). E mais, algumas pessoas confundem as classes do tipo e os tipos, como Int, Float, Double, Bool e Char. Talvez o melhor modo de ver uma classe do tipo seja como um tipo de interface em que você descreve o que fazer, mas não como fazer. Não é possível usar uma classe do tipo diretamente; pelo contrário, deriva-se dela. O seguinte exemplo mostra como usar uma classe do tipo chamada Equal:

```
class Equal a where (##) :: a -> a -> Bool

data MyNum = I Int deriving Show
instance Equal MyNum where
    (I i1) ## (I i2) = i1 == i2
```

Nesse caso, Equal define o operador ##, que o Haskell não usa. Equal aceita dois valores de qualquer tipo, mas do mesmo tipo (como definido por a) e produz um Bool. Mas, além desses fatos, Equal não tem nenhuma implementação.

MyNum, um tipo, define I como aceitando um único valor Int. Ele deriva da classe do tipo comum, Show, e implementa uma instância de Equal. Ao criar sua própria classe do tipo, você deve criar uma implementação para ela em qualquer tipo em que a usará. Nesse caso, Equal simplesmente verifica a igualdade das duas variáveis do tipo MyNum. Use o seguinte código para testar o resultado:

```
x = I 5
y = I 5
z = I 6

x ## y
x ## z
```

No primeiro caso, na comparação entre x e y, você obtém True como saída. No segundo, na comparação de x e z obtém False. As classes do tipo fornecem um meio eficiente de criar métodos comuns para estender a funcionalidade básica do tipo. É claro que a implementação da classe do tipo depende das necessidades do tipo derivado.

4 Interagindo de Várias Maneiras

NESTA PARTE...

Interaja com usuários e redes.

Leia e use dados da linha de comando.

Crie, leia, atualize e exclua arquivos de texto.

Defina e use arquivos binários.

Importe e use conjuntos de dados.

NESTE CAPÍTULO

» **Entendendo a relação entre E/S e programação funcional**

» **Gerenciando dados**

» **Explorando as funções mágicas do Jupyter Notebook**

» **Realizando tarefas relacionadas à E/S**

Capítulo **11**

Fazendo a E/S Básica

Para ser útil, a maioria dos aplicativos deve realizar algum tipo de Entrada/Saída (E/S). A interação com o mundo fora do aplicativo permite que ele receba dados (entrada) e forneça os resultados de qualquer operação executada nele (saída). Sem essa interação, o aplicativo é independente e embora possa fazer um trabalho, teoricamente, o trabalho seria inútil. Qualquer linguagem usada para criar um aplicativo útil deve suportar a E/S. Porém ela pareceria um contador para o paradigma de programação funcional, porque a maioria das linguagens a implementa como um procedimento, ou seja, um processo. Mas as linguagens funcionais implementam a E/S de modo diferente das outras; ela é usada como uma função pura. O objetivo é implementar a E/S sem efeitos colaterais, não impedir que ocorra. A primeira parte deste capítulo demonstra como a E/S funciona no paradigma de programação funcional.

Depois de saber como funciona o processo da E/S, é preciso ter alguns meios de gerenciar os dados. Este capítulo começa vendo o primeiro tipo de E/S que a maioria dos aplicativos executa, a entrada de dados, depois examina a saída deles. Você descobrirá como o paradigma da programação funcional faz a E/S operar sem os efeitos colaterais comuns. A primeira parte também explica algumas diferenças nas interações dos dispositivos.

DICA O Jupyter Notebook oferece funções mágicas que facilitam trabalhar com a E/S. Este capítulo também vê os recursos fornecidos pelas funções mágicas quando você trabalha com o Python. Como o Jupyter Notebook fornece suporte para uma longa lista de linguagens, como consequência as funções mágicas podem ser usadas com o Haskell também.

A parte final deste capítulo reúne tudo que você descobriu sobre a E/S no paradigma de programação funcional, e como o Haskell e o Python lidam com a tarefa de modo puro e impuro. Fazer a E/S e a programação de um modo funcional não é mutuamente exclusivo, e ninguém está quebrando as regras para que isso aconteça. Porém cada linguagem tem uma abordagem ligeiramente diferente do problema, por isso é importante entender bem cada abordagem.

Entendendo os Fundamentos da E/S

Os capítulos anteriores explicaram os fundamentos do paradigma da programação funcional. Alguns desses problemas são mecânicos, como os dados imutáveis. Na verdade, algumas pessoas argumentam que isso não é importante, que apenas o uso das funções puras importa. Os vários exemplos de codificação e as explicações nos capítulos anteriores tendem a afirmar o contrário, mas, no momento, considere apenas a necessidade de fazer a E/S usando funções puras sem efeitos colaterais. Em alguns aspectos, isso não é possível mesmo. (Há pessoas que dizem que sim, mas normalmente não há provas.) As próximas seções verão a E/S de uma perspectiva funcional e ajudarão a entender os vários lados do argumento sobre a possibilidade de fazer a E/S usando funções puras.

Entendendo os efeitos colaterais da E/S

Um argumento essencial que muitas pessoas têm em relação aos efeitos colaterais da E/S é muito simples. Quando você cria uma função em uma linguagem funcional e aplica entradas específicas, recebe a mesma resposta sempre, contanto que as entradas sejam as mesmas. Por exemplo, se calcular a raiz quadrada de 4 e fizer a mesma chamada 99 vezes, receberá a resposta 2 sempre. Na verdade, um otimizador de linguagem seria suficiente para apenas armazenar em cache o resultado, em vez de fazer o cálculo, para economizar tempo.

Contudo, se fizer uma chamada para consultar o usuário para obter uma entrada, receberá certo resultado. Fazer a mesma chamada, com a mesma consulta, 99 vezes nem sempre produz o mesmo resultado. Por exemplo, se você pergunta "Qual é o seu nome?", a resposta será diferente dependendo do usuário. De fato, o mesmo usuário poderia responder de modo diferente fornecendo um nome completo uma vez e apenas o primeiro nome em outra. O fato de que a chamada da função produz potencialmente um resultado diferente com cada chamada é um efeito colateral. Mesmo que o desenvolvedor queira que um efeito colateral ocorra, a partir das definições do paradigma da programação funcional nos capítulos anteriores, a E/S produz tal efeito nesse caso.

A situação piora quando se considera a saída. Por exemplo, quando uma função consulta o usuário produzindo texto no console, ela muda o estado do sistema. O estado é alterado permanentemente porque retornar o sistema a seu estado anterior não é possível. Até remover os caracteres significaria fazer uma mudança subsequente.

Infelizmente, como a E/S é um evento real, não é possível depender da ocorrência da atividade especificada. Quando você calcula a raiz quadrada de 4, sempre recebe 2, porque pode realizar a tarefa como uma função pura. Mas, quando pergunta o nome do usuário, não pode assegurar que ele fornecerá um nome; ele poderia simplesmente pressionar Enter e não apresentar nada. Como a E/S é um evento real com consequências reais, até as linguagens funcionais devem fornecer meios de lidar com o inesperado, que pode significar exceções, ou seja, outro efeito colateral.

Muitas linguagens também suportam realizar a E/S separadamente da execução do aplicativo principal, para que ele continue responsivo. O ato de criar um thread (processo de execução) muda o estado do sistema. De novo, criar um thread é outro tipo de efeito colateral que deve ser considerado ao fazer a E/S. É preciso lidar com questões como a incapacidade do sistema de suportar outro thread ou saber se surgiram outros problemas com o thread. O aplicativo pode precisar permitir a comunicação entre os threads, assim como a comunicação designada a verificar o status do thread, tudo requerendo mudar o estado do aplicativo.

LEMBRE-SE

Esta seção poderia continuar detalhando os efeitos colaterais em potencial porque muitos deles são causados pela E/S, mesmo na bem-sucedida. As linguagens funcionais fazem uma clara distinção entre as funções puras usadas para fazer cálculos e outras tarefas internas, e a E/S usada para afetar o mundo externo. O uso da E/S em qualquer aplicativo tem o potencial de causar estes problemas:

» **Nenhuma divisão real:** Qualquer função pode fazer a E/S quando necessário. Portanto, a divisão teórica entre funções puras e E/S pode não ser tão clara quanto você pensa.

» **Monolítico:** Como a E/S ocorre em sequência (você não pode obter a próxima resposta de um usuário antes de ter a resposta atual), o código resultante é monolítico e tende a se dividir facilmente. E mais, não é possível colocar em cache o resultado de uma E/S; o aplicativo deve fazer a chamada toda vez, significando que otimizar a E/S não é fácil.

» **Teste:** Todos os tipos de problemas afetam a E/S. Por exemplo, uma condição ambiental (como um relâmpago) que existe agora e faz a E/S falhar pode não existir cinco minutos depois.

> **Dimensionamento:** Como a E/S muda o estado do sistema e interage com o mundo real, o código associado deve continuar sendo executado no mesmo ambiente. Se o carregamento do sistema mudar de repente, o código ficará lento também, porque expandi-lo para usar outros recursos não é possível.

DICA

O único modo de superar esses problemas em um ambiente funcional é assegurar que todas as funções que realizam a E/S continuem separadas das que fazem os cálculos. Sim, ainda que a linguagem usada permita a mistura e a combinação da E/S e dos cálculos, a única solução real para esses problemas é aplicar políticas que garantam que as tarefas permaneçam separadas.

Usando mônadas para a E/S

A seção "Entendendo os monoides", do Capítulo 10, explica as mônadas e seu uso, inclusive as strings. Curiosamente, a classe IO no Haskell, que fornece toda a funcionalidade de E/S, é um tipo de mônada, como descrito em https://hackage.haskell.org/package/base-4.11.1.0/docs/System-IO.html [conteúdo em inglês]. Naturalmente, isso parece bem estranho, mas é verdade. Levando em conta o que você sabe sobre as mônadas, é preciso imaginar quais são os dois objetos e o operador. Ao examinar a lista de funções da classe IO, você descobre que IO é o operador. Os dois objetos são um handle (ponteiro) e os dados associados.

LEMBRE-SE

Handle é um método para acessar um dispositivo. Alguns handles, como stderr, stdin e stdout, são padrão do sistema, e você não precisa fazer nada especial para usá-los. Para o Python e o Haskell, esses handles padrão apontam o teclado para stdin e a exibição (console) para stdout e stderr. Outros handles são exclusivos do destino, como um arquivo na unidade local. Primeiro, você deve adquirir o handle (inclusive fornecer uma descrição de como planeja usá-lo), depois o adiciona a qualquer chamada feita.

Interagindo com o usuário

O conceito de usar uma mônada para a E/S tem alguns desdobramentos que realmente facilitam entender a E/S do Haskell, apesar de ser basicamente igual a qualquer outra E/S já usada. Ao fazer a entrada usando getLine, o que realmente é feito é combinar o handle stdin com os dados que o usuário fornece usando o operador IO. Sim, é igual ao que é feito com o método input do Python, mas a explicação básica para a ação é diferente nos dois casos; ao trabalhar com o Python, você vê a tarefa como um procedimento, não como uma função. Para ver como funciona, digite **:t getLine** e pressione Enter. Você verá que o tipo de getLine (uma função) é IO String. Do mesmo modo, digite **:t putStrLn** e pressione Enter, e verá que o tipo de putStrLn é String -> IO (). Porém, quando usa o seguinte código:

```
putStrLn "What is your name?"
name <- getLine
putStrLn $ "Hello " ++ name
```

obtém o mesmo resultado que poderia esperar de qualquer linguagem de programação. Apenas a maneira como examina a ação difere, não o resultado real dela, como mostrado na Figura 11-1.

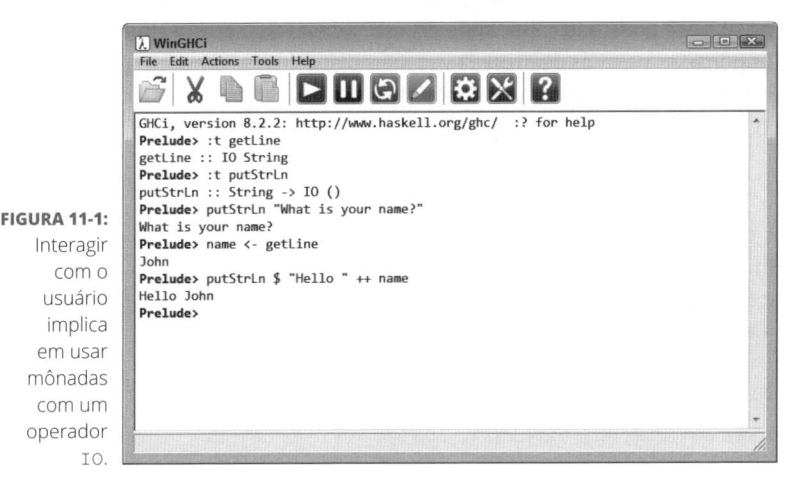

FIGURA 11-1: Interagir com o usuário implica em usar mônadas com um operador IO.

Observe que você deve usar o operador de aplicação (`$`) para a segunda chamada `putStrLn` porque precisa aplicar o resultado da mônada `"Hello " ++ name` (com `++` como o operador) em `putStrLn`. Do contrário, o Haskell reclamará que estava esperando [char]. Também seria possível usar `putStrLn ("Hello " ++ name)` no lugar do operador de aplicação.

Trabalhando com dispositivos

Sempre lembre que os seres humanos interagem com os dispositivos, não com o código, com os aplicativos e nem com os dados. Provavelmente você poderia propor muitos modos diferentes de exibir os dispositivos, mas a seguinte lista fornece uma visão geral rápida dos tipos de dispositivo essenciais:

» **Host:** O dispositivo host é o sistema no qual o aplicativo é executado. A maioria das linguagens suporta entradas e saídas padrão para o dispositivo host que não requerem nenhum tratamento especial.

» **Entrada:** Qualquer coisa externa ao host fornece entrada. Nesse caso, externo significa qualquer coisa fora do ambiente de processamento local, inclusive os discos rígidos que residem na mesma estrutura física, como a placa-mãe que suporta o host. Porém as entradas surgem de qualquer lugar, inclusive de dispositivos como câmeras de um sistema de segurança.

> **Saída:** Um dispositivo de saída pode ser qualquer coisa, inclusive um disco rígido no mesmo gabinete físico do host. Mas as saídas também incluem os dispositivos físicos fora desse gabinete. Por exemplo, enviar um valor específico para um robô pode criar milhares de componentes. A E/S tem um efeito diferente no mundo externo fora do domínio do dispositivo host.
>
> **Nuvem:** Um *dispositivo na nuvem* é aquele que não é necessariamente físico. Ele pode estar em qualquer lugar. Mesmo que o dispositivo tenha uma presença física (como um disco rígido de propriedade de uma organização host), você pode não saber onde ele está localizado e provavelmente nem se importa. As pessoas usam cada vez mais dispositivos na nuvem para tudo, desde o armazenamento de dados até a hospedagem de sites; portanto, certamente você lidará com algum tipo de ambiente de nuvem.

Toda a E/S realizada com uma linguagem de programação implica acessar um dispositivo, mesmo quando trabalha com um dispositivo host. Por exemplo, ao trabalhar com o Haskell, as linhas de código `hPutStrLn` e `putStrLn` a seguir são idênticas quanto ao efeito (note que você deve importar com `import System.IO` antes de realizar a tarefa):

```
import System.IO as IO
hPutStrLn stdout "Hello there!"
putStrLn "Hello there!"
```

A inclusão de `stdout` na primeira chamada para `hPutStrLn` apenas repete o que `putStrLn` faz sem um handle explícito. Porém nos dois casos é preciso um handle para um dispositivo, que é o host nesse caso. Como o handle é padrão, você não precisa obter um.

Obter um handle para um dispositivo local é relativamente fácil. O código a seguir mostra um processo com três etapas para gravar em um arquivo:

```
import System.IO as IO
handle <- openFile "MyData.txt" WriteMode
hPutStrLn handle "This is some test data."
hClose handle
```

Ao chamar `openFile`, novamente o operador `IO` é usado. Dessa vez, os dois objetos são o caminho do arquivo e o modo E/S. A saída, ao acessar um arquivo com sucesso, é o handle de E/S. O Haskell não usa o termo *handle de arquivo*, como as outras linguagens, porque o handle não precisa apontar necessariamente para um arquivo. Como sempre, pode-se usar `:t openFile` para ver a definição dessa função. Quando um diretório de destino não é fornecido, o GHCi usa qualquer diretório atribuído para carregar os arquivos. Veja o código usado para ler o conteúdo do arquivo:

```
import System.IO as IO
handle <- openFile "MyData.txt" ReadMode
myData <- hGetLine handle
hClose handle
putStrLn myData
```

PAPO DE ESPECIALISTA

Este capítulo não explora totalmente tudo o que pode ser feito com as várias metodologias de E/S no Haskell. Por exemplo, é possível não obter um handle para ler e gravar arquivos usando as funções `readFile`, `writeFile` e `appendFile`. Essas três funções realmente reduzem o processo com três etapas a uma única, mas as mesmas etapas ocorrem em segundo plano. O Haskell suporta muitas funções orientadas a dispositivos para a E/S encontrada em outras linguagens.

Manipulando os Dados de E/S

Este capítulo não descreve todos os detalhes da manipulação de dados para a E/S, mas dá uma visão geral rápida de alguns problemas. Um dos mais importantes é que o Haskell e o Python tendem a lidar com a string ou a saída de caracteres, não com outros tipos de dados. Portanto, você deve converter todos os dados que deseja produzir em uma string ou um caractere. Do mesmo modo, quando lê os dados da fonte, deve convertê-los de volta em sua forma original. Uma chamada, como `appendFile "MyData.txt" 2`, simplesmente não funcionará. A necessidade de trabalhar com um tipo de dado específico contrasta com as outras operações que podem ser realizadas com as linguagens funcionais, que normalmente supõem aceitar qualquer tipo de dado. Ao criar funções para produzir dados, é preciso estar ciente da exigência de conversão porque, às vezes, as mensagens de erro fornecidas pelas várias linguagens funcionais são pouco claras quanto à causa do problema.

Outra questão é o método real usado para se comunicar com o mundo externo. Por exemplo, ao trabalhar com arquivos, você precisa considerar a *codificação dos caracteres* (a representação física dos caracteres no arquivo, como o número de bits usados para cada caractere). O Haskell e o Python suportam vários tipos de codificação, inclusive diversos padrões UTF (Formato de Transformação Unicode) descritos em `https://www.w3.org/People/danield/unic/unitra.htm` [conteúdo em inglês]. Ao trabalhar com texto, considere também problemas como o método usado para indicar o final da linha. Alguns sistemas usam um retorno do carro e o avanço de linha; outros, não.

Os dispositivos também podem requerer o uso de comandos especiais ou cabeçalhos para alertar o dispositivo sobre a necessidade de comunicar e estabelecer métodos de comunicação. O Haskell e o Python não têm essas necessidades predefinidas na linguagem, portanto você deve criar a própria solução ou contar com uma biblioteca de terceiros. Do mesmo modo, ao trabalhar com a nuvem, geralmente você deve fornecer os dados em um formato específico e incluir cabeçalhos para descrever como se comunicar e com qual serviço se comunicar (entre outras coisas).

LEMBRE-SE O motivo para considerar todas essas questões antes de tentar se comunicar é que muitas mensagens de ajuda online lidam com elas. A linguagem trabalha como o planejado ao produzir uma saída ou tenta receber uma entrada, mas a comunicação não funciona pela falta do *protocolo* de comunicação (um conjunto de regras aceitas mutuamente). Infelizmente, as regras são tão diversas, e algumas tão enigmáticas, que desafiam qualquer tipo de explicação em um único livro. Lembre-se de que a comunicação geralmente é muito mais do que apenas enviar ou receber dados, mesmo em uma linguagem funcional na qual algumas coisas parecem acontecer como mágica.

Usando as Funções Mágicas do Jupyter Notebook

O Python facilita sua experiência de E/S quando você trabalha com ferramentas específicas, que é o assunto desta seção. O Notebook — e seu equivalente — fornece uma funcionalidade especial na forma de funções mágicas. É bem surpreendente pensar que esses aplicativos fazem mágica, mas é precisamente o que acontece com as funções mágicas. A magia está na saída. Por exemplo, em vez de exibir uma saída gráfica em uma janela separada, você pode escolher exibi-la na célula, como se fosse mágica (porque as células parecem aceitar apenas texto). Ou é possível usar a mágica para verificar o desempenho de seu aplicativo e fazer isso sem o código adicional normal que as verificações do desempenho requerem.

Uma *função mágica* começa com um sinal de porcentagem (%) ou porcentagem dupla (%%). As que têm um sinal % trabalham dentro do ambiente, e as com sinal %% trabalham no nível da célula. Por exemplo, se você quiser obter uma lista de funções mágicas, digite **%lsmagic** e pressione Enter no IPython (ou execute o comando no Notebook) para vê-las, como mostrado na Figura 11-2. (Note que o IPython usa a mesma entrada, In, e os prompts de saída, Out, do Notebook.)

LEMBRE-SE Nem toda função mágica funciona no IPython. Por exemplo, a função `%autosave` não tem nenhuma finalidade no IPython, porque ele não salva nada automaticamente.

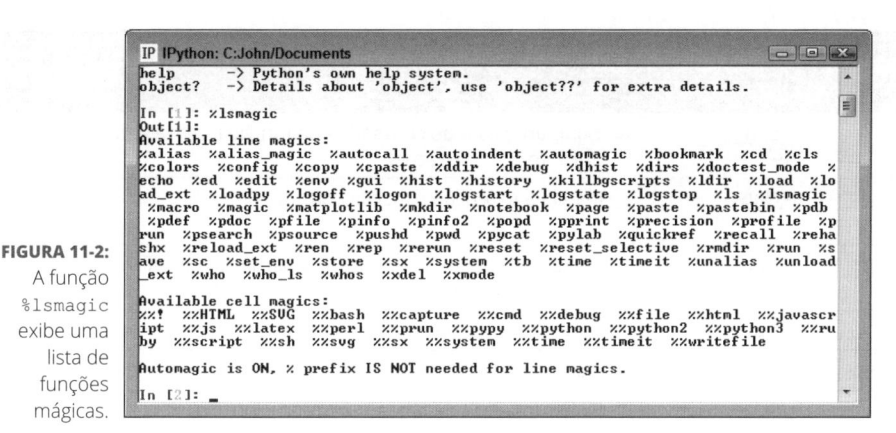

FIGURA 11-2:
A função `%lsmagic` exibe uma lista de funções mágicas.

```
IP IPython: C:John/Documents
help      -> Python's own help system.
object?   -> Details about 'object', use 'object??' for extra details.

In [1]: %lsmagic
Out[1]:
Available line magics:
%alias  %alias_magic  %autocall  %autoindent  %automagic  %bookmark  %cd  %cls
%colors  %config  %copy  %cpaste  %ddir  %debug  %dhist  %dirs  %doctest_mode  %
echo  %ed  %edit  %env  %gui  %hist  %history  %killbgscripts  %ldir  %load  %lo
ad_ext  %loadpy  %logoff  %logon  %logstart  %logstate  %logstop  %ls  %lsmagic
%macro  %magic  %matplotlib  %mkdir  %notebook  %page  %paste  %pastebin  %pdb
%pdef  %pdoc  %pfile  %pinfo  %pinfo2  %popd  %pprint  %precision  %profile  %p
run  %psearch  %psource  %pushd  %pwd  %pycat  %pylab  %quickref  %recall  %reha
shx  %reload_ext  %ren  %rep  %rerun  %reset  %reset_selective  %rmdir  %run  %s
ave  %sc  %set_env  %store  %sx  %system  %tb  %time  %timeit  %unalias  %unload
_ext  %who  %who_ls  %whos  %xdel  %xmode

Available cell magics:
%%!  %%HTML  %%SVG  %%bash  %%capture  %%cmd  %%debug  %%file  %%html  %%javascr
ipt  %%js  %%latex  %%perl  %%prun  %%pypy  %%python  %%python2  %%python3  %%ru
by  %%script  %%sh  %%svg  %%sx  %%system  %%time  %%timeit  %%writefile

Automagic is ON, % prefix IS NOT needed for line magics.

In [2]:
```

A Tabela 11-1 lista algumas das funções mágicas mais comuns e sua finalidade. Para obter uma lista completa, digite **%quickref** e pressione Enter no Notebook (ou no console do IPython) ou examine a lista completa em https://damontallen.github.io/IPython-quick-ref-sheets/ [conteúdo em inglês].

TABELA 11-1   Funções Mágicas Comuns do Notebook e do IPython

Função Mágica	Digitar Apenas Fornece o Status?	Descrição
`%alias`	Sim	Atribui ou exibe um alias para um comando do sistema.
`%autocall`	Sim	Permite chamar as funções sem incluir parênteses. As configurações são Off, Smart (padrão) e Full. A configuração Smart só usa parênteses se incluir um argumento com a chamada.
`%automagic`	Sim	Permite chamar as funções mágicas da linha sem incluir o sinal de porcentagem (%). As configurações são False (padrão) e True.
`%autosave`	Sim	Exibe ou modifica os intervalos entre as gravações automáticas do Notebook. O intervalo-padrão é a cada 120 segundos.
`%cd`	Sim	Muda o diretório para um novo local de armazenamento. Também é possível usar esse comando para percorrer o histórico de diretórios ou mudar os diretórios para um endereço favorito.
`%cls`	Não	Limpa a tela.
`%colors`	Não	Especifica as cores usadas para exibir o texto associado aos prompts, sistema de informação e sub-rotinas de exceção. Você pode escolher entre NoColor (preto e branco), Linux (padrão) e LightBG.
`%config`	Sim	Permite configurar o IPython.
`%dhist`	Sim	Exibe uma lista de diretórios visitados durante a sessão atual.
`%file`	Não	Gera o nome do arquivo com o código-fonte do objeto.

(continua)

(continuação)

Função Mágica	Digitar Apenas Fornece o Status?	Descrição
`%hist`	Sim	Exibe uma lista de comandos da função mágica gerados durante a sessão atual.
`%install_ext`	Não	Instala a extensão especificada.
`%load`	Não	Carrega o código do aplicativo a partir de outra fonte, como um exemplo online.
`%load_ext`	Não	Carrega uma extensão do Python usando o nome do módulo.
`%lsmagic`	Sim	Exibe uma lista das funções mágicas disponíveis atualmente.
`%magic`	Sim	Exibe uma tela de ajuda mostrando informações sobre as funções mágicas.
`%matplotlib`	Sim	Define o processador de back-end usado para plotar. Usar o valor inline exibe o gráfico na célula para um arquivo do IPython Notebook. Os valores possíveis são: 'gtk', 'gtk3', 'inline', 'nbagg', 'osx', 'qt', 'qt4', 'qt5', 'tk' e 'wx'.
`%paste`	Não	Cola o conteúdo da Área de Transferência no ambiente do IPython.
`%pdef`	Não	Mostra como chamar o objeto (supondo que o objeto possa ser chamado).
`%pdoc`	Não	Exibe `docstring` para um objeto.
`%pinfo`	Não	Exibe informações detalhadas sobre o objeto (em geral, mais do que é fornecido pela ajuda apenas).
`%pinfo2`	Não	Exibe mais informações detalhadas sobre o objeto (quando disponível).
`%reload_ext`	Não	Recarrega uma extensão instalada antes.
`%source`	Não	Exibe o código-fonte do objeto (supondo que a fonte esteja disponível).
`%timeit`	Não	Calcula o melhor tempo de desempenho para uma instrução.
`%%timeit`	Não	Calcula o melhor tempo de desempenho para todas as instruções em uma célula, com exceção da colocada na mesma linha de célula da mágica (que poderia ser uma instrução de inicialização).
`%unalias`	Não	Remove da lista um alias criado anteriormente.
`%unload_ext`	Não	Descarrega a extensão especificada.
`%%writefile`	Não	Grava o conteúdo de uma célula no arquivo especificado.

Recebendo e Enviando a E/S com o Haskell

Agora que você tem uma ideia melhor de como a E/S funciona no domínio funcional, pode descobrir outros truques para usar e facilitar essa E/S. As próximas seções lidam especificamente com o Haskell porque a E/S fornecida com o Python segue a mesma abordagem procedural tradicional (exceto no uso de coisas como as funções lambda, já mostrado nos capítulos anteriores).

Usando o sequenciamento de mônadas

O *sequenciamento de mônadas* ajuda a criar um código com melhor aparência permitindo combinar as funções em uma entidade do tipo procedimento. O objetivo é criar um ambiente no qual você combine as funções de um modo que faça sentido, sem quebrar necessariamente as regras do paradigma de programação funcional. O Haskell suporta dois tipos de sequenciamento de mônadas: com e sem passagem de valor. Veja um exemplo desse sequenciamento sem a passagem de valor:

```
name <- putStr "Enter your name: " >> getLine
putStrLn $ "Hello " ++ name
```

Nesse caso, o código cria um prompt, exibe-o na tela, obtém uma entrada do usuário e coloca-a em `name`. Observe o operador do sequenciamento de mônadas (`>>`) entre as duas funções. O operador de atribuição funciona apenas com os valores de saída, portanto `name` tem apenas o resultado da chamada para `getLine`. A segunda linha demonstra isso exibindo o conteúdo de `name`.

Você também pode criar um sequenciamento de mônadas que inclui a passagem de valor. Nesse caso, a direção é da esquerda para a direita. O seguinte código mostra uma função que chama `getLine` e passa o resultado dessa chamada para `putStrLn`.

```
echo = getLine >>= putStrLn
```

Para usar a função, digite **echo** e pressione Enter. Qualquer coisa como entrada será repetida como saída. A Figura 11-3 mostra os resultados dessas chamadas.

Utilizando funções da mônada

Como o Haskell exibe a E/S como um tipo de mônada, você também tem acesso a todas as funções da mônada em http://hackage.haskell.org/package/base-4.11.1.0/docs/Control-Monad.html [conteúdo em inglês]. A maioria dessas funções não parece muito útil até que comece a usá-las juntas. Por exemplo, digamos que você precise replicar certa string um número de vezes. Poderia usar o seguinte código:

```
sequence_ (replicate 10 (putStrLn "Hello"))
```

A chamada para sequence_ (com um sublinhado) faz o Haskell avaliar a sequência de ações mônadas da esquerda para a direita e descartar o resultado. A função replicate realiza uma tarefa repetidamente um número definido de vezes. Finalmente, putStrLn produz uma string para stdout. Junte tudo e verá o resultado mostrado na Figura 11-4.

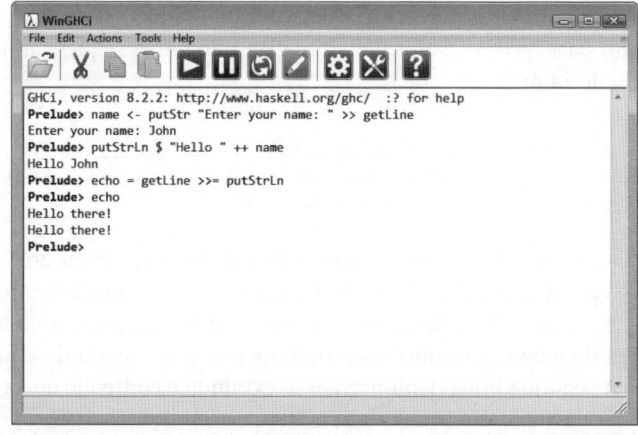

FIGURA 11-3: O sequenciamento de mônadas torna a combinação das funções mônadas mais fácil de modos específicos.

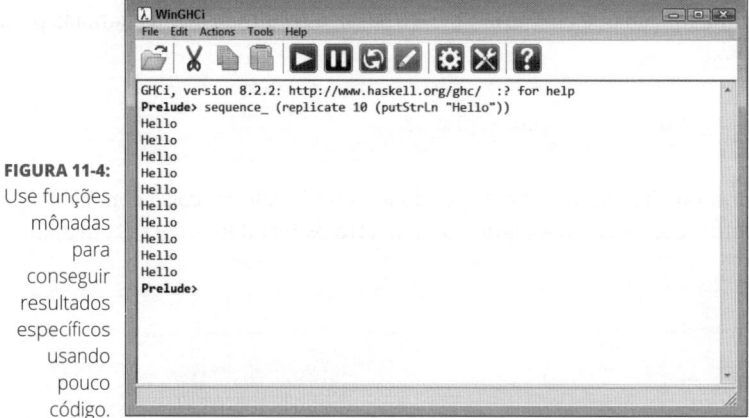

FIGURA 11-4: Use funções mônadas para conseguir resultados específicos usando pouco código.

NESTE CAPÍTULO

» Obtendo a entrada da linha de comando

» Trabalhando com valores individuais

» Realizando tarefas da linha de comando

Capítulo 12
Lidando com a Linha de Comando

Trabalhar na linha de comando parece antiquado em um mundo de aplicativos GUI com truques incríveis. Porém a maioria dos desenvolvedores e administradores pensa diferente. Muitas ferramentas usadas hoje ainda contam com a linha de comando porque ela fornece um método relativamente simples, direto e eficiente de interagir com um aplicativo. Naturalmente, trabalhar na linha de comando tem desvantagens também. É fácil entender o valor da linha de comando por causa da facilidade de uso. Qualquer pessoa que a tenha usado muito sabe que é muito fácil esquecer os argumentos, as entradas de dados e as outras informações requeridas que uma GUI normalmente forneceria como parte de uma entrada de menu ou formulário. Este capítulo começa explicando os métodos que tornam a linha de comando um pouco mais fácil de trabalhar.

Da perspectiva do usuário, lembrar a sintaxe enigmática da linha de comando é um dos pontos negativos de usá-la. Da perspectiva do desenvolvedor, encontrar meios eficientes de separar os vários bits de entrada e transformá-los em argumentos úteis do aplicativo é mais difícil ainda. O problema para o desenvolvedor é criar uma interface eficiente que forneça muita flexibilidade e ignore entradas erradas do usuário (sempre que possível). A próxima parte deste capítulo aborda o uso de bibliotecas para facilitar o trabalho com a linha de comando.

Obtendo a Entrada da Linha de Comando

Quando os usuários interagem com um aplicativo criado na linha de comando, usam a linha para fornecer uma interface flexível e simples com certa assistência e detecção de erro robusta. Infelizmente, essas expectativas são difíceis de atender, sobretudo quanto à detecção robusta de erro. Tentar criar uma detecção de erro robusta da linha de comando ajuda a entender melhor os problemas enfrentados pelas pessoas que escrevem compiladores, porque, de repente, você se depara com as incertezas de transformar o texto em tokens úteis. As próximas seções ajudam a entender o uso da linha de comandos, com foco em atingir os objetivos do usuário ao utilizar o aplicativo.

Automatizando a linha de comando

Mesmo que você veja muitos tutoriais online que demonstrem aplicativos utilitários usados manualmente, muitas pessoas não têm tempo nem inclinação para digitar tudo à mão sempre que precisam de certo aplicativo. Um dos melhores recursos dos utilitários da linha de comando é que podem ser automatizados de várias maneiras; por exemplo, usando um processamento em batch. Para tanto, você deve fornecer um conjunto completo de comandos acessíveis com argumentos.

Os argumentos mais populares usados hoje começam com uma barra (/), traço (-) ou dois traços (--). Por exemplo, digitar MyApp -h exibiria uma tela de ajuda para seu aplicativo. Em muitos casos, o argumento da linha de comando é seguido pelos dados necessários para executar o comando. Os dados podem ser opcionais ou obrigatórios. Por exemplo, MyApp -h Topic exibiria uma ajuda específica sobre Topic, em vez da ajuda mais geral.

Considerando o uso de prompts

Normalmente, os desenvolvedores de aplicativos acham que adicionar prompts ao aplicativo o torna mais amistoso. Em alguns aspectos, adicionar prompts para pedir aos usuários informações extras é melhor que fornecer uma mensagem ou uma saída de erro. Mas o uso dos prompts também interfere na automação porque um processo em batch não saberá o que fazer com um prompt. Assim, deve-se considerar um equilíbrio entre ser amistoso e a necessidade de automatizar quando criar um utilitário da linha de comando. A maioria das pessoas usa uma destas opções ao planejar um aplicativo:

> » Evitar o uso de prompts ou mensagens de erro e sempre fornecer um código de erro que seja testável em um processo em batch.

- » Usar uma combinação de mensagens e códigos de erro para comunicar a necessidade de mais informações sem recorrer a prompts.
- » Fornecer um argumento especial da linha de comando para ativar e desativar os prompts, depois usar uma das duas primeiras opções nesta lista quando eles estiverem desativados.
- » Usar prompts programados para dar ao usuário um intervalo de tempo específico no qual responder às consultas. Um argumento da linha de comando pode definir o intervalo para exibir o prompt. Então, o aplicativo conta com uma das duas primeiras opções na lista quando o tempo de resposta expira.
- » Tentar obter as informações requeridas usando um prompt primeiro, depois usar uma combinação de mensagem e código de erro quando o usuário não fornecer as informações requeridas na solicitação.
- » Usar prompts apenas, e nunca fornecer uma saída de erro que possa causar problemas potenciais no ambiente. Em caso de falha, a tarefa simplesmente fica desfeita.

LEMBRE-SE

A escolha feita depende da tarefa que seu utilitário realiza e do que o usuário espera dela. Por exemplo, um utilitário que exibe a hora sem fazer outra coisa pode usar o último item na lista sem problemas, porque isso dificilmente trará consequências na maioria dos casos. Por outro lado, se o utilitário estiver fazendo uma análise requerida da entrada antes de o próximo utilitário usar as informações para configurar um grupo de trabalhadores robôs, a primeira ou a segunda opção na lista poderá ser melhor.

Usando a linha de comando na prática

Um utilitário da linha de comando interagirá com o usuário de modo diferente de um aplicativo GUI do mesmo tipo. Ao trabalhar com uma GUI, o usuário tem ajudas visuais para entender as relações entre os comandos. Mesmo que o comando requerido exista em várias camadas abaixo na estrutura de menus ou em um formulário pop-up, sua relação com outros comandos será visual. Por exemplo, para abrir um arquivo, você poderá usar o comando File⇨Open em uma GUI, que requer dois cliques do mouse, um para cada nível de menu. A velocidade obtida usando um utilitário da linha de comando vem, em parte, de não precisar lidar com uma interface visual, permitindo-o acessar qualquer comando a qualquer momento sem entrar na interface. Em vez de usar um comando File⇨Open, você pode simplesmente especificar o nome de arquivo na linha de comando, como `MyApp MyFile`. E mais, os utilitários da linha de comando permitem adicionar todos os comandos que você deseja executar como parte de uma única linha, tornando-os incrivelmente eficientes. Por exemplo, digamos que queira imprimir o arquivo depois de abri-lo. Usando uma GUI, poderá precisar de quatro cliques do mouse: File⇨Open, seguido de File⇨Print. O utilitário precisa apenas de um comando, `MyApp /p MyFile`, em que `/p` é o argumento de impressão. Assim, você deve planejar sua linha de comando tendo em mente a rapidez e a eficiência.

Como os usuários têm memória ruim, você deve ajudar com o utilitário da linha de comando, e a convenção diz para usar o argumento h para essa finalidade. Claro, você precede h com qualquer símbolo especial usado para designar um comando, como /h, -h ou --h. Além disso, a maioria dos desenvolvedores permite usar o ponto de interrogação (?) para dar acesso à ajuda geral.

DICA

Um problema com a ajuda fornecida na maioria desses utilitários é que os utilitários complexos geralmente tentam responder a cada pergunta usando uma única tela de ajuda que se estende por várias páginas. Em alguns casos, essa tela é tão grande que sai do buffer da tela, e normalmente o desenvolvedor tenta resolver o problema adicionando paginação à tela de ajuda. Uma opção melhor é fornecer uma página geral dos tópicos de ajuda e expandir a ajuda com pequenas telas individuais para cada tópico.

Linha de Comando no Haskell

O sistema operacional disponibiliza certos tipos de informação para os aplicativos, como a linha de comando e a variável ambiente, não importando qual linguagem seja usada para criar os aplicativos. Naturalmente, a linguagem também deve disponibilizar acesso às informações, mas é provável que nenhuma linguagem oculte o acesso requerido, porque os hackers descobririam como acessá-las de qualquer modo. Mas nem sempre é melhor usar as informações nativas diretamente. As seguintes seções ajudam a decidir como fornecer acesso aos argumentos da linha de comando no aplicativo Haskell.

Usando o ambiente Haskell diretamente

O Haskell fornece acesso ao ambiente do sistema operacional, inclusive aos argumentos da linha de comando, de vários modos. Mesmo que você possa encontrar muitos tutoriais detalhados online, como em `https://wiki.haskell.org/Tutorials/Programming_Haskell/Argument_handling` [conteúdo em inglês], o processo é muito mais fácil do que se pensa no início. Para definir os argumentos usados para esta seção, basta digitar **:set args Arg1 Arg2** e pressionar Enter. Você pode remover os argumentos da linha de comando com `:unset`.

Para acessá-los, digite **import System.Environment as Se** e pressione Enter. `System.Environment` tem os mesmos tipos de funções das outras linguagens, como descrito em `http://hackage.haskell.org/package/base-4.11.1.0/docs/System-Environment.html` [conteúdo em inglês]. Para este exemplo, use apenas `getArgs`. Para ver os argumentos que acabou de fornecer, poderá digitar **getArgs** e pressionar Enter. Você verá uma lista com os dois argumentos.

DICA

Obter uma lista de argumentos significa que você pode processá-los usando qualquer método da lista encontrado antes neste livro e online. Porém o Capítulo 11 também mostra como usar o sequenciamento de mônadas, que funciona bem neste caso usando o seguinte código:

```
getArgs >>= mapM_ putStrLn
```

A saída mostrada é cada um dos argumentos exibidos separadamente, um em cada linha, como na Figura 12-1. Naturalmente, você poderia usar facilmente uma função personalizada para processar os argumentos no lugar de `putStrLn`. O tutorial em `https://wiki.haskell.org/Tutorials/Programming_Haskell/Argument_handling` [conteúdo em inglês] dá uma ideia melhor de como usar a abordagem com uma análise sintática (parsing) personalizada.

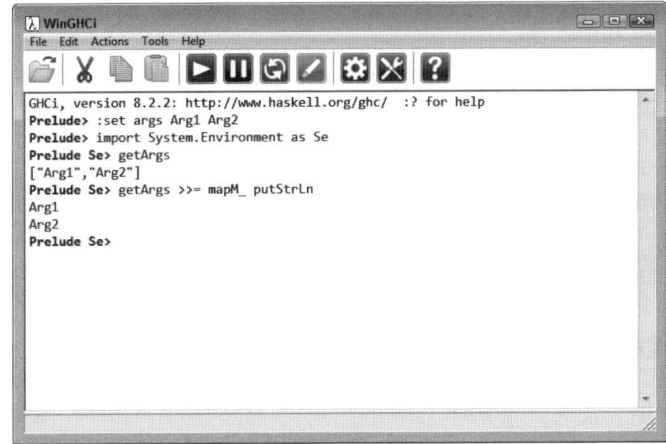

FIGURA 12-1:
O Haskell fornece técnicas nativas para acessar os argumentos da linha de comando.

PAPO DE ESPECIALISTA

Ao usar uma fonte de download para esses exemplos, você ainda precisará fornecer um argumento da linha de comando. Mas usar o comando `:set` não ajudará. Pelo contrário, será preciso digitar **:main Arg1 Arg2** e pressionar Enter para obter o mesmo resultado depois de carregar o código. Do mesmo modo, ao trabalhar no exemplo CmdArgs da seção "Linha de comando simples no Haskell", mais adiante neste capítulo, digite **:main --username=Sam** (com dois traços) e pressione Enter para obter o resultado correto.

Entendendo os vários pacotes

O Haskell não tem nenhum tipo de processamento da linha de comando, exceto a capacidade nativa descrita na seção anterior. Mas você encontra muitos pacotes que fornecem vários tipos de processamento dos argumentos da linha na página Command Line Option Parsers em `https://wiki.haskell.org/Command_line_option_parsers`. Como mencionado na página, os dois favoritos atuais são CmdArgs e optparse-applicative. Este livro usa a opção CmdArgs (`http://hackage.haskell.org/package/cmdargs`) porque ela fornece a análise mais simples da linha de comando, mas é semelhante ao trabalho com outros pacotes. Se você precisar de uma funcionalidade abrangente do processamento da linha de comando, optparse-applicative (http://hackage.haskell.org/package/optparse-applicative) poderá ser melhor, mas tem alguns requisitos de codificação importantes. [Conteúdos em inglês.]

A coluna com vários modos na página Command Line Option Parsers só informa como o pacote Cabal (o instalador do Haskell) está montado. Usar um pacote com vários modos é mais conveniente porque você só precisa de uma biblioteca para tudo, mas muitas pessoas seguem o princípio Linux de ter uma única tarefa atribuída a cada biblioteca para que a biblioteca faça uma coisa, e bem.

Mais importante ainda são as extensões e as colunas de observações de cada pacote que aparecem na página Command Line Option Parsers. As extensões descrevem os tipos de suporte que o pacote fornece. Por exemplo, optparse-applicative suporta o GADT (General Algebraic Datatypes) fornecido pelo Haskell (como descrito em https://en.wikibooks.org/wiki/Haskell/GADT). O CmdArgs fornece uma boa lista de extensões, mas apenas três aparecem na tabela. As observações informam sobre os possíveis problemas do pacote, como a falta de mensagens de erro específicas para o Applicative Functor em optparse-applicative. A referência unsafePerformIO para CmdArgs diz respeito ao método usado para processar o código com efeitos colaterais, como descrito em http://hackage.haskell.org/package/base-4.11.1.0/docs/System-IO-Unsafe.html. [Conteúdos em inglês.]

Obtendo CmdArgs

Antes de usar o CmdArgs, você deve instalá-lo. O modo mais fácil é abrir uma janela de comando ou terminal no sistema, digitar **cabal update** e pressionar Enter. Esse comando assegura que você tenha a lista de pacotes mais recente. Depois da atualização, digite **cabal install cmdargs** e pressione Enter. O Cabal exibirá as etapas de instalação. A Figura 12-2 mostra a saída tipicamente vista.

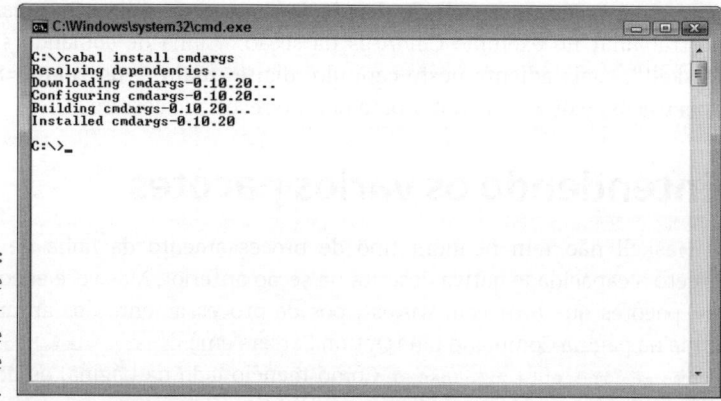

FIGURA 12-2: Instale optparse-applicative antes de usá-lo.

Ao trabalhar com o CmdArgs, você também vê referências para `DeriveDataTypeable`, que poderá adicionar à parte superior de seu código executável digitando **{-# LANGUAGE DeriveDataTypeable #-}**. Mas, ao trabalhar no interpretador WinGHCi, precisará fazer algo um pouco diferente, como descrito nas seguintes etapas:

1. **Escolha File ⇨ Options.**

    Será exibida a caixa de diálogo na Figura 12-3.

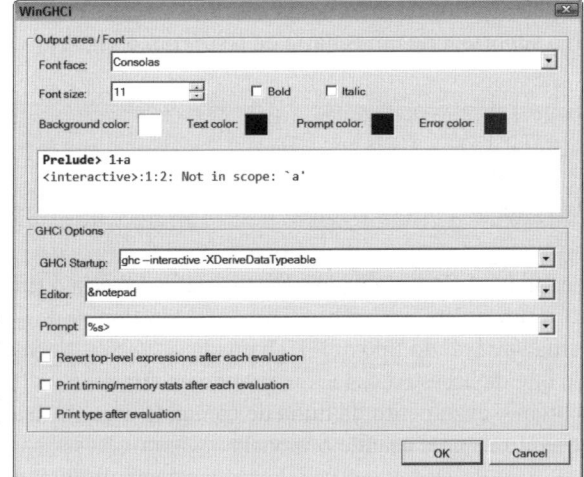

FIGURA 12-3: Adicione o suporte DeriveDataTypeable ao interpretador.

2. **Adicione** -XDeriveDataTypeable **ao campo GHCi Startup.**

    Essa opção adiciona o suporte requerido ao interpretador. Não remova nenhum outro argumento da linha de comando que encontrar no campo.

3. **Reinicie o interpretador.**

    Você está pronto para usar o CmdArgs.

SUPERANDO O ERRO DE ATUALIZAÇÃO DO CABAL

Você pode ter um erro de atualização ao tentar atualizar o Cabal usando `cabal update`. Neste caso, tente `cabal --http-transport=plain-http update`. O problema é que o Cabal não consegue resolver as mensagens de erro de alguns sites.

Linha de comando simples no Haskell

Usar uma biblioteca de terceiros em vez de preparar a própria análise sintática da linha de comando tem certas vantagens, dependendo da biblioteca usada. Esta seção explica uma linha de comando mínima, mas você pode usar as informações para fazer algo mais abrangente. Antes de fazer qualquer coisa, é preciso adicionar o suporte CmdArgs ao aplicativo digitando **import System.Console. CmdArgs as Ca** e pressionando Enter. Também é necessário definir um argumento para testar digitando **:set args --username=Sam** e pressionando Enter. Verifique se não há espaços no argumento e se dois traços são usados, não um. Agora que tem o suporte, crie um cenário de teste com o seguinte código:

```
data Greet = Greet {username :: String} deriving (Show,
    Data, Typeable)
sayHello = Greet {username = def}
print =<< cmdArgs sayHello
```

O Capítulo 10 explica os tipos de dados. Neste caso, você cria o tipo `Greet` que fornece acesso a um único argumento, `username`, do tipo `String`. A próxima etapa é criar uma variável do tipo `Greet` chamada `sayHello`. Na verdade, é um tipo de modelo que dá acesso a `username` usando os argumentos (`def`) padrão. A linha final obtém o argumento da linha de comando com `cmdArgs` e formata qualquer argumento `--name` usando o modelo `sayHello`. Nesse caso, a saída é `Greet {name = "Sam"}`. Observe o uso do sequenciamento de mônadas (`=<<`) para obter o valor na linha de comando e enviá-lo para `print`.

É importante fazer mais do que apenas imprimir a linha de comando, que significa acessar os valores de algum modo. O Capítulo 10 mostrou como fazer uma conversão de um tipo personalizado em um tipo padrão usando a função `cvtToTuple`. Este exemplo faz uma conversão parecida com o seguinte código:

```
cvtToName (Greet {username=a}) = a
theName <- cmdArgs sayHello
putStrLn ("Hello " ++ (cvtToName theName))
```

A função `cvtToName` aceita um objeto `Greet` com `name` e retorna o valor de string que contém. Ao comparar essa função com `cvtToTuple` na seção "Parametrizando os Tipos", do Capítulo 10, você vê que têm um padrão muito semelhante.

CUIDADO

A próxima linha é um pouco confusa no início até você tentar digitar **:t (cmdArgs sayHello)** e pressionar Enter. O resultado é `(cmdArgs sayHello) :: IO Greet`, que não é um tipo `Greet`, mas `IO Greet`. Lembre que o Haskell conta com mônadas para a E/S, como descrito no Capítulo 11; um erro comum é esquecer que você deve lidar com os resultados de usar o operador `IO` para ter acesso aos argumentos da linha de comando. Quando obtiver o tipo `theName`, verá que é do tipo `Greet`, que é exatamente o que você precisa como entrada para `cvtToName`.

A linha de código final mostra a conversão completa e a saída na tela usando `putStrLn`. Essa técnica é usada para se obter o valor para qualquer finalidade. A página principal do CmdArgs mostra muito mais sobre como exibir informações de ajuda de várias formas usando a biblioteca. Por exemplo, ela vem com os argumentos da linha de comando `--help` e `--version` por padrão.

Linha de Comando no Python

A linha de comando do Python é mais tradicional em alguns aspectos. Como informado antes, ele usa a funcionalidade fornecida pelo sistema operacional, como qualquer outra linguagem, para obtê-la. Mas o Python tem duas formas de suporte predefinido, sendo a biblioteca Argparse a preferida.

LEMBRE-SE

As próximas seções dão um pequeno panorama da abordagem Python. Como o Jupyter Notebook não fornece um método conveniente de adicionar argumentos à linha de comando, você precisa contar com o interpretador do Python. Para acessá-lo, abra o Anaconda Prompt (escolha Iniciar⇨Todos os programas⇨Anaconda3 nos sistemas Windows e encontre-o na pasta Anaconda3).

Usando o ambiente Python diretamente

A funcionalidade nativa dos argumentos da linha de comando do Python segue a usada por muitas outras linguagens. Por exemplo, as informações aparecem em `argv`, que é o mesmo nome de variável usado por linguagens como C++. O código a seguir mostra o acesso típico de `argv` a partir de um aplicativo.

```
import sys

print(sys.argv)
print(len(sys.argv))
if (len(sys.argv) > 0):
    print(sys.argv[0])
```

Para testar esse script, digite **python Native.py name=Sam** no Anaconda Prompt e pressione Enter. A saída deverá mostrar dois argumentos: `Native.py` e `name=Sam`. Os argumentos da linha de comando sempre incluem o nome do aplicativo como o primeiro argumento. Encontre mais informações sobre como usar a funcionalidade nativa em http://www.pythonforbeginners.com/system/python-sys-argv e https://www.tutorialspoint.com/python/python_command_line_arguments.htm [conteúdos em inglês].

Interagindo com Argparse

O Argparse fornece uma funcionalidade nativa seguindo as mesmas linhas do CmdArgs para o Haskell. Porém, neste caso, tudo o que você obtém é o argumento da linha de comando -h para ajudar. Naturalmente, só conseguir um argumento de ajuda é ótimo, mas tem pouca serventia para seu aplicativo. O seguinte código mostra como usar o Argparse para conseguir um nome e depois exibir uma mensagem de saudação como saída. Antes de fazer qualquer coisa, é preciso importar com `import argparse` para o ambiente do Python.

```
import argparse

parser = argparse.ArgumentParser()
parser.add_argument("name")
args = parser.parse_args()

nameStr = args.name.split("=")

print("Hello " + nameStr[1])
```

As três primeiras linhas do código real criam uma análise sintática, adicionam um argumento para `name` e obtêm a lista de argumentos. Quando um usuário pedir ajuda, `name` aparecerá como argumento posicional.

Você acessa cada argumento pelo nome, como mostrado na próxima linha de código. O argumento aparecerá como `name=Sam` se você fornecer Sam como o nome na linha de comando. A combinação dos dois elementos não é útil, portanto o exemplo divide a string no sinal =. Finalmente, o exemplo produz a mensagem com o nome fornecido. É possível testar digitando **python Argparse.py name=Sam** e pressionando Enter na linha de comando.

Esse exemplo foi suficiente para você iniciar e demonstrar que o Python também fornece uma ótima biblioteca com funcionalidade da linha de comando adicionada. Você descobre mais sobre o Argparse em https://docs.python.org/3/howto/argparse.html [conteúdo em inglês].

> **NESTE CAPÍTULO**
>
> » Considerando os métodos de armazenamento de arquivos locais
>
> » Lidando com as questões do acesso de arquivos
>
> » Realizando as tarefas típicas do acesso de arquivos
>
> » Usando técnicas de gerenciamento de arquivos no estilo CRUD

Capítulo **13**

Lidando com Arquivos

O Capítulo 11 dá um rápido panorama do gerenciamento de arquivos, na seção "Trabalhando com dispositivos". Agora, é hora de ver os arquivos locais com mais detalhes, porque você geralmente os utiliza como parte dos aplicativos; ou seja, tudo, desde armazenar suas definições até analisar um conjunto de dados relativamente grande. Na verdade, como você já deve saber, os arquivos locais foram o primeiro tipo de armazenamento de dados que os computadores usaram; as redes e a nuvem vieram bem depois. Mesmo no menor tablet de hoje, ainda é possível encontrar arquivos locais armazenados em um ambiente de disco rígido (embora esses discos tenham percorrido um longo caminho desde aquelas embalagens de disquetes antigas).

Depois de entender a mecânica geral do armazenamento, você precisa realmente começar a trabalhar com os arquivos. Os desenvolvedores enfrentam vários problemas nesse processo. Por exemplo, o mais comum é quando um usuário não consegue acessá-los por causa de direitos autorais. A segurança é uma faca de dois gumes que protege os dados, mas impede as pessoas certas de acessá-los por questões de direitos. Este capítulo o ajuda a entender os vários problemas do acesso a arquivos e demonstra como superá-los.

Ele também explica o CRUD (Create, Read, Update e Delete), as quatro ações executáveis em qualquer arquivo quando se detêm seus direitos. Em geral, o CRUD aparece na referência para o gerenciamento do banco de dados, mas se aplica do mesmo modo a qualquer arquivo com o qual você trabalhe.

Entendendo como os Arquivos Locais São Armazenados

Se você já trabalha com computadores há algum tempo, sabe que o sistema operacional lida com todos os detalhes de trabalhar com arquivos. Um aplicativo solicita os serviços do sistema. Usar essa abordagem é importante por motivos de segurança e garante que todos os aplicativos funcionem juntos no mesmo sistema. Se cada aplicativo tiver permissão de realizar tarefas de modo exclusivo, o caos resultante impossibilitaria que qualquer aplicativo funcionasse.

O motivo para as considerações do sistema operacional e de outros aplicativos serem importantes para o paradigma de programação funcional é que, diferentemente das outras tarefas que você pode realizar, o acesso aos arquivos depende de um terceiro não funcional e procedural. Na maioria dos casos, você deve realizar um conjunto de etapas predefinidas em uma ordem específica para o trabalho ser feito. Como em qualquer coisa, há exceções, como, por exemplo, os sistemas operacionais funcionais descritos em http://wiki.c2.com/?PurelyFunctionalOperatingSystem e https://en.wikipedia.org/wiki/House_(operating_system) [conteúdos em inglês]. Mas é necessário se perguntar se já ouviu falar sobre esses sistemas operacionais. É muito provável que precise trabalhar com o OS X, Linux ou Windows no computador desktop e algo como Android ou iOS nos dispositivos móveis.

LEMBRE-SE A maioria dos sistemas operacionais usa uma abordagem hierárquica para armazenar os arquivos. Cada sistema é diferente, como visto entre o Linux e o Windows em https://www.howtogeek.com/137096/6-ways-the-linux-file-system-is-different-from-the-windows-file-system/ [conteúdo em inglês]. Porém o fato de que o Linux não usa bloqueio nos arquivos, mas o Windows, sim, não afetará seu aplicativo na maioria dos casos. A natureza recursiva do paradigma de programação funcional opera bem ao localizar os arquivos e assegurar que eles sejam armazenados no local certo. Basicamente, a hierarquia usada para armazenar os arquivos significa que você precisa de um caminho para encontrar o arquivo no disco (sem depender do sistema operacional mencionando especificamente o disco).

Os arquivos também têm certas características associadas que variam segundo o sistema operacional. Contudo, a maioria dos sistemas inclui uma data de criação e última modificação, tamanho e tipo de arquivo (possivelmente usando uma extensão) e direitos do acesso de segurança com o nome de arquivo. Se você pretende usar seu aplicativo em várias plataformas, o que está ficando comum, deve criar um plano para interagir com as propriedades do arquivo de um modo consistente entre as plataformas, se possível.

Todas as considerações descritas nesta seção entram em cena ao acessar o arquivo, mesmo com uma linguagem funcional. Mas, como será visto mais adiante, essas linguagens geralmente contam com mônadas para fazer a maioria das tarefas de acesso ao arquivo de modo consistente entre os sistemas operacionais, como descrito para qualquer E/S do Capítulo 11. Abstraindo o processo de interagir com os arquivos, o paradigma de programação funcional realmente simplifica as coisas.

Assegurando o Acesso aos Arquivos

Muitos problemas comuns surgem ao acessar os arquivos em um sistema; problemas que o paradigma de programação funcional não consegue ocultar. O mais comum é a falta de direitos para acessar o arquivo. As questões de segurança atormentam não apenas o disco local, mas qualquer tipo de disco, inclusive o armazenamento na nuvem. Uma das melhores práticas para um desenvolvedor seguir é testar tudo usando precisamente os mesmos direitos que o usuário terá. Infelizmente, mesmo assim você pode não descobrir todos os problemas de segurança, mas encontrará a maioria.

Alguns problemas de acesso também são resultado de informações ruins, ou seja, erros nos quais os desenvolvedores simplesmente confiaram sem testar. Um deles é a suposta diferença ao usar a barra invertida no Windows e a barra normal no Linux e no OS X. A verdade é que você pode usar a barra normal em todos os sistemas operacionais, como descrito em `http://blog.johnmuellerbooks.com/2014/03/10/backslash-versus-forward-slash/` [conteúdo em inglês]. Todos os códigos de exemplos neste capítulo usam a barra normal ao lidar com caminhos para demonstrar isso.

Muitas vezes, um desenvolvedor também tem problemas com as questões de propriedade do arquivo. Algumas são externas, como confundir um tipo de arquivo com outro. Outras questões são internas, como tentar ler um arquivo UTF-7 usando um código designado para UTF-8 ou UTF16 (que são mais comuns atualmente). Mesmo que você consiga acessar um arquivo com restrições de propriedade, isso não ajudará, porque não é possível fazer nada depois de acessá-lo. No que diz respeito ao aplicativo, ainda falta acesso ao arquivo (na prática, não há acesso, mesmo que ele abra com êxito).

Ferramentas específicas da linguagem também têm problemas. Por exemplo, as mensagens em `https://github.com/haskell/cabal/issues/447` [conteúdo em inglês] discutem problemas que ocorrem como parte do processo de instalação usando o Cabal (o utilitário que vem com o Haskell). Imagine instalar um novo aplicativo que você criou e descobrir que apenas os administradores podem usá-lo. Infelizmente, esse problema pode não aparecer, a menos que teste a instalação do aplicativo na versão certa do Windows. O Haskell não é o único com esse problema — toda linguagem tem problemas especiais que afetam sua capacidade de acessar os arquivos; portanto, testar sempre e lidar com relatórios de erro são essenciais ao trabalhar com arquivos.

Interagindo com Arquivos

Entender como os arquivos são armazenados e conhecer os requisitos para acessá-los são as duas primeiras etapas ao interagir com eles. Se você trabalhou com outras linguagens de programação, provavelmente lidou com arquivos de uma maneira procedural: obtendo um handle de arquivo, usando-o para abrir o arquivo e fechando o handle ao terminar. O paradigma de programação funcional também deve seguir essas regras, como demonstrado no Capítulo 11, mas trabalhar no mundo funcional tem nuances diferentes, como visto nas próximas seções.

Criando novos arquivos

Em geral, os sistemas operacionais fornecem muitos modos de abrir os arquivos. No método-padrão, normalmente você abre o arquivo e sobrescreve o conteúdo existente com qualquer coisa nova. Quando o arquivo não existe, o sistema operacional o cria automaticamente. O código a seguir mostra um exemplo de como abrir um arquivo para escrever e criá-lo automaticamente quando ele não existe:

```
import System.IO as IO

main = do
    handle <- openFile "MyData.txt" WriteMode
    hPutStrLn handle "This is some test data."
    hClose handle
```

O fator decisivo aqui é o argumento `WriteMode`. Quando você usa esse arquivo, pede ao sistema operacional para criar um novo arquivo quando ele não existe ou sobrescrever qualquer conteúdo existente. O equivalente Python para esse código é:

```
handle = open("MyData2.txt", "w")
print(handle.write("This is some test data.\n"))
handle.close()
```

VISÃO GERAL DO BLOQUEIO DE ARQUIVO

Ao trabalhar com arquivos de dados, normalmente é importante fazer um bloqueio completo ou parcial enquanto os dados mudam ou você correrá o risco de sobrescrever os dados. Em geral, os bancos de dados usam bloqueios no nível do registro para que várias pessoas trabalhem com o arquivo ao mesmo tempo.

Dependendo do seu sistema operacional, você pode achar que ele não bloqueia os arquivos ou, pelo menos, não tem um bloqueio real (veja `https://www.howtogeek.com/141393/why-cant-i-alter-in-use-files-on-windows-like-i-can-on-linux-and-os-x/` e `https://stackoverflow.com/questions/196897/locking-executing-files-windows-does-linux-doesnt-why` para obter detalhes). E mais, alguns aplicativos realmente seguem uma política de não bloquear o arquivo e preferem usar uma abordagem do tipo "vale a última edição" para lidar com as alterações nos dados.

Às vezes, regras como o bloqueio do arquivo causam problemas. Artigos como `https://success.outsystems.com/Documentation/10/Developing_an_Application/Use_Data/Offline/Offline_Data_Sync_Patterns/Read%2F%2FWrite_Data_Last_Write_Wins` descrevem por que essa abordagem é realmente uma vantagem ao trabalhar com aplicativos móveis. A linguagem de programação usada também muda o funcionamento dos bloqueios de arquivo, com muitas delas incorporando-os automaticamente, a menos que seja especificado o contrário. O principal é saber se o bloqueio de arquivo ocorre em sua combinação de sistema operacional e linguagem, determinar quando ele é positivo e estabelecer uma política que defina especificamente o bloqueio de arquivo para seu aplicativo.

Observe que, ao usar o Python, você utiliza o argumento `"w"` para acessar o modo de gravação. E mais, o Python não tem nenhum método de escrever uma linha com um retorno do carro; isso é adicionado manualmente com o escape `\n`. Adicionar a função `print` permite ver quantos caracteres o Python escreve no arquivo.

LEMBRE-SE Como alternativa para o argumento `WriteMode`, use o argumento `ReadWriteMode` quando quiser ler e gravar no arquivo. A gravação no arquivo funciona como antes: você cria um novo arquivo ou sobrescreve o conteúdo de um arquivo existente. Para ler no arquivo, claro, ele deve ter algo escrito. A seção "Lendo dados", deste capítulo, explica o problema em detalhes.

Abrindo os arquivos existentes

Quando se tem um arquivo existente, pode ler, anexar, atualizar e excluir os dados que ele contém. Embora crie novos arquivos ao gravar um aplicativo, a maioria dos aplicativos passa mais tempo abrindo os arquivos existentes para gerenciar o conteúdo de algum modo. Para o aplicativo realizar as tarefas de gerenciamento de dados, o arquivo precisa existir. Mesmo que ache que ele existe, deve verificar sua presença, porque o usuário ou outro aplicativo o pode ter excluído; o usuário pode não ter seguido o protocolo e criado-o; a mancha solar pode ter danificado a entrada do diretório de arquivos no disco ou... A lista pode ficar bem longa quanto aos motivos de o arquivo, que você achava que existia, não estar lá. O processo de gerenciamento de dados pode ficar complexo porque é comum fazer pesquisas para obter um conteúdo específico também. Mas a tarefa inicial foca simplesmente abrir o arquivo.

A seção "Lendo dados" explica a tarefa de abrir um arquivo e lê-lo, sobretudo, quando você precisa pesquisar dados específicos. Do mesmo modo, gravar, atualizar e deletar os dados aparece na seção "Atualizando dados", deste capítulo. Mas a tarefa de *anexar*, ou seja, adicionar conteúdo ao final do arquivo, é um pouco diferente. O seguinte código mostra como anexar dados a um arquivo que já existe:

```
import System.IO as IO

main = do
   handle <- openFile "MyData.txt" AppendMode
   hPutStrLn handle "This is some test data too."
   hClose handle
```

Exceto pelo argumento `AppendMode`, esse código se parece muito com o código da seção anterior. Contudo, não importa a frequência com a qual o código é executado na seção anterior, o arquivo resultante sempre contém apenas uma linha de texto. Ao executar o exemplo, verá diversas linhas, como na Figura 13-1.

FIGURA 13-1:
Anexar significa adicionar conteúdo ao final de um arquivo.

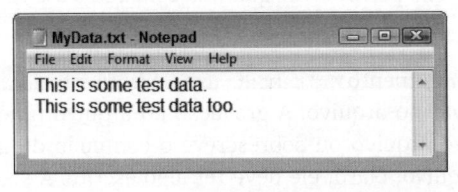

O Python tem a mesma funcionalidade. O seguinte código mostra a versão Python que conta com o modo `"a"` (anexar):

```
handle = open("MyData2.txt", "a")
print(handle.write("This is some test data too.\n"))
handle.close()
```

LEMBRE-SE Algumas linguagens lidam com a anexação de modo diferente da gravação-padrão. Se o arquivo não existir, a linguagem gerará uma exceção para informar que não é possível anexar a um arquivo inexistente. Para anexar um arquivo, você deve criá-lo primeiro. O Haskell e o Python seguem o melhor caminho, ou seja, a anexação também cria um novo arquivo quando não existe.

Manipulando o Conteúdo do Arquivo

Ao considerar o processo de lidar com a E/S no sistema local em forma de arquivos, você precisa separar os componentes principais e lidar com eles individualmente:

- **Fisicamente:** O local do arquivo no sistema de armazenamento. O sistema operacional pode ocultar o local em alguns aspectos. Pode inclusive criar mapeamentos para que uma unidade de armazenamento aponte para vários discos físicos que não estão necessariamente localizados na máquina local. A verdade é que o arquivo deve aparecer em algum lugar. Mesmo que o usuário o acesse clicando em um ícone conveniente, o desenvolvedor ainda deve ter uma ideia de onde reside o arquivo, ou o acesso será impossível.

- **Contêiner:** Os dados residem em algum tipo de contêiner. O contêiner usado neste capítulo é um arquivo, mas poderia ser um banco de dados ou uma coleção de arquivos em uma pasta em particular. Como no local físico, os usuários normalmente não veem o contêiner usado para manter os dados, exceto como uma abstração (e, às vezes, nem isso, como no caso de um aplicativo que abre automaticamente um banco de dados). Mais uma vez, o desenvolvedor deve conhecer as propriedades e as características do contêiner para escrever um aplicativo bem-sucedido.

- **Dados:** Os dados em si são uma entidade que todos, inclusive os usuários, conhecem intimamente quando trabalham com um aplicativo. As seções anteriores deste capítulo mostraram as outras entidades desta lista. As próximas explicarão essa entidade final. Começa com as operações CRUD (Create, Read, Update e Delete) associadas aos dados e mostra duas dessas entidades com mais detalhes.

Considerando o CRUD

As pessoas criam acrônimos para ajudar a lembrar algo. Às vezes, eles são infelizes, como ao chamar as operações nos dados de CRUD. Mas as pessoas que trabalham com bancos de dados queriam algo fácil de lembrar, portanto as tarefas relacionadas a dados se tornaram CRUD. Outra corrente de pensamento chamou a lista de tarefas de BREAD (Browse, Read, Edit, Add e Delete), mas esse acrônimo em particular não pegou. Este capítulo usa o CRUD porque parece ser o mais popular. Você vê o CRUD englobando as seguintes tarefas:

» **Create:** Adicionar novos dados ao armazenamento. Sempre que você cria um novo armazenamento, como um arquivo, normalmente cria novos dados também. Um armazenamento vazio não é útil. Os exemplos da seção "Interagindo com Arquivos", antes neste capítulo, demonstram como criar dados em um arquivo novo e um existente. Nos dois casos, o paradigma de programação funcional usa a operação de mônada IO combinando um handle (ponteiro) e dados associados para colocar os dados no arquivo. Isso ocorre depois de criar o arquivo com outra mônada, que consiste na IO operando em uma combinação de nome de arquivo e modo de abertura.

» **Read:** Ler os dados em um contêiner de armazenamento significa fazer algo com o conteúdo sem o alterar. Você pode ver, pelo menos, dois tipos de tarefas de leitura na maioria dos aplicativos:

   a. Utilize uma operação de mônada IO combinando um handle e o local de dados para recuperar dados específicos. Neste caso, a saída de dados é o objetivo da tarefa. Quando você não fornece um local específico, a operação supõe o início do armazenamento ou o valor do ponteiro do local de armazenamento atual. (O *ponteiro do local* é um valor mantido internamente que indica o fim do último local de leitura no armazenamento.)

   b. Utilize uma operação de mônada IO combinando um handle e o critério de pesquisa. Neste caso, o objetivo é procurar dados específicos e recuperar um local do dado com base nessa pesquisa. Alguns desenvolvedores veem a tarefa como uma busca, não como uma leitura.

» **Update:** Quando os dados no contêiner de armazenamento ainda têm valor, mas há erros, é preciso uma atualização, que o aplicativo realiza usando as seguintes etapas. Neste caso, você está vendo uma série de mônadas IO:

   1. Localize os dados existentes usando a combinação de um handle e a expressão de pesquisa.
   2. Copie os dados existentes usando a combinação de um handle e o local dos dados.
   3. Grave os novos dados usando a combinação de um handle e dados.

» **Delete:** Quando os dados no armazenamento não têm mais valor, o aplicativo exclui a entrada. Neste caso, você conta com as seguintes mônadas IO para realizar a tarefa:

   1. Localize os dados a remover usando a combinação de um handle e uma expressão de pesquisa.
   2. Exclua-os usando a combinação de um handle e um local dos dados.

Lendo dados

O conceito de ler dados não é só obter informações em um contêiner de armazenamento, como um arquivo. Quando uma pessoa lê um livro, ocorre muito mais coisas do que a simples aquisição de informações, em vários casos. Com frequência, a pessoa deve pesquisar informações adequadas (a menos que a intenção seja ler o livro inteiro), depois acompanhar o andamento em cada sessão de leitura (a não ser que haja apenas uma sessão). Um computador deve fazer o mesmo. O exemplo a seguir mostra como o computador controla sua posição atual no arquivo durante a leitura:

```
import System.IO as IO

main = do
    handle <- openFile "MyData.txt" ReadMode
    myData <- hGetLine handle
    position <- hGetPosn handle
    hClose handle
    putStrLn myData
    putStrLn (show position)
```

Aqui, o aplicativo faz a leitura usando `hGetLine`, que obtém uma linha inteira de texto (terminando com um retorno do carro). Mas o arquivo de teste tem mais do que uma lista de texto, se você trabalhou nos exemplos das seções anteriores. Isso significa que o ponteiro do arquivo não está no final dele.

A chamada para `hGetPosn` obtém a posição real do ponteiro. O exemplo produz a primeira linha de texto e a posição do arquivo, o que é informado como `{handle: MyData.txt} at position 25`, se usou o arquivo dos exemplos anteriores. Uma segunda chamada para `hGetLine` vai recuperar a próxima linha de texto do arquivo, e, neste ponto, o ponteiro do arquivo estará no final.

LEMBRE-SE O exemplo mostra `hGetLine`, mas o Haskell e o Python fornecem muitas chamadas para obter os dados em um arquivo. Por exemplo, você obtém um caractere chamando `hGetChar`. Também pode dar uma olhada no próximo caractere sem mover o ponteiro do arquivo chamando `hLookAhead`.

Atualizando dados

Das tarefas que podem ser realizadas com um contêiner de dados, como um arquivo, atualizar geralmente é a mais difícil, porque envolve encontrar primeiro os dados e, depois, escrever novos dados no mesmo local sem sobrescrever nenhum dado que não faça parte da atualização. Combinar a linguagem usada e o sistema operacional reduz muito o trabalho feito, mas o processo ainda é propenso a erros. O código a seguir demonstra um dos vários modos de mudar o conteúdo de um arquivo. (Note que as duas linhas que começam com `let writeData` devem ficar em uma linha no arquivo do código.)

```
import System.IO as IO
import Data.Text as DT

displayData (filePath) = do
   handle <- openFile filePath ReadMode
   myData <- hGetContents handle
   putStrLn myData
   hClose handle

main = do
   displayData "MyData3.txt"

   contents <- readFile "MyData3.txt"
   let writeData = unpack(replace
      (pack "Edit") (pack "Update") (pack contents))
   writeFile "MyData4.txt" writeData

   displayData "MyData4.txt"
```

Esse exemplo mostra dois métodos para abrir um arquivo para a leitura. O primeiro (como definido pela função `displayData`) conta com a forma modificada do código mostrado na seção "Lendo dados", anteriormente neste capítulo. Nesse caso, o exemplo obtém todo o conteúdo do arquivo em uma única leitura usando `hGetContents`. A segunda versão (iniciando com a segunda linha da função `main`) usa `readFile`, que também obtém todo o conteúdo do arquivo em uma única leitura. Essa segunda forma é mais fácil de usar, mas tem menos flexibilidade.

O código usa as funções encontradas em `Data.Text` para manipular o conteúdo do arquivo. Essas funções contam com o tipo de dado `Text`, não com `String`. Para converter `String` em `Text`, você deve chamar a função `pack`, como mostrado no código. A operação inversa conta com a função `unpack`. A função `replace` fornece apenas um método de modificar o conteúdo de uma string.

Você também conta com o mapeamento para fazer certos tipos de substituição, como esta substituição de um caractere:

```
let transform = pack contents
DT.map (\c -> if c == '.' then '!' else c) transform
```

Esse método usa uma função lambda e fornece bastante flexibilidade para a substituição de um caractere. A saída substitui os pontos no texto por exclamações, mapeando a função lambda para a `String` compactada (que é um objeto `Text`) em `transform`. Observe como a função lambda examina os caracteres em separado, diferentemente da pesquisa em nível de palavra usada no exemplo.

> **CUIDADO**
>
> Veja como o exemplo usa um arquivo para a entrada e outro inteiramente diferente para a saída. O Haskell conta com leituras e gravações lentas. Se você tentasse usar `readFile` em um arquivo e `writeFile` no mesmo arquivo algumas linhas abaixo, o aplicativo resultante exibiria uma mensagem de erro do tipo "recurso ocupado".

Concluindo as Tarefas Relacionadas a Arquivos

Depois de terminar as tarefas relacionadas aos dados, você precisa fazer algo com o contêiner de armazenamento. Na maioria dos casos, isso significa fechar o handle associado ao contêiner. Ao trabalhar com arquivos, algumas funções, como `readFile` e `writeFile`, realizam a tarefa de modo automático. Do contrário, feche o arquivo manualmente usando `hClose`.

> **CUIDADO**
>
> O Haskell, como a maioria das linguagens, tem algumas chamadas estranhas. Por exemplo, quando você chama `hGetContents`, o handle usado é semifechado, ou seja, é quase, mas não totalmente, fechado, o que é estranho pensando bem. Você não pode fazer nenhuma leitura extra nem obter a posição dos ponteiros de arquivo. Mas chamar `hClose` para fechar totalmente o handle ainda é possível. A natureza estranha dessa chamada em particular causa problemas em seu aplicativo porque a mensagem de erro informará que o handle é semifechado, mas não mostrará o que significa nem definirá a fonte real do fechamento pela metade.

Pode surgir outra necessidade em potencial. Se usar arquivos temporários no aplicativo, terá que os remover. A função `removeFile` realiza essa tarefa apagando o arquivo do caminho fornecido. Porém, ao trabalhar com o Haskell, você encontra a chamada em `System.Directory`, não em `System.IO`.

NESTE CAPÍTULO

» Comparando dados binários e textuais

» Analisando dados binários

» Entendendo o uso dos dados binários

» Realizando tarefas de dados relacionadas aos binários

Capítulo **14**

Trabalhando com Dados Binários

O termo dados binários é um paradoxo porque, no que diz respeito ao computador, existe apenas esse tipo de dado. Os *dados binários* são aqueles que as pessoas associam a uma forma ilegível pelos humanos. Os dados são uma série de 0s e 1s aparentemente sem relação que, de algum modo, forma padrões que o computador captura como dados, apesar de o ser humano não conseguir fazer isso em muitos casos — pelo menos, não sem análise. Assim, quando este capítulo compara dados textuais e binários, faz isso da perspectiva do ser humano, o que significa que os dados devem ser lidos e compreendidos pelas pessoas para terem significado. Naturalmente, com a ajuda do computador, os dados binários também são bem significativos, mas de um modo diferente do texto. Este capítulo começa ajudando-o a entender a necessidade e os usos dos dados binários.

O tempo de se preocupar com o uso dos dados no nível do bit acabou, mas os dados binários, nos quais os bits individuais são importantes, ainda aparecem como parte da análise de dados. A busca por padrões nos dados não está limitada à forma legível por humanos, nem a saída de uma análise sempre está legível, mesmo quando a entrada está. Portanto, é preciso entender o papel da forma binária na análise de dados. Como parte desse entendimento da importância da programação funcional, este capítulo considera usar dados binários na análise de dados.

Os dados binários também aparecem em muitas formas que agradam as pessoas. Por exemplo, os arquivos gráficos rasterizados contam exclusivamente com dados binários para o armazenamento de dados do arquivo. A conversão de um arquivo legível por humanos em um compactado também fica como dados binários até que ele seja descompactado. Este capítulo não se aprofunda nesses casos, mas dá uma visão geral deles.

Comparando Dados Binários e Textuais

O Capítulo 13 explora os dados textuais. Todas as informações nele estão em uma forma legível para humanos. Do mesmo modo, a maioria dos dados que você encontra diretamente hoje está em alguma forma legível para nós, com grande parte sendo textual. Porém abaixo da superfície estão os dados binários, que o computador aceita. A verdadeira diferença entre dados binários e textuais é a interpretação, ou seja, como as pessoas veem os dados (ou não). A letra *A* é apenas o número 65 disfarçado quando exibido como ASCII.

Por incrível que pareça, a representação numérica ASCII da letra *A* não é o final da linha. Em algum lugar, existe uma representação rasterizada da letra *A* que determina o que você vê como a letra *A* impressa ou na tela. (O artigo em `https://www.ibm.com/support/knowledgecenter/en/SSLTBW_2.3.0/com.ibm.zos.v2r3.e0zx100/e0z2o00_char_rep.htm` [conteúdo em inglês] detalha mais as representações rasterizadas.) O fato é que a letra *A* realmente não existe no computador; você só vê uma representação dela, que é bem diferente para a máquina.

LEMBRE-SE Quanto aos dados numéricos, toda a problemática dos dados binários versus textuais fica ainda mais complexa. O número pode aparecer como texto, significando uma sequência de caracteres que expressa um valor numérico. Os valores ASCII de 48 a 57 fornecem os valores textuais requeridos. Adicione um ponto decimal e terá um número textual legível por humanos.

Mas um valor numérico também pode aparecer como um número de várias formas que o computador pode aceitar diretamente (inteiros) ou pedir que seja convertido (como nos valores de ponto flutuante IEEE 754). Mesmo que os valores inteiros e de ponto flutuante apareçam como 0s e 1s, geralmente as interpretações humana e do computador diferem. Por exemplo, em um valor de ponto flutuante com uma precisão, o computador vê 32 bits de dados, ou seja, apenas uma série de 0s e 1s que não significam nada para ele. Contudo, a interpretação requer dividir esses bits em um bit de sinal, 8 bits de exponente e 23 bits significativos (veja `https://www.geeksforgeeks.org/floating-point-representation-basics/` [conteúdo em inglês] para obter detalhes).

LEMBRE-SE

Fundamentando todas essas representações de dados criadas há um fluxo binário que o computador controla e entende. Tudo que o computador vê são 0s e 1s. Ele apenas manipula o fluxo e, como em qualquer outra máquina, não entende nada do que esses 0s e 1s significam. Quando trabalha com dados binários, o que realmente faz é trabalhar com a apresentação do computador para a forma legível por humanos do que você deseja expressar, não importa como os dados sejam. Todos os dados são binários para o computador. Para que sejam úteis, um aplicativo deve pegar a representação binária e convertê-la de alguma maneira para criar uma forma que as pessoas possam entender e usar.

E mais, determinada linguagem disponibiliza apresentações específicas, e controla como você as cria e manipula. Mas nenhuma linguagem realmente controla os dados subjacentes, que são sempre 0s e 1s. Uma linguagem interage com os dados subjacentes por meio de bibliotecas, sistema operacional e hardware da máquina em si. Como consequência, todas as linguagens compartilham o mesmo tipo de dado subjacente, que é binário.

Usando Dados Binários na Análise de Dados

Os dados binários são muito importantes na análise de dados, geralmente indicando um valor booliano, ou seja, True ou False. Algumas linguagens usam um *byte* inteiro (8 bits na maioria dos casos) ou até uma *palavra* (16, 32 ou 64 bits, em grande parte) para manter os valores boolianos, porque a memória é barata e manipular bits individuais pode ser demorado. Porém outras linguagens usam cada bit em um byte ou palavra para indicar valores lógicos em uma forma chamada *flags*. Poucas linguagens têm as duas opções.

Em geral, o valor booliano indica a saída de uma análise de dados, como um experimento de Bernoulli (veja `http://www.mathwords.com/b/bernoulli_trials.htm` para obter detalhes). Nas linguagens de programação funcional puras, tal experimento é expresso como uma distribuição binomial (veja `https://hackage.haskell.org/package/statistics-0.14.0.2/docs/Statistics-Distribution-Binomial.html`) e a linguagem normalmente tem uma funcionalidade específica para fazer os cálculos. Ao trabalhar com linguagens impuras, você pode simular o efeito ou contar com uma biblioteca de terceiros para ter suporte, como a NumPy (veja `https://docs.scipy.org/doc/numpy/reference/generated/numpy.random.binomial.html` para obter detalhes). Os exemplos em `http://www.chadfulton.com/topics/bernoulli_trials_classical.html`

descrevem as particularidades de executar um experimento de Bernoulli no Python. [Conteúdos em inglês.]

PAPO DE ESPECIALISTA

Ao considerar os dados binários, é preciso pensar em como o cálculo realizado pode distorcer os resultados obtidos. Por exemplo, muitas pessoas usam "cara ou coroa" como um modo de explicar o experimento de Bernoulli. Mas ele funciona apenas quando você ignora a possibilidade de uma moeda cair de lado, sem mostrar cara nem coroa. Mesmo que a probabilidade de tal resultado seja muitíssimo pequena, uma análise verdadeira a consideraria como uma saída em potencial. Porém, para calcular o resultado, agora você deve evitar o uso da análise binária, que aumentaria muito os tempos de cálculo. O importante é que a análise de dados geralmente é uma ciência imperfeita, e a pessoa que faz os cálculos requeridos precisa considerar os desdobramentos de qualquer atalho usado para conseguir velocidade.

Naturalmente, os valores boolianos (dados binários verdadeiros) são usados para a álgebra booliana (veja `http://mathworld.wolfram.com/BooleanAlgebra.html` para obter detalhes), em que o valor lógico de certo conjunto de expressões vem como resultado dos operadores lógicos aplicados nas mônadas-alvo. Em muitos casos, o resultado de tal análise binária tem uma representação visual como um diagrama de Hasse (veja `http://mathworld.wolfram.com/HasseDiagram.html` para obter detalhes). [Conteúdos em inglês.]

Hoje, toda linguagem de computador tem primitivos predefinidos para a álgebra booliana. Mas as linguagens funcionais puras também têm bibliotecas para realizar tarefas mais avançadas, como a biblioteca do Haskell, `Data.Algebra.Boolean`, vista em `http://hackage.haskell.org/package/cond-0.4.1.1/docs/Data-Algebra-Boolean.html`. Como outras análises desse tipo, as linguagens impuras muitas vezes contam com bibliotecas de terceiros, como a SymPy, do Python, em `http://docs.sympy.org/latest/modules/logic.html`. [Conteúdos em inglês.]

Esta seção poderia passar mais tempo com a análise de dados, mas uma consideração final é a análise de regressão das variáveis binárias. Essa análise tem vários tipos, alguns aparecendo em `https://www.analyticsvidhya.com/blog/2015/08/comprehensive-guide-regression/`. As mais comuns para os dados binários são as regressões logísticas (veja `http://www.statisticssolutions.com/what-is-logistic-regression/`) e probit (veja `https://stats.idre.ucla.edu/stata/dae/probit-regression/`). Mesmo nesse caso, as linguagens funcionais puras tendem a fornecer um suporte predefinido, como a biblioteca do Haskell, encontrada em `http://hackage.haskell.org/package/regress-0.1.1/docs/Numeric-Regression-Logistic.html`, para a regressão logística. Naturalmente, há equivalentes de terceiros para as linguagens impuras, como o Python (veja `http://scikit-learn.org/stable/modules/generated/sklearn.linear_model.LogisticRegression.html`). [Conteúdos em inglês.]

Entendendo o Formato dos Dados Binários

Como mencionado nas seções anteriores, o computador gerencia os dados binários sem entender nada. Mover os bits é uma tarefa mecânica. Na verdade, até o conceito de bits é estranho, porque o hardware vê apenas diferenças em voltagem entre 0 e 1. Mas, para serem úteis, os dados binários devem ter um *formato*; devem ser organizados de algum modo que crie um padrão. Uma das melhores maneiras de entender como tudo isso funciona é examinar alguns arquivos com um editor hexadecimal, como o XVI32 (http://www.chmaas.handshake.de/delphi/freeware/xvi32/xvi32.htm — conteúdo em inglês). A Figura 14-1 mostra um exemplo dessa ferramenta em ação usando o arquivo MyData.txt, muito simples, criado no Capítulo 13.

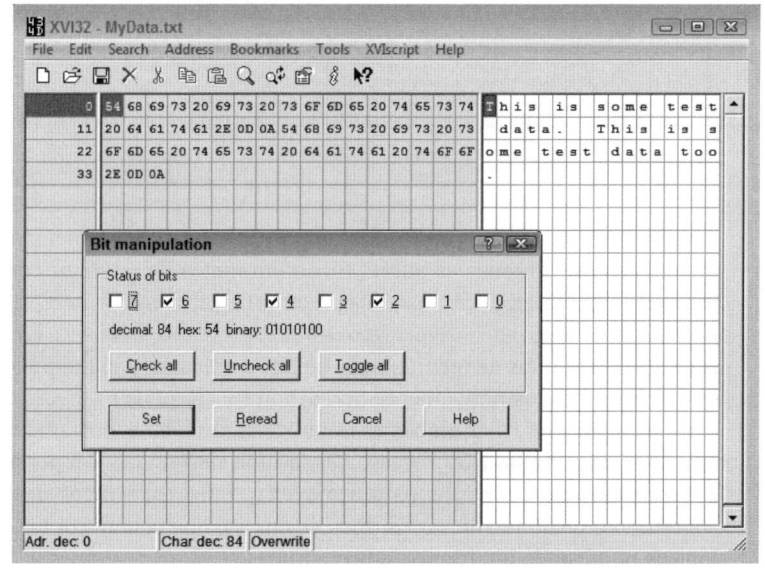

FIGURA 14-1: Use um produto como XVI32 para entender melhor o binário.

Nesse caso, você vê números hexadecimais no painel do meio na janela principal e letras associadas no painel à direita. A caixa de diálogo Bit Manipulation mostra os bits individuais usados para criar o valor hexadecimal. O que o computador vê são os bits e nada mais. Porém, examinando o arquivo, você pode ver o padrão, ou seja, um caractere após o outro para criar palavras e, depois, frases. Cada frase termina com 0D (retorno do carro) e 0A (nova linha). Caso tenha optado por fazer assim, poderia criar esse arquivo com facilidade usando métodos binários, mas o Capítulo 13 mostra o método mais fácil de usar caracteres.

Todo arquivo em seu sistema tem algum tipo de formato, ou não teria informações úteis. Até os arquivos executáveis têm um formato. Se trabalha com o Windows, muitos dos executáveis contarão com o formato de arquivo MZ descrito em https://www.fileformat.info/format/exe/corion-mz.htm [conteúdo em inglês]. A Figura 14-2 mostra o arquivo executável XVI32.exe (apenas o início). Note que as duas primeiras letras são MZ, que o identificam como um executável que será rodado no Windows. Quando um executável nativo não tiver essa assinatura, o Windows não o executará, a menos que faça parte de algum outro formato executável. Se você seguir as informações no site FileFormat.Info, poderá decodificar o conteúdo desse executável para aprender mais sobre ele. O executável até contém texto legível por humanos que podem ser usados para descobrir informações extras sobre o aplicativo.

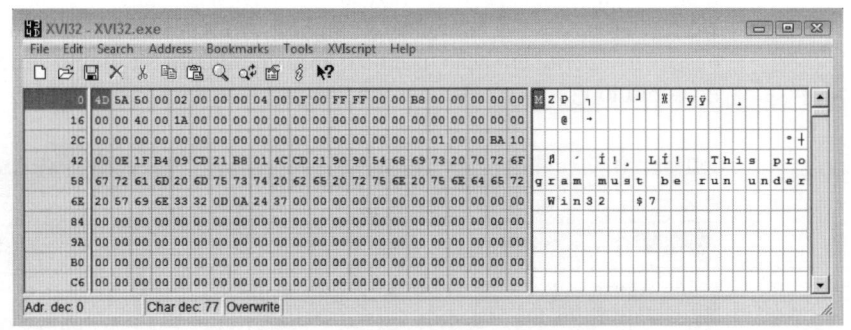

FIGURA 14-2: Até os executáveis têm um formato.

Essas informações são importantes para o programador funcional porque as linguagens (pelo menos as puras) fornecem meios de interagir com os bits de uma maneira matemática, caso seja preciso. Tal biblioteca é Data.Bits (http://hackage.haskell.org/package/base-4.11.1.0/docs/Data-Bits.html) para o Haskell. Os recursos de manipulação de bits no Haskell são um pouco melhores que os encontrados nativamente no Python (https://wiki.python.org/moin/BitManipulation), mas ambas as linguagens também suportam bibliotecas de terceiros para facilitar o processo. Dada uma necessidade, é possível criar os próprios formatos binários para armazenar tipos específicos de informação, sobretudo o resultado de vários tipos de análise que podem contar com valores lógicos no nível do bit. [Conteúdos em inglês.]

Naturalmente, é preciso lembrar os formatos binários comuns usados para armazenar os dados. Por exemplo, um arquivo JPEG (Joint Photographic Experts Group) usa um formato binário (veja https://www.fileformat.info/format/jpeg/internal.htm), que tem uma assinatura JFIF (JPEG File Information Format), como mostrado na Figura 14-3. O uso dessa assinatura é parecido com o uso de MZ para os arquivos executáveis. Um estudo dos bits usados para os arquivos gráficos pode levar muito tempo, porque há muitas maneiras de armazenar as informações (veja https://modassicmarketing.com/understanding-image-file-types). Na verdade, há tantas metodologias de armazenamento disponíveis apenas para arquivos gráficos que as pessoas dividiram os formatos em grupos, como, por exemplo, com perda versus sem perda e vetor versus rasterização. [Conteúdo em inglês.]

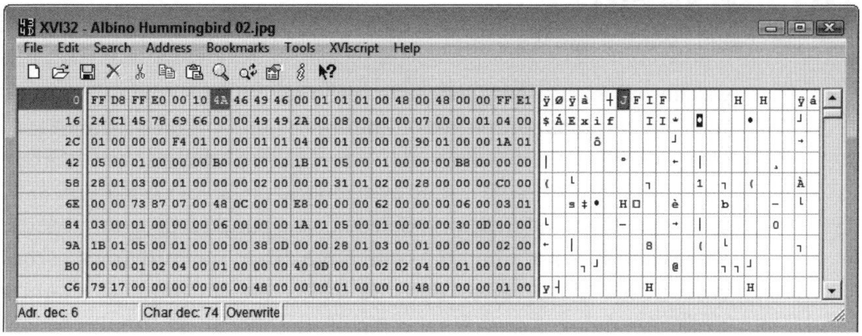

FIGURA 14-3: Muitos arquivos binários incluem assinaturas para facilitar sua identificação.

Trabalhando com Dados Binários

Até agora, este capítulo demonstrou que os dados binários existem como o único dado manipulado pelo hardware em um computador e que estão em cada parte de informação usada. Você também descobriu que as linguagens geralmente usam abstrações para tornar os dados binários mais manipuláveis (como ao usar texto) e que as linguagens funcionais têm certas vantagens ao trabalharem diretamente com esses dados. Mas ainda há uma pergunta: por que alguém trabalharia diretamente com os dados binários quando há abstrações? Por exemplo, você não tem motivos para criar um arquivo JPEG usando bits quando existem bibliotecas para manipulá-los graficamente. Um humano entende os gráficos, não os bits. Na maioria dos casos, você não manipula os dados binários diretamente, a menos que surja uma destas condições:

» Não existe nenhum formato binário para armazenar os dados personalizados que contêm componentes binários.

» As capacidades de armazenamento do dispositivo-alvo têm limites rígidos quanto ao tamanho.

» Transmitir os dados armazenados usando métodos menos eficientes é muito demorado.

» Converter entre as formas de armazenamento comum e personalizada necessárias para realizar uma tarefa leva tempo demais.

» Um arquivo de formato de armazenamento comum contém um erro que a autocorreção não consegue localizar nem corrigir.

» Você precisa fazer transferências de dados no nível dos bits para poder controlar a máquina, por exemplo.

» A curiosidade manda estudar o formato de arquivo em detalhes.

Interagindo com Dados Binários no Haskell

Os exemplos apresentados nesta seção são muito simples. Você pode encontrar muitos exemplos complexos online em http://hackage.haskell.org/package/bytestring-0.10.8.2/docs/Data-ByteString-Builder.html e https://wiki.haskell.org/Serialisation_and_compression_with_Data_Binary [conteúdo em inglês]. Porém a maioria deles não responde à pergunta básica sobre o que é preciso fazer no mínimo, o que é mostrado nas próximas seções. Para esses casos, você grava vários tipos de dados em um arquivo, examina o arquivo, depois lê os dados de volta usando os métodos mais simples possíveis.

Gravando dados binários com o Haskell

Lembre-se de que você não tem limites ao trabalhar com dados no modo binário. É possível criar qualquer tipo de saída necessária, até concatenar tipos diferentes. O melhor modo de criar a saída desejada é usar classes Builder, que contêm as ferramentas necessárias para criar a saída de uma maneira semelhante a trabalhar com blocos. As bibliotecas Data.Binary.Builder e Data.ByteString.Builder contêm funções que você pode usar para criar qualquer saída necessária, como mostrado no código a seguir:

```
import Data.Binary.Builder as DB
import Data.ByteString.Builder as DBB
import System.IO as IO

main = do
   let x1 = putStringUtf8 "This is binary content."
   let y = putCharUtf8 '\r'
   let z = putCharUtf8 '\n'
   let x2 = putStringUtf8 "Second line..."

   handle <- openBinaryFile "HBinary.txt" WriteMode
   hPutBuilder handle x1
   hPutBuilder handle y
   hPutBuilder handle z
   hPutBuilder handle x2
   hClose handle
```

O exemplo usa duas funções, putStringUtf8 e putCharUtf8. Mas você também tem acesso a funções para trabalhar com tipos de dados, como inteiros e flutuantes. Além disso, tem acesso a funções para trabalhar com decimal ou hexadecimal, se necessário.

O processo de trabalhar com o arquivo é similar a trabalhar com um arquivo de texto, mas você usa a função `openBinaryFile` em vez de colocar o Haskell no modo binário (em que não interpretará seus dados) versus modo de texto (em que interpreta coisas como caracteres de escape). Ao produzir valores, use a função `hPutBuilder` para encadeá-los. Juntar a saída assim (ou usar outros métodos mais complexos) é chamado de *serialização*. Deve-se serializar cada saída para que ela apareça no arquivo na ordem certa. Como sempre, feche o handle (ponteiro) quando terminar. A Figura 14-4 mostra a saída binária desse aplicativo, que inclui caracteres de controle para o retorno do carro e o avanço de linha.

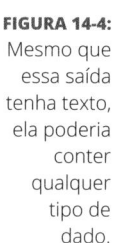

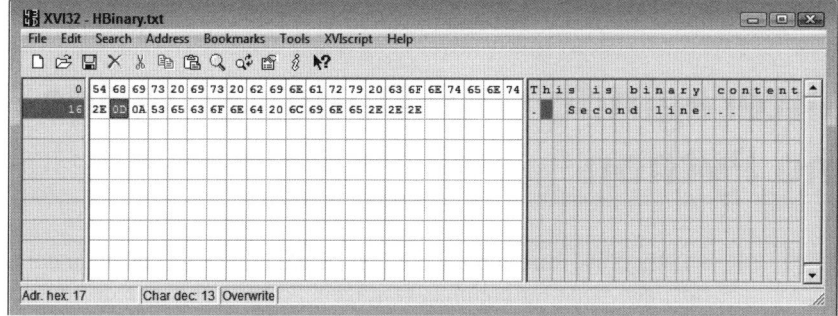

FIGURA 14-4: Mesmo que essa saída tenha texto, ela poderia conter qualquer tipo de dado.

Lendo dados binários com o Haskell

Este exemplo usa um processo de leitura simplificado porque o arquivo de exemplo tem texto. Mesmo assim, a biblioteca `Data.ByteString.Char8` contém funções para ler tamanhos de arquivo específicos. Isso significa que é possível ler o arquivo por partes para lidar com os diferentes tipos de dados. O processo de ler um arquivo e extrair cada componente é chamado de *desserialização*. O código a seguir mostra como trabalhar com a saída do exemplo no modo binário.

```
import Data.ByteString.Char8 as DB
import System.IO as IO

main = do
   handle <- openBinaryFile "HBinary.txt" ReadMode
   x <- DB.hGetContents handle
   DB.putStrLn x
   hClose handle
```

Observe que você deve preceder `hGetContents` e `putStrLn` com `DB`, que pede ao Haskell para usar as funções `Data.ByteString.Char8`. Se não fizer essa distinção, o aplicativo falhará, porque não conseguirá determinar se é para usar `DB` ou `IO`. Porém, se fizer uma suposição errada e usar `IO`, o aplicativo ainda falhará, porque você precisa das funções de `DB` para ler o conteúdo binário. A Figura 14-5 mostra a saída do exemplo.

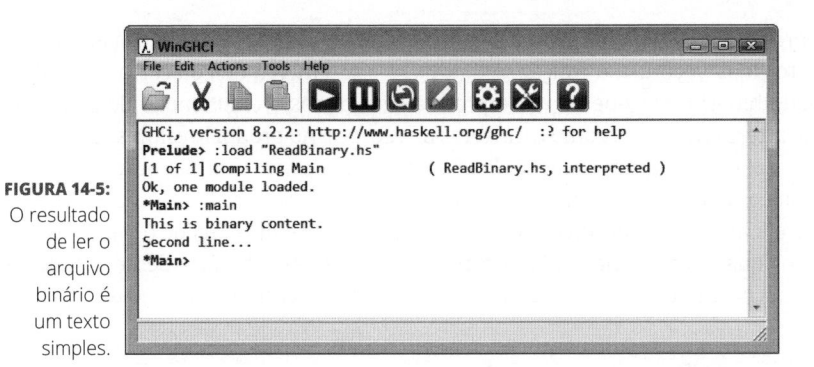

FIGURA 14-5:
O resultado de ler o arquivo binário é um texto simples.

```
WinGHCi
File Edit Actions Tools Help

GHCi, version 8.2.2: http://www.haskell.org/ghc/  :? for help
Prelude> :load "ReadBinary.hs"
[1 of 1] Compiling Main           ( ReadBinary.hs, interpreted )
Ok, one module loaded.
*Main> :main
This is binary content.
Second line...
*Main>
```

Interagindo com Dados Binários no Python

O Python usa uma abordagem mais tradicional para trabalhar com dados binários, que pode ter algumas vantagens, como ser capaz de converter os dados com maior facilidade e ter menor necessidade de gerenciamento de arquivos. Lembre-se de que o Haskell, como linguagem pura, conta com as mônadas para realizar tarefas e expressões para descrever o que fazer. Mas, quando você examina os arquivos resultantes, as duas linguagens produzem precisamente a mesma saída, portanto o problema não é como uma linguagem realiza uma tarefa em comparação à outra, mas qual linguagem fornece a funcionalidade necessária da forma que você precisa. As seções a seguir analisam como o Python trabalha com os dados binários.

Gravando dados binários com o Python

O Python usa muitas alterações sutis para modificar como trabalha com os dados binários. O seguinte exemplo produz precisamente a mesma saída do exemplo Haskell na seção "Gravando dados binários com o Haskell", anteriormente neste capítulo.

```
handle = open("PBinary.txt", "wb")
print(handle.write(b"This is binary content."))
print(handle.write(bytearray(b'\x0D\x0A')))
print(handle.write(b"Second line..."))
handle.close()
```

Quando quiser abrir um arquivo para a gravação no modo texto, e nesse caso a saída é interpretada pelo Python, use `"w"`. A versão binária da gravação conta com `"wb"`, com b fornecendo o suporte binário. Criar um texto binário também é muito fácil; basta anexar b à string que deseja gravar. Uma vantagem de gravar no modo binário é que você pode misturar os bytes com o texto usando um tipo como bytearray, mostrado neste exemplo. As saídas \x0D e \x0A representam os caracteres de controle para o retorno do carro e a nova linha. Naturalmente, sempre deve fechar o handle de arquivo ao terminar. A saída do exemplo mostra o número de bytes gravados em cada caso:

```
23
2
14
```

Lendo dados binários com o Python

Ler dados binários no Python requer uma conversão, como no Haskell. Como o exemplo usa texto puro (até os caracteres de controle são considerados texto), é possível usar uma decodificação simples para realizar a tarefa, como mostrado no código a seguir. A Figura 14-6 mostra a saída de executar o exemplo.

```
handle = open("PBinary.txt", "rb")
binary_data = handle.read()
print(binary_data)
data = binary_data.decode('utf8')
print(data)
```

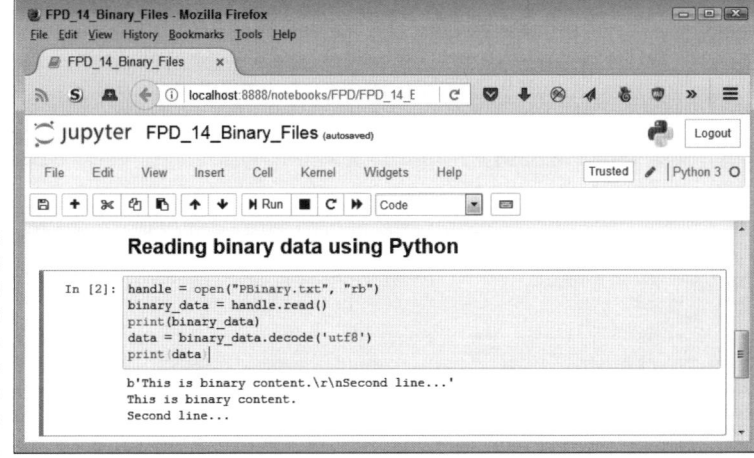

FIGURA 14-6: Os dados binários brutos requerem uma decodificação antes de exibi-los.

NESTE CAPÍTULO

» **Considerando o uso de conjuntos de dados padrão**

» **Acessando um conjunto de dados padrão**

» **Realizando tarefas do conjunto de dados**

Capítulo **15**

Usando Conjuntos de Dados Comuns

O motivo de ter computadores em primeiro lugar é para gerenciar os dados. Você pode perder de vista facilmente o objetivo prioritário dos computadores quando encontra aplicativos que não parecem gerenciar nada. Mas até esses aplicativos gerenciam dados. Por exemplo, um aplicativo gráfico, mesmo que apenas exiba imagens da viagem de acampamento do ano passado, ainda está gerenciando dados. Ao olhar uma página do Facebook, vemos várias formas de dados transferidos em uma conexão de internet. Na verdade, seria difícil encontrar um aplicativo de usuário que não gerencie dados, e impossível encontrar um aplicativo comercial que não os gerencie de algum modo. Assim, os dados são reis no computador.

LEMBRE-SE

Os conjuntos de dados neste capítulo são compostos de um tipo específico de dado. Para conseguir comparar, faça um teste e verifique os resultados de um grupo de aplicativos, com cada um tendo que acessar o mesmo dado-padrão. É claro que há mais do que o gerenciamento ao considerar um conjunto de dados padrão. Outras considerações envolvem resultados convenientes e repetidos. Este capítulo ajuda a levar em conta essas várias considerações.

Como os tipos de gerenciamento que um aplicativo realiza diferem quanto à finalidade, a quantidade de conjuntos de dados padrão disponíveis é bem grande. Assim, encontrar o conjunto de dados certo para suas necessidades pode demorar. Junto com a definição da necessidade de conjuntos de dados padronizados, este capítulo também vê métodos que podem ser usados para localizar o conjunto-padrão certo para seu aplicativo.

Depois de carregar um conjunto de dados, é preciso realizar várias tarefas com ele. Um aplicativo pode fazer uma análise simples, exibir o conteúdo dos dados ou realizar tarefas CRUD (Create, Read, Update e Delete), como descrito na seção "Considerando o CRUD", do Capítulo 13. O importante é que os aplicativos funcionais, como quaisquer outros, requerem acesso a uma fonte de dados padronizada para procurar as melhores maneiras de executar as tarefas.

Entendendo a Necessidade dos Conjuntos de Dados Padrão

Um *conjunto de dados padrão* é aquele que fornece um número específico de registros usando determinado formato. Normalmente ele aparece no domínio público e é usado por profissionais no mundo inteiro para vários tipos de testes. Os profissionais classificam esses conjuntos de vários modos:

- » Tipos de campos (recursos ou atributos)
- » Número de campos
- » Número de registros (casos)
- » Complexidade dos dados
- » Categorias de tarefas (como a classificação)
- » Valores ausentes
- » Orientação a dados (como a biologia)
- » Popularidade

Dependendo de onde pesquisar, poderá encontrar todo tipo de informação, como quem doou os dados e quando. Em alguns casos, dados antigos podem não refletir tendências sociais atuais, tornando suspeito qualquer teste realizado. Algumas linguagens incorporam os conjuntos de dados em sua fonte de download para que não seja necessário fazer nada, apenas carregá-los.

CUIDADO Dadas as permissões da GDPR (General Data Protection Regulation), você também precisa ter cuidado ao escolher qualquer conjunto de dados que potencialmente contenha informações de identificação. Algumas pessoas não prepararam os conjuntos de dados corretamente no passado, e esses conjuntos não atendem bem aos requisitos. Por sorte, você tem acesso a recursos que o ajudam a determinar se um conjunto de dados é aceitável, como o encontrado na IBM em `https://www.ibm.com/security/data-security/gdpr` [conteúdo em inglês]. Nenhum conjunto de dados usado neste livro tem problemas.

Naturalmente, saber o que é um conjunto de dados e por que o usaria são duas questões diferentes. Muitos desenvolvedores desejam testar usando o próprio conjunto de dados, o que é prudente, mas usar um conjunto-padrão tem vantagens específicas, como listado aqui:

» Usar dados comuns para fazer testes.
» Reduzir o risco de erros de dados ocultos fazendo o aplicativo paralisar.
» Comparar os resultados com outros desenvolvedores.
» Criar um teste de referência para personalizar o teste de dados mais tarde.
» Verificar a adequação do código de captura de erros usado para problemas como dados ausentes.
» Assegurar que os gráficos e as plotagens sejam exibidos como deveriam.
» Economizar tempo criando um conjunto de dados de teste.
» Elaborar modelos para demonstrações que não comprometam os dados personalizados e diferenciados.

LEMBRE-SE Um conjunto de dados padronizado é o ponto de partida. Em algum momento você precisará verificar se seus próprios dados personalizados funcionam, mas depois poderá fazer isso com mais segurança, confiando no código do aplicativo. Talvez o melhor motivo para usar um desses conjuntos seja reduzir o tempo necessário para localizar e corrigir vários tipos de erro, que requereriam muito tempo, porque não conseguiu assegurar os dados usados.

Encontrando o Conjunto de Dados Certo

Localizar o conjunto de dados certo para testar é essencial. Felizmente, não precisa procurar muito, porque alguns sites fornecem tudo o que é preciso para tomar uma boa decisão. As próximas seções dão informações sobre como localizar o conjunto certo para suas necessidades.

Localizando informações gerais do conjunto de dados

Os conjuntos de dados aparecem em diversos lugares online e podemos usar muitos deles para uma necessidade geral. Um exemplo desses conjuntos está no UCI Machine Learning Repository, em `http://archive.ics.uci.edu/ml/datasets.html` [conteúdo em inglês], exibido na Figura 15-1. Como a tabela mostra, o site classifica os conjuntos de dados individuais para que você encontre o conjunto necessário. O mais importante é que a tabela ajuda a entender para que tipos de tarefas as pessoas normalmente utilizam o conjunto.

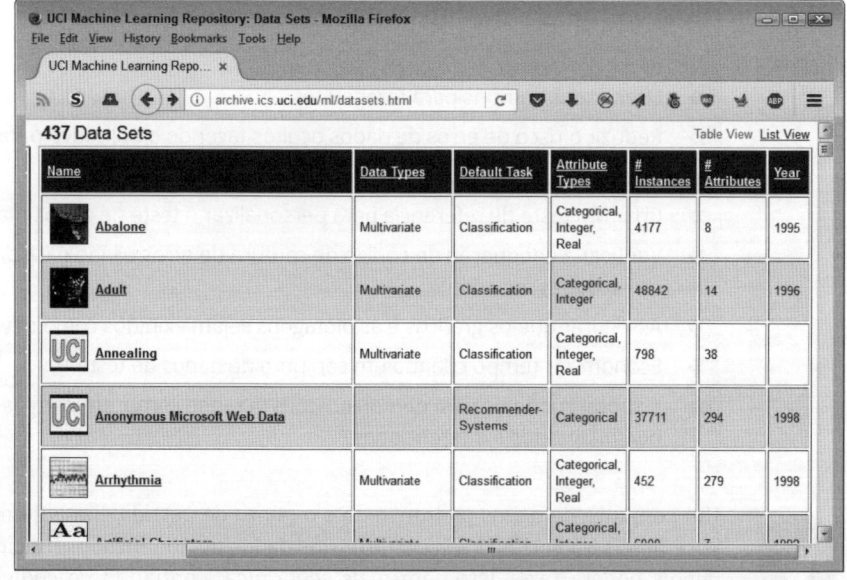

FIGURA 15-1: Os conjuntos de dados comuns e padronizados são classificados de modos específicos.

Se quiser saber mais sobre certo conjunto, clique no link e acesse a página, semelhante à mostrada na Figura 15-2. É possível determinar se um conjunto de dados o ajudará a testar certos recursos do aplicativo, como pesquisar e corrigir valores ausentes. O campo Number of Web Hits informa sobre a popularidade do conjunto, o que afeta sua capacidade de encontrar outras pessoas que usaram o conjunto para fazer testes. Todas essas informações são úteis ao assegurar que você obterá o conjunto de dados certo para determinada necessidade; os objetivos incluem detecção de erros, teste de desempenho e comparação com outros aplicativos do mesmo tipo.

DICA Mesmo que sua linguagem forneça um acesso fácil a esses conjuntos de dados, acessar um site como o UCI Machine Learning Repository o ajuda a entender quais conjuntos de dados funcionarão melhor. Em muitos casos, uma linguagem fornecerá acesso ao conjunto e uma breve descrição de seu conteúdo; não uma descrição completa do tipo, encontrada no site.

Conjuntos específicos da biblioteca

Dependendo de sua linguagem de programação, provavelmente você precisará usar uma biblioteca para trabalhar com os conjuntos de dados de modo significativo. Uma biblioteca para o Python é a Scikit-learn (`http://scikit-learn.org/stable/`). É uma das mais populares porque contém um conjunto considerável de recursos e também fornece meios de carregar conjuntos de dados internos e externos, como descrito em `http://scikit-learn.org/stable/datasets/index.html`. [Conteúdos em inglês.] Obtenha vários tipos de conjuntos de dados usando a Scikit-learn como a seguir:

FIGURA 15-2: Os detalhes do conjunto de dados são importantes porque ajudam a encontrar o conjunto certo.

» **Conjuntos de dados de miniaturas:** Fornece conjuntos de dados menores que podem ser usados para testar teorias e a codificação básica.

» **Conjunto de dados de imagens:** Inclui conjuntos contendo informações básicas das imagens que podem ser usadas para vários tipos de análise gráfica.

» **Geradores:** Define os dados gerados aleatoriamente com base nas especificações fornecidas e no gerador usado. É possível encontrar geradores para:
  - Classificação e clusterização
  - Regressão
  - Aprendizado variado
  - Decomposição

» **Conjuntos de dados SVM (Support Vector Machine):** Fornece acesso às implementações svmlight (`http://svmlight.joachims.org/`) e libsvm

CAPÍTULO 15 **Usando Conjuntos de Dados Comuns**   233

(https://www.csie.ntu.edu.tw/~cjlin/libsvm/), que incluem conjuntos de dados que permitem realizar tarefas espalhadas do conjunto de dados. [Conteúdos em inglês.]

» **Carregamento externo:** Obtém conjuntos de dados de fontes externas. O Python fornece acesso a um grande número de conjuntos, cada um útil para determinado tipo de análise ou comparação. Ao acessar um conjunto de dados externo, pode ser necessário contar com bibliotecas extras:

- `pandas.io`: Dá acesso aos formatos comuns de dados, que incluem CSV, Excel, JSON e SQL.
- `scipy.io`: Obtém informações de formatos binários populares na comunidade científica, inclusive os arquivos `.mat` e `.arff`.
- `numpy/routines.io`: Carrega dados em coluna nos arrays NumPy (http://www.numpy.org/) [conteúdo em inglês].
- `skimage.io`: Carrega imagens e vídeos nos arrays NumPy.
- `scipy.io.wavfile.read`: Lê os dados do arquivo `.wav` nos arrays NumPy.

» **Outros:** Inclui conjuntos de dados padrão que fornecem, de maneira prática, muitas informações para tipos específicos de teste. Esses conjuntos incluem (mas não estão limitados a) Olivetti Faces e 20 Newsgroups Text.

ENCONTRANDO O SUPORTE DO HASKELL

O Haskell é excelente como linguagem funcional e, com certeza, é muito recomendado, mas o suporte para os conjuntos de dados padronizados é uma área na qual ele é um pouco fraco. Você encontra uma biblioteca chamada HLearn em https://github.com/mikeizbicki/HLearn. Essa biblioteca trabalha com a versão atual do Haskell, mas o autor não tem mais suporte para ela. A análise em https://news.ycombinator.com/item?id=14409595 mostra a perspectiva do autor e oferece as visões de muitos outros usuários do Haskell. O importante é não esperar que essa biblioteca funcione para sempre sem algum tipo de suporte. Se escolher a HLearn, use a versão GitHub. Mesmo que obtenha a maioria dos pacotes em Hackage, o pacote em http://hackage.haskell.org/package/HLearn-classification está ainda mais desatualizado que o pacote em GitHub. Por causa da falta de suporte para os conjuntos de dados no Haskell, como indicado no artigo Quora em https://www.quora.com/Is-Haskell-a-good-fit-for-machine-learning-problems-Why-Or-why-not, este capítulo mostra apenas a visão Python dos conjuntos. Se um conjunto de dados Haskell ficar disponível depois, você encontrará um artigo sobre ele no meu blog em http://blog.johnmuellerbooks.com/. Por enquanto, combinar as capacidades de programação funcional do Python com seu amplo suporte do conjunto de dados é sua melhor aposta. [Conteúdos em inglês.]

Carregando um Conjunto de Dados

O fato de que o Python dá acesso a uma grande variedade de conjuntos de dados pode fazê-lo pensar que existe um mecanismo comum para carregá-los. Na realidade, precisamos de diversas técnicas para carregar até os conjuntos comuns. Conforme os conjuntos de dados ficam mais complexos, é necessário ter bibliotecas adicionais e outras técnicas para fazer o serviço. As próximas seções não dão uma visão completa do carregamento dos conjuntos no Python, mas você pode ter um bom panorama do processo para conjuntos de dados comuns, de modo a conseguir usá-los no ambiente da programação funcional. (Veja o box "Encontrando o suporte do Haskell", neste capítulo, para ver os motivos do Haskell não estar incluído nas seções seguintes.)

Trabalhando com conjuntos de dados de miniaturas

Como mencionado antes, um conjunto de dados de miniaturas contém uma pequena quantidade de dados comuns que podem ser usados para testar suposições básicas, funções, algoritmos e um código simples. Esses conjuntos residem diretamente na Scikit-learn, portanto não é preciso fazer nada em especial, apenas chamar uma função para usá-los. A seguinte lista dá uma visão geral rápida da função usada para importar cada um dos conjuntos de miniaturas para o código do Python:

- `load_boston()`: Análise de regressão com o conjunto de dados Boston house-prices.
- `load_iris()`: Classificação com o conjunto de dados iris.
- `load_diabetes()`: Regressão com o conjunto de dados diabetes.
- `load_digits([n_class])`: Classificação com o conjunto de dados digits.
- `load_linnerud()`: Regressão multivariada usando o conjunto de dados linnerud (dados sobre saúde descritos em https://github.com/scikit-learn/scikit-learn/blob/master/sklearn/datasets/descr/linnerud.rst — conteúdo em inglês).
- `load_wine()`: Classificação com o conjunto de dados wine.
- `load_breast_cancer()`: Classificação com o conjunto de dados Wisconsin breast cancer.

LEMBRE-SE Note que cada função começa com a palavra *load*. Quando você vir essa formulação no Python, haverá boas chances de que o conjunto de dados associado seja um dos conjuntos de miniaturas Scikit-learn.

A técnica para carregar cada conjunto é a mesma nos exemplos. O seguinte código mostra como carregar o conjunto de dados Boston house-prices:

```
from sklearn.datasets import load_boston
Boston = load_boston()
print(Boston.data.shape)
```

Para ver o código funcionar, clique em Run Cell. A saída da chamada `print()` é `(506, 13)`. Veja a saída na Figura 15-3.

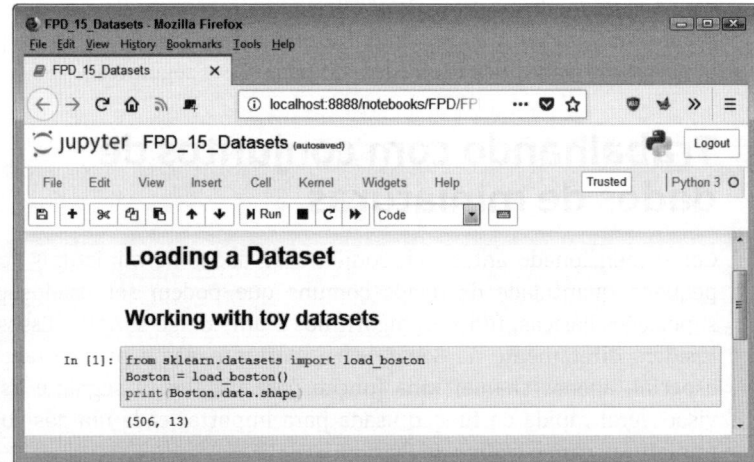

FIGURA 15-3: O objeto Boston contém o conjunto de dados carregado.

Criando dados personalizados

A finalidade de cada função do gerador de dados é criar conjuntos gerados aleatoriamente com atributos específicos. Por exemplo, você pode controlar o número de pontos de dados usando o argumento `n_samples` e usar `centers` para controlar quantos grupos a função cria no conjunto. Cada chamada se inicia com a palavra *make*. O tipo de dado depende da função; por exemplo, `make_blobs()` cria blobs Gaussianos para o cluster (veja http://scikit-learn.org/stable/modules/generated/sklearn.datasets.make_blobs.html [conteúdo em inglês] para obter detalhes). As diversas funções refletem o tipo de rótulo fornecido: um rótulo e vários rótulos. Também é possível escolher um cluster duplo, que permite agrupar linhas e colunas da matriz. Veja um exemplo de como criar dados personalizados:

```
from sklearn.datasets import make_blobs
X, Y = make_blobs(n_samples=120, n_features=2,
   centers=4)
print(X.shape)
```

A saída informará que, na verdade, você criou um objeto X contendo um conjunto de dados com dois recursos e 120 casos para cada recurso. O objeto Y contém os valores de cor para os casos. Ver os dados plotados com o código a seguir é mais interessante:

```
import matplotlib.pyplot as plt
%matplotlib inline
plt.scatter(X[:, 0], X[:, 1], s=25, c=Y)
plt.show()
```

A função mágica `%matplotlib` aparece na Tabela 11-1. Nesse caso, peça ao Notebook para apresentar a plotagem incorporada. A saída é um gráfico de dispersão usando os eixos x e y contidos em X. O argumento c=Y informa scatter() para criar o gráfico usando os valores de cor encontrados em Y. A Figura 15-4 mostra a saída nesse exemplo. Note que podem ser vistos claramente quatro clusters baseados na cor (mesmo que as cores não apareçam neste livro).

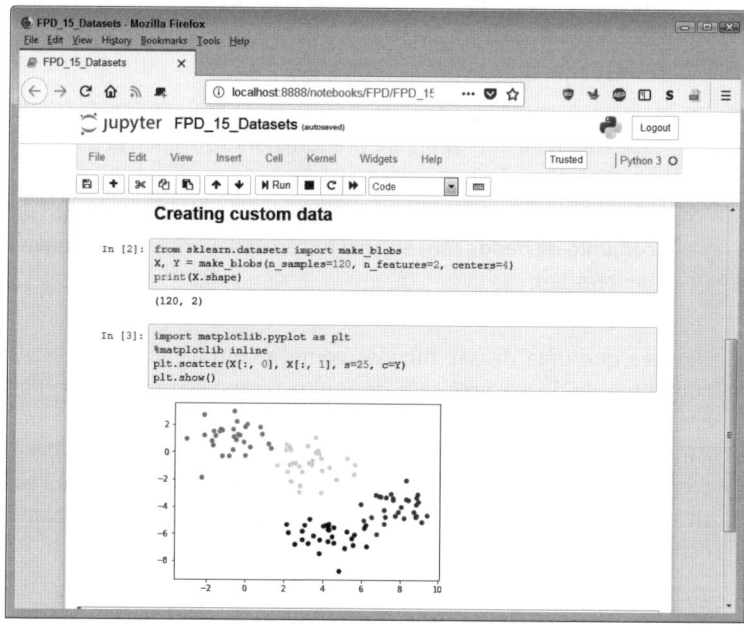

FIGURA 15-4: Os conjuntos de dados personalizados fornecem uma saída com dados aleatórios na forma especificada.

Buscando conjuntos de dados comuns

Em algum momento, você precisará de conjuntos de dados maiores com dados comuns para usar no teste. Os conjuntos de dados de miniaturas que funcionaram bem quando testou suas funções podem não servir mais. O Python dá acesso a conjuntos maiores que ajudam a fazer testes mais complexos, mas não requerem que você conte com fontes na rede. Esses conjuntos de dados ainda serão carregados em seu sistema para que não fique aguardando a latência da rede durante o teste. Assim, eles ficam entre os conjuntos de dados de miniaturas e o conjunto de dados real em relação ao tamanho. Mais importante: como eles contam com dados reais (padronizados), refletem a complexidade do mundo real. A seguinte lista informa sobre os conjuntos de dados comuns:

- `fetch_olivetti_faces()`: O conjunto de dados Olivetti faces da AT&T contendo 10 imagens cada, com 40 temas de teste diferentes — cada imagem em tons de cinza tem 64x64 pixels de tamanho.
- `fetch_20newsgroups(subset='train')`: Os dados de 18 mil postagens de newsgroups baseadas em 20 tópicos, com o conjunto de dados dividido em dois subgrupos — um para treinar e outro para testar.
- `fetch_mldata('MNIST original', data_home=custom_data_home)`: O conjunto que contém dados de aprendizado automático na forma de 70 mil dígitos de 28x28 pixels escritos à mão, de 0 a 9.
- `fetch_lfw_people(min_faces_per_person=70, resize=0.4)`: O conjunto de dados Labeled Faces in the Wild descrito em http://vis-www.cs.umass.edu/lfw/ [conteúdo em inglês], que contém imagens de pessoas famosas no formato JPEG.
- `sklearn.datasets.fetch_covtype()`: O conjunto de dados U.S. forestry, que contém o tipo de árvore predominante em cada pedacinho de floresta no conjunto.
- `sklearn.datasets.fetch_rcv1()`: Reuters Corpus Volume I (RCV1) é um conjunto de dados com 800 mil histórias classificadas manualmente da Reuters, Ltd.

Observe que uma dessas funções começa com a palavra *fetch*. Alguns desses conjuntos de dados precisam de muito tempo para carregar. Por exemplo, o conjunto Labeled Faces in the Wild (LFW) tem 200MB de tamanho, significando que precisa aguardar vários minutos apenas para carregá-lo. Contudo, com 200MB, o conjunto de dados também começa (em pequena escala) a refletir o tamanho dos conjuntos reais. O seguinte código mostra como recuperar o conjunto de dados Olivetti faces:

```
from sklearn.datasets import fetch_olivetti_faces
data = fetch_olivetti_faces()
print(data.images.shape)
```

Quando executar o código, verá que a forma tem 400 imagens, cada uma com 64x64 pixels. O objeto `data` resultante tem várias propriedades, inclusive imagens. Para acessar determinada imagem, use `data.images[?]`, em que ? é o número da imagem que você quer acessar no intervalo de 0 a 399. Veja um exemplo de como exibir uma imagem individual do conjunto de dados.

```
import matplotlib.pyplot as plt
%matplotlib inline
plt.imshow(data.images[1], cmap="gray")
plt.show()
```

DICA

O argumento `cmap` informa como exibir a imagem, que está em tons de cinza nesse caso. O tutorial em https://matplotlib.org/tutorials/introductory/images.html [conteúdo em inglês] dá informações sobre como usar `cmap` e ajustar a imagem de várias maneiras. A Figura 15-5 mostra a saída desse exemplo.

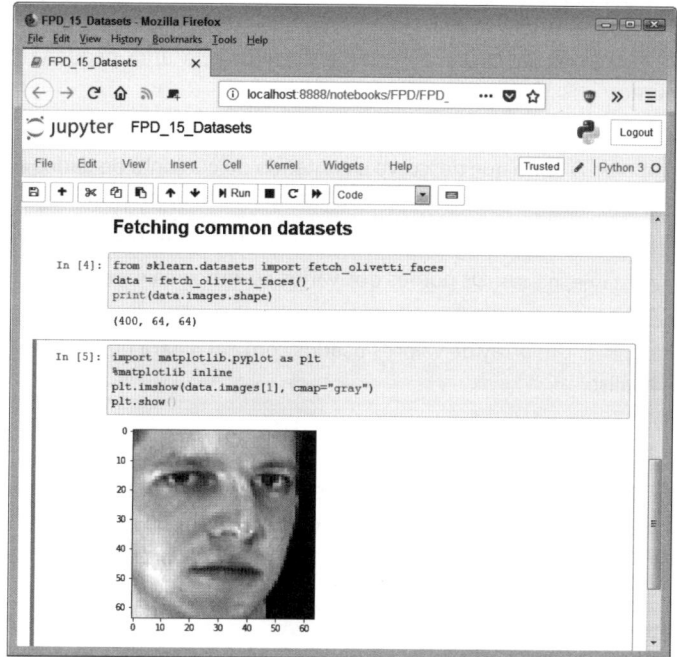

FIGURA 15-5: A imagem aparece como uma matriz de 64x64 pixels.

Manipulando as Entradas do Conjunto de Dados

É pouco provável encontrar um conjunto de dados comum usado com o Python que não forneça uma documentação relativamente boa. É preciso encontrar a documentação online se quiser saber tudo sobre como o conjunto está montado, sua finalidade e quem o criou, assim como qualquer estatística necessária. Por sorte, você pode usar alguns truques para interagir com um conjunto de dados sem recorrer a uma pesquisa online maior. As seguintes seções dão dicas para trabalhar com as entradas do conjunto vistas neste capítulo.

Determinando o conteúdo do conjunto de dados

As seções anteriores deste capítulo mostraram como carregar ou buscar conjuntos de dados existentes em fontes específicas. Esses conjuntos geralmente têm características particulares, que se pode descobrir online em lugares como http://scikit-learn.org/stable/modules/generated/sklearn.datasets.load_boston.html [conteúdo em inglês] para obter o conjunto Boston house-prices. Mas também é possível usar a função dir() para aprender sobre o conteúdo do conjunto. Ao usar dir(Boston) com o conjunto de dados Boston house-prices criado antes, você descobre que ele contém as propriedades DESCR, data, feature_names e target. Veja uma pequena descrição de cada uma:

- » DESCR: O texto que descreve o conteúdo do conjunto de dados e algumas informações necessárias para usá-lo com eficiência.
- » data: O conteúdo do conjunto na forma de valores usados para a análise.
- » feature_names: Os nomes dos vários atributos na ordem em que aparecem em data.
- » target: Um array de valores usados com data para fazer vários tipos de análise.

A função print(Boston.DESCR) exibe muitas informações sobre o conjunto de dados Boston house-prices, inclusive os nomes dos atributos que podem ser usados para interagir com os dados. A Figura 15-6 mostra os resultados dessas consultas.

USANDO O CÓDIGO DE AMOSTRA DO CONJUNTO DE DADOS

As fontes online são importantes porque dão acesso ao código de amostra, além de informações sobre o conjunto de dados. Por exemplo, o site Boston house-prices, em http://scikit-learn.org/stable/modules/generated/sklearn.datasets.load_boston.html, dá acesso a seis exemplos, e um deles é o Gradient Boosting Regression, em http://scikit-learn.org/stable/auto_examples/ensemble/plot_gradient_boosting_regression.html#sphx-glr-auto-examples-ensemble-plot-gradient-boosting-regression-py [conteúdos em inglês]. Descobrir como outras pessoas acessam esses conjuntos de dados o ajuda a criar o próprio código. Naturalmente, o conjunto não o limita aos usos mostrados nesses exemplos; os dados estão disponíveis para qualquer utilização que possam ter.

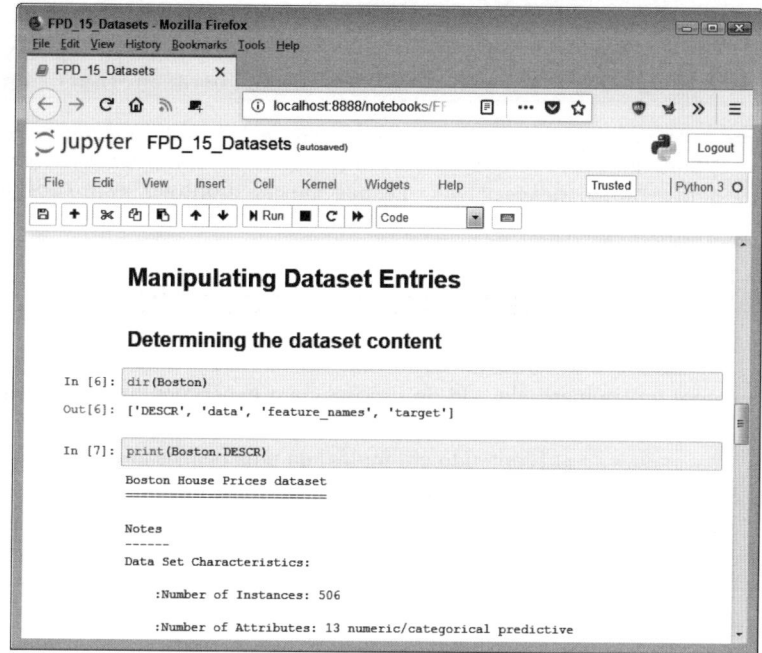

FIGURA 15-6:
Os conjuntos de dados mais comuns são configurados para informar sobre si mesmos.

LEMBRE-SE

As informações que os conjuntos de dados contêm podem ter semelhanças significativas. Por exemplo, se usar `dir(data)` para o exemplo do conjunto de dados Olivetti faces descrito antes, descobrirá que ele dá acesso a `DESCR`, `data`, `images` e propriedades-alvo. Como no conjunto Boston house-prices, `DESCR` fornece uma descrição do conjunto de dados Olivetti faces, que pode ser usado para acessar certos atributos. Sabendo os nomes das propriedades comuns e entendendo como usá-las, será possível descobrir tudo o que precisa saber sobre um conjunto de dados comum, na maioria dos casos sem recorrer a nenhum recurso online. Nesse caso, usaria `print(data.DESCR)` para ter uma descrição do conjunto Olivetti faces. E mais, alguns dados de descrição têm links para sites em que você pode ter mais informações.

Criando um DataFrame

Os conjuntos de dados comuns estão em uma formato que permite vários tipos de análise, como mostrado pelos exemplos fornecidos nos sites que os descrevem. Mas você pode não querer trabalhar com o conjunto dessa maneira; pelo contrário, desejar algo que se pareça mais com uma tabela do banco de dados. Por sorte, é possível usar a biblioteca pandas (https://pandas.pydata.org/ — conteúdo em inglês) para fazer a conversão de modo que facilite o uso os conjuntos de dados de outras maneiras. Usando o conjunto de dados Boston house-prices como exemplo, o seguinte código faz a conversão necessária:

```
import pandas as pd
BostonTable = pd.DataFrame(Boston.data,
                    columns=Boston.feature_names)
```

Se deseja incluir valores de destino com `DataFrame`, também deve executar: `BostonTable['target'] = Boston.target`. Contudo, este capítulo não usa dados de destino.

Acessando registros específicos

Se usasse um comando `dir()` em um `DataFrame`, descobriria que ele fornece um número elevado de funções para experimentar. A documentação em https://pandas.pydata.org/pandas-docs/version/0.23/generated/pandas.DataFrame.html [conteúdo em inglês] dá uma boa visão geral do que é possível (que inclui todas as tarefas normais e específicas do banco de dados determinadas por CRUD). O código de exemplo a seguir mostra como fazer uma consulta em um `DataFrame` do pandas. Neste caso, o código seleciona apenas os bairros onde a taxa de criminalidade fica baixo de 0,02 *per capita*.

```
CRIMTable = BostonTable.query('CRIM < 0.02')
print(CRIMTable.count()['CRIM'])
```

A saída mostra que apenas 17 registros correspondem ao critério. A função `count()` permite que o aplicativo conte os registros na `CRIMTable` resultante. O índice, `['CRIM']`, seleciona apenas um dos atributos disponíveis (é provável que cada coluna tenha os mesmos valores).

Você pode exibir todos os registros com todos os atributos, mas talvez queira ver apenas o número de cômodos e a idade média do imóvel nas áreas afetadas. O código a seguir mostra como exibir apenas os atributos realmente necessários:

```
print(CRIMTable[['RM', 'AGE']])
```

A Figura 15-7 mostra a saída do código. Como se pode ver, as casas variam entre 5 e quase 8 cômodos. A idade varia de quase 14 anos a um pouco mais de 65 anos.

É possível achar um pouco difícil trabalhar com os dados sem classificação na Figura 15-7. Felizmente, você tem acesso a muitos recursos comuns do banco de dados. Se quiser classificar os valores pelo número de cômodos, use:

```
print(CRIMTable[['RM', 'AGE']].sort_values('RM'))
```

Como alternativa, sempre é possível escolher classificar pela idade média do imóvel:

```
print(CRIMTable[['RM', 'AGE']].sort_values('AGE'))
```

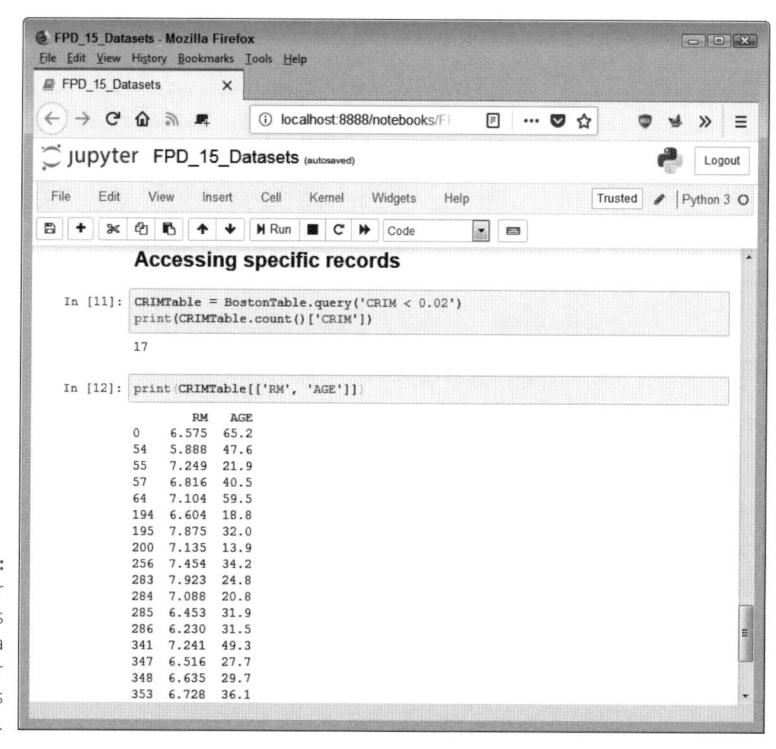

FIGURA 15-7: Manipular os dados ajuda a encontrar informações específicas.

CAPÍTULO 15 **Usando Conjuntos de Dados Comuns** 243

5 Capturando Erros Simples

NESTA PARTE...

Defina erros (bugs) nas linguagens funcionais.

Evite usar exceções.

Encontre e corrija erros no Haskell.

Encontre e corrija erros no Python.

> **NESTE CAPÍTULO**
>
> » Entendendo os bugs do Haskell
>
> » Encontrando e descrevendo os erros do Haskell
>
> » Aniquilando os erros do Haskell

Capítulo **16**

Lidando com Erros no Haskell

Grande parte do código do aplicativo tem erros. É uma afirmação geral da qual você pode duvidar, mas a quantidade de erros fica óbvia ao considerar as várias falhas de segurança e ataques que aparecem na imprensa especializada, sem mencionar os resultados estranhos, que, às vezes, ocorrem em uma análise de dados aparentemente correta. Se o código não tivesse bugs, as atualizações ocorreriam com menos frequência. Este capítulo explica os erros de uma perspectiva da linguagem funcional pura; o Capítulo 17 vê o mesmo problema a partir da linguagem impura, o que difere, porque essas linguagens geralmente contam com procedimentos.

Após identificar um erro, é possível descrevê-lo em detalhes e usar essa descrição para localizá-lo no código do aplicativo. Pelo menos, esse processo é a teoria pela qual a maioria das pessoas se guia ao localizar erros. A realidade é diferente. Em geral, os erros ficam ocultos porque o desenvolvedor simplesmente não está vendo do modo certo. Impressões pessoais, perspectivas e falta de compreensão têm um papel na ocultação dos erros. Este capítulo também descreve como localizar e descrever os erros para que sejam mais fáceis de lidar.

Conhecer a fonte, local e descrição completa de um erro não corrige o problema. As pessoas querem aplicativos que forneçam o resultado desejado com base em entradas específicas. Se seu aplicativo não fornece esse tipo de serviço, elas param de usá-lo. Para evitar que o aplicativo seja descartado, você precisa corrigir o erro ou lidar com a situação que cria o ambiente no qual ele ocorre. A seção final deste capítulo descreve como acabar com os erros, pelo menos na maioria das vezes.

Definindo Bug no Haskell

Um *bug* ocorre quando um aplicativo falha na execução ou produz uma saída diferente da esperada. O loop infinito é um exemplo do primeiro tipo de bug, e obter um resultado 5 ao somar 1 e 1 é um exemplo do segundo tipo. Algumas pessoas podem tentar convencê-lo de que há outros tipos, mas esses outros bugs acabam sendo subconjuntos dos dois mencionados.

CUIDADO

O Haskell e outras linguagens funcionais não permitem que se escreva aplicativos sem erros. Pelo contrário: os mesmos tipos de bugs no Haskell podem ser encontrados em outras linguagens, como o Python. O Capítulo 17 explora alguns problemas comuns do Python e examina as condições sob as quais os bugs ocorrem nessa linguagem, mas muitos deles também ocorrem no Haskell. Os bugs acontecem durante a compilação ou a execução. E mais, eles podem ser sintáticos, semânticos ou lógicos por natureza.

Porém as linguagens funcionais tendem a levar a própria variedade de bugs para os aplicativos, e conhecê-los é uma boa ideia. Eles não são necessariamente erros novos, mas ocorrem de modo diferente nas linguagens funcionais. As próximas seções consideram as particularidades dos bugs que ocorrem nas linguagens funcionais usando o Haskell como exemplo. Estas seções dão uma visão geral dos tipos de bugs específicos do Haskell que você precisa considerar, mas provavelmente encontrará outros.

Considerando a recursão

Normalmente as linguagens funcionais evitam as variáveis mutáveis usando a recursão. Essa diferença de foco significa que você está menos apto a ver os erros lógicos que ocorrem quando os loops não são executados o número de vezes esperado, ou não param porque a condição esperada não ocorre. Mas também significa que os erros relacionados à pilha a partir de uma recursão infinita ocorrem com mais frequência.

INTRODUÇÃO À CONEXÃO DO ALGORITMO

Segundo o artigo NPR (National Public Radio) em `https://www.npr.org/sections/alltechconsidered/2015/03/23/394827451/now-algorithms-are-deciding-whom-to-hire-based-on-voice` [conteúdo em inglês], um algoritmo pode decidir se uma empresa contrata você para um serviço com base apenas em sua voz. O algoritmo não tomará a decisão final, mas reduz o tamanho da lista que uma pessoa examinará para tomar a decisão final. Se seu nome nunca aparecer, você nunca conseguirá o trabalho. O problema é que os algoritmos têm um elemento humano.

O artigo Big Think, em `https://bigthink.com/ideafeed/when-algorithms-go-awry` [conteúdo em inglês], analisa a questão do pensamento humano por trás do algoritmo. As leis que definem a compreensão humana do Universo hoje contam com a informação em mãos, que muda constantemente. Assim, as leis mudam sempre também. Como as leis são instáveis, na melhor das hipóteses, e as linguagens funcionais contam muito com os algoritmos apresentados de um modo específico, o bug que procura pode não ter nenhuma relação com seu código; pode ser algo com o algoritmo usado. Encontre mais informações sobre as tendências e outros problemas em torno dos algoritmos em *Algoritmos Para Leigos,* de John Mueller e Luca Massaron (Alta Books).

O problema com os algoritmos é mais profundo do que simplesmente servir como base na qual alguém os cria. Leis absolutas tendem a distorcer a intenção de certo conjunto de regras. Diferentemente dos seres humanos, os computadores executam apenas as instruções que as pessoas fornecem; um computador não pode entender o conceito de exceções. E mais, ninguém consegue fornecer uma lista de toda exceção como parte de um aplicativo. Assim, os algoritmos, não importa o quanto estejam bem construídos, ficarão incorretos por causa das mudanças nas informações usadas para criá-los e da incapacidade de se adaptar às exceções.

CUIDADO

Você pode achar que os loops e a recursão produzem erros parecidos. Porém, diferentemente do loop, a recursão não segue indefinidamente porque a pilha usa a memória para cada chamada, significando que o aplicativo fica sem memória. Na verdade, a memória ajuda a definir a diferença entre as linguagens funcionais e as outras que contam com loops. Quando uma linguagem funcional fica sem memória para realizar a recursão, o problema pode ser apenas que a máquina host fica sem os recursos necessários, em vez de ter um erro de código real.

Entendendo as linguagens preguiçosas

O Haskell é uma *linguagem preguiçosa* em grande parte, significando que não realiza ações até realmente precisar executá-las. Por exemplo, ele não avaliará uma expressão até que ela precise usar a saída dessa expressão. As vantagens de usar uma linguagem lenta incluem (mas não estão limitadas a) o seguinte:

» Execução mais rápida, porque uma expressão não usa ciclos de processamento até que seja necessário.

» Menos erros, porque um erro só aparece quando a expressão é avaliada.

» Menos recursos usados, porque são utilizados apenas quando necessários.

» Capacidade avançada de criar estruturas de dados que outras linguagens não suportam (como uma estrutura de dados com tamanho infinito).

» Fluxo de controle avançado, porque você pode definir alguns objetos como abstrações, em vez de primitivos.

Porém as linguagens preguiçosas também criam cenários estranhos de bugs. Por exemplo, o seguinte código pretende abrir um arquivo e ler seu conteúdo:

```
withFile "MyData.txt" ReadMode handle >>= putStr
```

Se você visse o código de uma perspectiva procedural, acharia que ele funciona. O problema é que a avaliação preguiçosa usando `withFile` significa que o Haskell fecha `handle` antes de ler os dados de `MyData.txt`. A solução é realizar a tarefa como parte de um `do`, assim:

```
main = withFile "MyData.txt" ReadMode $ \handle -> do
         myData <- hGetLine handle
         putStrLn myData
```

Mas, quando se cria um código como esse, realmente não é muito diferente do exemplo encontrado na seção "Lendo dados", do Capítulo 13. A principal vantagem é que o Haskell fecha automaticamente o handle de arquivo para você. A compensação é que o exemplo no Capítulo 13 é mais fácil de ler. Assim, a avaliação preguiçosa impõe certas restrições inesperadas.

Usando funções inseguras

O Haskell geralmente fornece meios seguros de realizar as tarefas, como mencionado em vários capítulos anteriores. Não só a segurança do tipo é garantida, mas o Haskell também verifica problemas como o número correto de entradas e até o uso certo das saídas. Porém é possível encontrar circunstâncias extremamente raras, em que é preciso realizar tarefas de uma maneira insegura no Haskell. Isso significa usar funções inseguras do tipo descrito em https://wiki.haskell.org/Unsafe_functions. A maioria dessas funções é totalmente descrita como parte do pacote System.IO.Unsafe em http://hackage.haskell.org/package/base-4.11.1.0/docs/System-IO-Unsafe.html. O problema é que essas funções são inseguras, como descrito, portanto, uma fonte de bugs em muitos casos. [Conteúdos em inglês].

LEMBRE-SE

É possível encontrar exceções raras ao uso de funções inseguras em postagens online. Por exemplo, você pode querer acessar as funções na biblioteca math do C (acessada com math.h). A análise em https://stackoverflow.com/questions/10529284/is-there-ever-a-good-reason-to-use-unsafeperformio [conteúdo em inglês] mostra como realizar essa tarefa. Mas é preciso considerar se tal acesso é realmente necessário, porque o Haskell fornece um grande conjunto de funções matemáticas.

A mesma análise explora outros usos para unsafePerformIO. Por exemplo, um dos exemplos de código mostra como criar variáveis mutáveis globais no Haskell, o que pareceria improdutivo, considerando que o Haskell está sendo usado em primeiro lugar. Evitar funções inseguras para começar é uma ideia melhor por causa das horas passadas fazendo depuração, sem assistência da funcionalidade predefinida do Haskell (afinal, a chamada foi marcada como insegura).

Considerando os problemas específicos da implementação

Como a maioria das implementações da linguagem, pode haver problemas específicos no Haskell. Este livro usa a versão GHC (Glasgow Haskell Compiler) 8.2.2, que vem com o próprio conjunto de incompatibilidades, como descrito em http://downloads.haskell.org/~ghc/8.2.2/docs/html/users_guide/bugs.html [conteúdo em inglês]. Muitos desses problemas introduzirão erros sutis ao código, portanto é preciso conhecê-los. Quando executar seu código em alguns sistemas usando outras implementações, poderá achar que precisa retrabalhar o código para que seja compatível com a implementação, que pode não corresponder necessariamente ao padrão do Haskell.

Entendendo os Erros Relacionados ao Haskell

É essencial entender que a natureza funcional do Haskell e seu uso de expressões modificam o modo como as pessoas normalmente consideram os erros. Por exemplo, se digitar **x = 5/0** e pressionar Enter no Python, verá ZeroDivisionError como saída. Na verdade, espera-se ver esse tipo de erro em qualquer linguagem procedural. Por outro lado, se digitar **x = 5/0** no Haskell e pressionar Enter, nada parece acontecer. Mas, agora, x tem o valor Infinity. O fato de que algumas partes do código definem um erro em uma linguagem procedural, mas não em uma linguagem funcional, significa que é preciso estar ciente das consequências.

Para ver as consequências nesse caso, digite **:t x** e pressione Enter. Você achará que o tipo de x é Fractional, não Float nem Double como poderia supor. Na verdade, é possível converter x em Float ou Double digitando **y = x::Double** ou **y = x::Float** e pressionando Enter.

O tipo Fractional é um superconjunto de Double e Float, que pode levar a alguns erros interessantes que não se encontra em outras linguagens. Considere o seguinte código:

```
x = 5/2
:t x
y = (5/2)::Float
:t y
z = (5/2)::Double
:t z
x * y
:t (x * y)
x * z
:t (x * z)
y * z
```

O código atribui os mesmos valores a três variáveis, x, y e z, mas de tipos diferentes: Fractional, Float e Double. Verifique essa informação usando o comando :t. As duas primeiras multiplicações funcionam como o esperado e produzem o tipo do subtipo, em vez do host, Fractional. Mas observe que tentar multiplicar Float por Double, algo que poderia ser feito com facilidade na maioria das linguagens procedurais, não funciona no Haskell, como mostrado na Figura 16-1. Leia sobre o motivo para a falta de conversão automática do tipo no Haskell em `https://wiki.haskell.org/Generic_number_type` [conteúdo em inglês]. Para essa última multiplicação funcionar, é preciso converter uma das duas variáveis em Fractional primeiro usando este código: `realToFrac(y) * z`.

REDUZINDO O NÚMERO DE BUGS

Algumas pessoas tentarão convencê-lo de que uma linguagem ou outra fornece o mesmo tipo de mágica que reduz os bugs a praticamente zero sem nenhum esforço real de sua parte. Infelizmente, elas estão erradas. Na verdade, pode-se dizer que comparar precisamente as linguagens para impedir erros é impossível. Alguém habilidoso em uma linguagem, mas não em outra, certamente produzirá mais bugs na última, apesar de qualquer proteção que ela tenha. E mais, é improvável que qualquer desenvolvedor tenha precisamente o mesmo nível de habilidade ao usar as duas linguagens, portanto a comparação é inútil. Como consequência, a linguagem que produz menos bugs geralmente é a que você conhece melhor.

Outra questão importante a considerar é que os programadores tendem a usar significados diferentes para a palavra *bug*, e é por isso que este capítulo tenta fornecer uma definição bem completa, apesar da possibilidade de você não concordar com ela. Se o alvo da análise não estiver totalmente definido, não será possível fazer nenhuma comparação significativa. Antes de determinar qual linguagem produz menos bugs, precisa concordar sobre o que constitui um bug, e isso não existe atualmente.

Mais importante ainda é o conceito do que significa um bug para os não desenvolvedores. Um desenvolvedor procurará uma saída correta para uma entrada específica. Porém um usuário pode ver um bug nos três dígitos após o ponto decimal, em vez de apenas dois. Um gerente pode ver um bug na saída apresentada que não corresponde às políticas da empresa e deve ser vetada para assegurar que seja consistente com elas. Um administrador pode ver um bug em uma correção sugerida para uma mensagem de erro que designa um contador para os requisitos de segurança. Assim, você também deve fazer um teste das partes interessadas, e adicionar esse nível de teste dificulta ainda mais comparar as linguagens, ambientes, metodologias de teste e muitas outras questões que afetam a palavra *bug*, aparentemente simples. Portanto, se espera encontrar alguma comparação significativa entre os bugs que o Haskell produz versus os criados pelo Python neste livro, ficará desapontado.

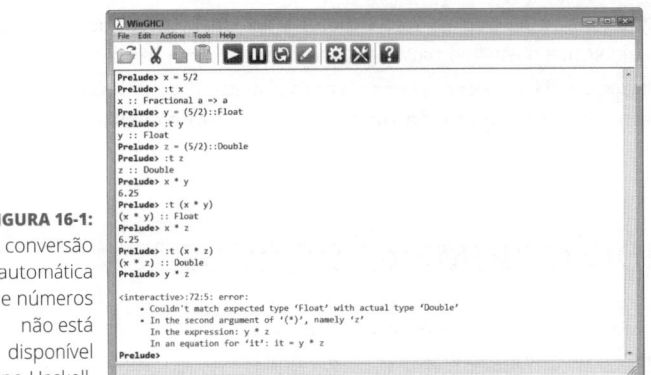

FIGURA 16-1:
A conversão automática de números não está disponível no Haskell.

```
Prelude> x = 5/2
Prelude> :t x
x :: Fractional a => a
Prelude> y = (5/2)::Float
Prelude> :t y
y :: Float
Prelude> z = (5/2)::Double
Prelude> :t z
z :: Double
Prelude> x * y
6.25
Prelude> :t (x * y)
(x * y) :: Float
Prelude> x * z
6.25
Prelude> :t (x * z)
(x * z) :: Double
Prelude> y * z

<interactive>:72:5: error:
    • Couldn't match expected type 'Float' with actual type 'Double'
    • In the second argument of '(*)', namely 'z'
      In the expression: y * z
      In an equation for 'it': it = y * z
Prelude>
```

LEMBRE-SE

Existem algumas situações estranhas que podem causar um loop infinito em um aplicativo Haskell, porque ele trabalha com expressões, em vez de procedimentos. Por exemplo, o seguinte código será bem executado no Python:

```
x = 5/2
x = x + 1
x
```

No Python, vemos uma saída 3.5, o que qualquer pessoa que trabalha com código procedural espera. No entanto, esse mesmo código faz o Haskell entrar em um loop infinito porque as informações são avaliadas como expressão, não como procedimento. A saída, ao trabalhar com o código compilado, é <<loop>>, que você lê com detalhes em https://stackoverflow.com/questions/21505192/haskell-program-outputs-loop [conteúdo em inglês]. Ao usar WinGHCi (ou outro interpretador), a chamada simplesmente não retornará nunca. É preciso clicar no botão Pause (que lembra o botão Pause do controle remoto). Uma mensagem Interrupted aparece informando que o código, que nunca terminará seu trabalho, foi interrompido. O fato de que o Haskell realmente detecta muitos loops infinitos mais simples e informa sobre eles diz muito sobre seu design.

DICA

O Haskell impede muitos erros que são vistos em outras linguagens. Por exemplo, ele não tem um estado global, portanto uma função não pode usar uma variável global para corromper outra função. O sistema de tipos também impede muitos erros que atormentam outras linguagens, como tentar colocar dados demais em uma variável que não pode mantê-los. Leia uma análise de todos os outros tipos de erros comuns que o Haskell impede em https://www.quora.com/Exactly-what-kind-of-bugs-does-Haskell-prevent-from-introducing-compared-to-other-mainstream-languages [conteúdo em inglês].

Mesmo que esta seção não tenha uma lista completa de todos os tipos de erros em potencial que você vê no Haskell, entenda que as linguagens funcionais têm muitas semelhanças nas prováveis fontes de erros, mas que os tipos reais de erros podem ser diferentes.

Corrigindo Rapidamente os Erros do Haskell

O Haskell, como visto nas mensagens de erro neste livro, é bom ao fornecer informações de rastreamento quando encontra um erro. Os erros ocorrem de várias maneiras, como descrito no Capítulo 17. Naturalmente, as seções anteriores mostram muitas exceções do Haskell quanto às regras gerais. As próximas seções dão uma visão geral de como corrigir rapidamente os erros do Haskell.

Contando com a depuração-padrão

O Haskell fornece muitos truques de depuração comuns, e o IDE usado, outros. Por causa do modo como o Haskell trabalha, sua primeira linha de defesa contra os bugs está em forma de mensagens, como um erro ou saída CallStack, que ele fornece. A Figura 16-1 mostra um exemplo de saída de erro, e a Figura 16-2, um exemplo de saída CallStack. Comparando as duas, vê-se que são parecidas. O importante é poder usar a saída para rastrear a origem de um bug no código.

FIGURA 16-2: O Haskell fornece mensagens bem úteis na maioria dos casos.

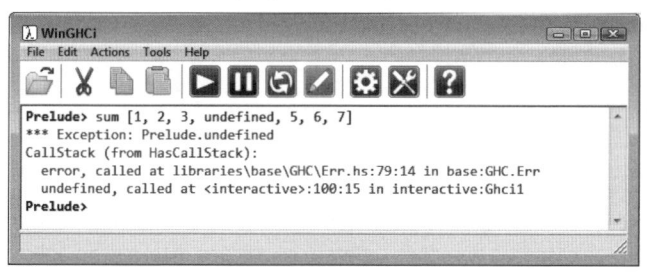

Durante o processo de depuração, use a função `trace` para validar suas suposições. Para usar `trace`, importe com `import Debug.Trace`. A Figura 16-3 mostra um exemplo rápido dessa função em ação.

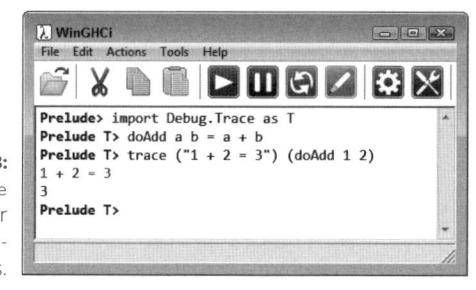

FIGURA 16-3: Use `trace` para validar suas suposições.

LEMBRE-SE Você fornece a suposição como uma string no primeiro argumento e a chamada da função como o segundo. O artigo em http://hackage.haskell.org/package/base-4.11.1.0/docs/Debug-Trace.html dá mais detalhes sobre como usar `trace`. Note que, com a execução lenta, você vê a saída `trace` apenas quando o Haskell realmente executa o código. Assim, ao contrário das outras linguagens de programação, não se pode ver todas as instruções `trace` sempre que o aplicativo é executado. Uma alternativa específica a `trace` é `htrace`, que você lê em `http://hackage.haskell.org/package/htrace`. [Conteúdos em inglês.]

O Haskell tem outra funcionalidade de depuração. Você tem total acesso a pontos de interrupção. Como em outras linguagens, há métodos disponíveis para determinar o status das variáveis quando o código atinge um ponto de interrupção (supondo que realmente ocorra com a execução lenta). O artigo em `https://wiki.haskell.org/Debugging` [conteúdo em inglês] tem mais detalhes.

Entendendo erros versus exceções

Para a maioria das linguagens de programação, use os termos *erro* e *exceção* quase alternadamente porque ambos ocorrem pelos mesmos motivos. Algumas linguagens visam fornecer uma perspectiva diferente dos dois, porém falham totalmente no suporte das diferenças. Mas o Haskell diferencia os dois:

» **Erro:** Um erro sempre ocorre como resultado de uma falha no código. O erro nunca é esperado, e você deve corrigi-lo para o código ser executado corretamente. As funções que suportam erros são:
- `error`
- `assert`
- `Control.Exception.catch`
- `Debug.Trace.trace`

» **Exceção:** Uma exceção é uma ocorrência esperada, mas incomum. Em muitos casos, as exceções refletem condições externas ao aplicativo, como uma falta de espaço em disco ou uma incapacidade de fazer uma conexão. Você pode não conseguir corrigir uma exceção, mas pode compensá-la às vezes. As funções que suportam exceções são:
- `Prelude.catch`
- `Control.Exception.catch`
- `Control.Exception.try`
- `IOError`
- `Control.Monad.Error`

LEMBRE-SE Como se vê, os erros e as exceções têm finalidades completamente diferentes e, em geral, usam funções diferentes. A única repetição é `Control.Exception.catch` e há algumas ressalvas sobre essa função para um erro versus exceção, como descrito em `https://wiki.haskell.org/Error_vs._Exception` [conteúdo em inglês]. Esse artigo também dá detalhes extras sobre as diferenças precisas entre erros e exceções.

> **NESTE CAPÍTULO**
> » Entendendo os bugs do Python
> » Considerando as fontes de bugs
> » Localizando e descrevendo os erros do Python
> » Aniquilando os bugs do Python

Capítulo **17**

Tratamento de Erros no Python

O Capítulo 16 explica os erros no código de uma perspectiva do Haskell, e talvez alguns erros encontrados nele o tenham deixado surpreso. Por incrível que pareça, são surpreendentes algumas técnicas de codificação usadas em outras linguagens que apareceriam como erros. (O Capítulo 16 também dá um bom motivo para não comparar as propriedades de diminuição de bugs das várias linguagens no box "Reduzindo o número de bugs".) O Python é mais tradicional na abordagem dos erros. Dividir um número por zero produz um erro, não um tipo de dado especial designado a lidar com a divisão usando o valor Infinity. Como consequência, você pode achar um pouco chata a explicação (na primeira seção deste capítulo) do que é um bug no Python, caso tenha trabalhado com erros de codificação em outras linguagens procedurais. Mesmo assim, ler o material é uma boa ideia para entender melhor como o Python e o Haskell diferem no tratamento dos erros no ambiente funcional.

A próxima seção deste capítulo entra nas particularidades dos erros relacionados ao Python, sobretudo os recursos funcionais que ele fornece. Embora este capítulo não tenha informações gerais como base, ele foca, em grande parte, os erros da programação funcional.

Finalmente, este capítulo informa sobre as técnicas que podem ser usadas para corrigir os erros da programação funcional do Python de modo um pouco mais rápido. Aqui são encontradas as mesmas coisas que pode fazer ao usar o Python para a programação funcional, como a depuração passo a passo. Porém corrigir erros funcionais algumas vezes requer um raciocínio diferente, e este capítulo o ajuda a entender o que precisa fazer quando surgem tais casos.

Definindo um Bug no Python

Como no Haskell, os bugs do Python ocorrem quando um aplicativo falha, como foi antecipado. Ambas as linguagens também exibem erros que criam bugs basicamente da mesma maneira, mesmo que os erros do Haskell adotem uma abordagem do paradigma funcional, enquanto no Python eles têm uma natureza mais procedural. As próximas seções ajudam a entender o que significa bug no Python e fornecem informações sobre como usar a abordagem funcional pode afetar a exibição normal deles.

Considerando as fontes de erros

Você pode tentar adivinhar as prováveis fontes de erro em seu aplicativo lendo a borra do chá no fundo de uma xícara, mas esse não é um modo eficiente de fazer as coisas. Os erros realmente têm categorias bem definidas que ajudam a prever (até certo ponto) quando e onde ocorrerão. Pensando nessas categorias enquanto trabalha no aplicativo, é bem mais provável que descubra as fontes de erros em potencial antes que ocorram e causem danos. As duas categorias principais são:

» Erros que ocorrem em um momento específico.
» Erros de um tipo específico.

As próximas seções descrevem essas duas categorias em detalhes. O conceito geral é que você precisa pensar nas classificações dos erros para começar a descobrir e corrigir as possibilidades no aplicativo, antes que se tornem um problema.

Classificando quando os erros ocorrem

Os erros ocorrem em momentos específicos. Mas, não importa quando, fazem seu aplicativo se comportar mal. Os dois grandes momentos em que os erros ocorrem são:

» **Durante a compilação:** Um erro de compilação ocorre quando se pede ao Python para executar o aplicativo. Antes de o Python conseguir fazer isso, ele deve interpretar o código e colocá-lo de forma que o computador entenda. Um computador conta com o código da máquina específico para esse processador e arquitetura. Se as instruções escritas estiverem ruins ou não tiverem as informações necessárias, o Python não poderá realizar a conversão requerida. Ele apresentará um erro que deve ser corrigido antes de o aplicativo ser executado.

» **Durante a execução:** Um erro de execução ocorre depois do Python compilar o código que foi escrito, e o computador começa a executá-lo. Há vários tipos de erros de execução, e alguns são mais difíceis de encontrar que outros. Você sabe que tem tal erro quando o aplicativo, de repente, para de ser executado e mostra uma caixa de diálogo de exceção, ou quando o usuário reclama sobre uma saída errada (ou, pelo menos, uma instabilidade).

Nem todos os erros de execução produzem uma exceção. Alguns causam instabilidade (o aplicativo congela), saída errada ou dados danificados. Os erros de execução podem afetar outros aplicativos ou criar danos imprevistos na plataforma na qual o aplicativo é executado. Resumindo, eles causam um pouco de sofrimento, dependendo precisamente do tipo com o qual se lida no momento.

Distinguindo os tipos de erro

É possível distinguir os erros pelo tipo, ou seja, pelo modo como são criados. Saber o tipo do erro ajuda a entender onde pesquisar em um aplicativo para ver os problemas em potencial. As exceções funcionam como muitas outras coisas na vida. Por exemplo, sabemos que dispositivos eletrônicos não funcionam sem energia. Portanto, quando tenta ligar a televisão e ela não faz nada, pode verificar se o fio está encaixado com firmeza na tomada.

Entender os tipos de erro o ajuda a localizá-los com mais facilidade, mais cedo e com maior consistência, resultando em menos diagnósticos ruins. Os melhores desenvolvedores sabem que corrigir erros enquanto um aplicativo está em desenvolvimento quase sempre é mais fácil do que corrigi-los quando está em produção, porque os usuários são impacientes por natureza e querem os erros corrigidos de imediato e corretamente. E mais, corrigir um erro no início do ciclo de desenvolvimento é sempre mais fácil do que quando o aplicativo está quase terminado, porque há menos código para examinar.

O segredo é saber onde procurar. Com isso em mente, o Python (e a maioria das outras linguagens de programação) divide os erros nos seguintes tipos (organizados em ordem de dificuldade, começando com os mais fáceis de encontrar):

» **Sintáticos:** Sempre que comete algum tipo de erro de digitação, cria um erro sintático. Alguns erros sintáticos do Python são bem fáceis de encontrar porque o aplicativo simplesmente não é executado. O interpretador pode até apontar o erro destacando o código errado e exibindo uma mensagem de erro. Porém outros são bem difíceis. O Python leva em conta as letras maiúsculas e minúsculas, portanto você pode usar a letra errada para uma variável em um lugar e achar que ela não está funcionando bem, como pensa que deveria. Encontrar onde usou a letra errada é bem desafiador.

» **Semânticos:** Quando você cria um loop que executa muitas vezes, geralmente não recebe nenhuma informação do erro vinda do aplicativo. O aplicativo será executado sem problemas porque acha que está fazendo tudo certo, mas um loop extra pode causar todo tipo de erro de dados. Quando esse tipo de erro é criado no código, é chamado de *erro semântico*. Tal erro é difícil de encontrar, e, às vezes, precisa-se de um tipo de depurador para essa tarefa.

» **Lógicos:** Alguns desenvolvedores não criam uma divisão entre erros semânticos e lógicos, mas eles são diferentes. Um erro semântico ocorre quando o código basicamente está correto, mas a implementação está errada (como ter um loop executado uma vez com muita frequência). Os erros lógicos ocorrem quando o raciocínio do desenvolvedor tem falhas. Em muitos casos, esse tipo ocorre quando o desenvolvedor usa um operador relacional ou lógico incorretamente. Mas os erros lógicos acontecem de muitas outras maneiras também. Por exemplo, um desenvolvedor pode achar que os dados sempre são armazenados no disco rígido local, significando que o aplicativo pode se comportar de maneira incomum quando tenta carregar os dados a partir de um disco de rede. Os erros lógicos são bem difíceis de corrigir porque o problema não está no código real, mas o código em si foi definido incorretamente. O raciocínio para criar o código tem falhas; portanto, o desenvolvedor que criou o erro tem pouca chance de encontrá-lo. Os desenvolvedores competentes pedem que outra pessoa ajude a localizar os erros lógicos.

Considerando as diferenças na versão

O Python é uma das poucas linguagens por aí, hoje, que tem um suporte ativo para as duas versões maiores da linguagem. Mesmo que o suporte do Python 2.*x* termine oficialmente em 2020 (veja `https://pythonclock.org/` [conteúdo em inglês] para obter detalhes), é possível apostar que muitos desenvolvedores continuarão a usá-lo até terem certeza de que as bibliotecas que eles precisam são totalmente compatíveis com o Python 3.*x*. Porém o problema não é apenas com as bibliotecas, mas também com os processos, documentação, código existente e muitas outras coisas que poderiam afetar alguém que usa as técnicas da programação funcional no Python.

LEMBRE-SE

Embora a comunidade Python tenha trabalhado com dedicação para facilitar essa transição, é possível notar diferenças importantes na programação funcional examinando o material do Python 2.x em `https://docs.python.org/2/howto/functional.html` e comparando-o com o Python 3.x em `https://docs.python.org/3/howto/functional.html`. A transição introduzirá bugs em seus aplicativos, alguns deles bem difíceis de encontrar e outros que o compilador informará. Artigos como em `http://sebastianraschka.com/Articles/2014_python_2_3_key_diff.html` o ajudam a localizar e, possivelmente, corrigir esses problemas. [Conteúdos em inglês.] (Note sobretudo as diferenças na divisão de inteiros indicadas pelo artigo, porque elas podem estragar mesmo seu código funcional de um modo bem difícil de encontrar.)

Entendendo os Erros Relacionados ao Python

Encontra-se muitos tipos de erro ao trabalhar com o código do Python. Este capítulo não os aborda por completo. Mas as próximas seções dão algumas dicas em relação ao que pode dar errado com seu código funcional, especialmente ao lidar com expressões lambda.

Lidando com os términos da vinculação tardia

Você precisa entender que o Python tem uma vinculação tardia, o que significa que ele pesquisa os valores das variáveis quando chama uma função interna que faz parte de um loop apenas quando esse loop está concluído. Assim, em vez de usar valores individuais em um loop, o que se vê é o valor final. Para ter uma demonstração do problema, considere o seguinte código:

```
def create_values(numValues):
    return [lambda x : i * x for i in range(numValues)]

for indValue in create_values(5):
    print(indValue(2))
```

O código cria o número especificado de funções, uma para cada valor em `range(numValues)`, que é `create_values(5)` (cinco) nesse caso. A ideia é criar uma saída com cinco valores usando um multiplicador em particular (que é `indValue(2)` nesse caso). Você pode supor que a primeira chamada da função será 0 (o valor de `i`) * 2 (o valor de `x` fornecido como uma entrada). Porém a primeira função nunca é chamada enquanto `i` é igual a 0. Na verdade, é chamada a primeira vez apenas quando seu valor é 4, no final do loop. Como resultado, a saída vista quando você chama a função é uma série de 8s. Para corrigir o código, é preciso usar o seguinte código `create_values()`:

```
def create_values(numValues):
    return [lambda x, i=i : i * x for i in
            range(numValues)]
```

LEMBRE-SE

Essa versão do código usa um truque para forçar o valor de `i` a refletir o valor real produzido por cada um dos valores gerados por `range(numValues)`. Em vez de fazer parte da função interna, `i` agora é fornecido como uma entrada. Você chama a função como antes, mas agora a saída está correta. Curiosamente, esse problema em particular não é específico das expressões lambda; ele ocorre em qualquer código do Python. Contudo, os desenvolvedores o veem com mais frequência nessa situação porque a tendência é usar uma expressão lambda nesse caso.

DICA

Encontre outro exemplo desse término da vinculação tardia na postagem em https://bugs.python.org/issue27738 (com outra correção como a mostrada nesta seção). A análise em https://stackoverflow.com/questions/1107210/python-lambda-problems fornece outra solução para o problema usando `functools.partial()`. O importante é lembrar que o Python tem uma vinculação tardia. [Conteúdos em inglês.]

Usando uma variável

Em algumas situações, não é possível usar uma expressão lambda incorporada. Por sorte, o Python geralmente encontrará esses erros e os informará, como no código a seguir:

```
garbled = "IXX aXXmX sXeXcXrXeXt
    mXXeXsXsXaXXXXXXgXeX!XX"
print filter(lambda x: x != "X", garbled)
```

É óbvio que o exemplo é muito simples e provavelmente não será usado no mundo real. Mas ele mostra que não se pode usar a lambda incorporada nesse caso; primeiro, você deve atribuí-la a uma variável, depois fazer um loop nos valores. O seguinte código mostra o código alternativo correto:

```
garbled = "IXX aXXmX sXeXcXrXeXt mXXeXsXsXaXXXXXXgXeX!XX"
ungarble = filter(lambda x: x != "X", garbled)
for x in ungarble:
    print(x, end='')
```

Trabalhando com bibliotecas de terceiros

Sua experiência de programação funcional do Python incluirá bibliotecas de terceiros que nem sempre conseguem aproveitar a abordagem dessa programação. Antes de supor que certa abordagem funcionará, é necessário examinar a fonte potencial de erro online. Por exemplo, as seguintes mensagens discutem os problemas prováveis ao usar expressões lambda para fazer uma agregação com pandas: `https://github.com/pandas-dev/pandas/issues/7186` [conteúdo em inglês]. Em muitos casos, a comunidade de desenvolvedores terá alternativas para você experimentar, como aconteceu aqui.

Corrigindo Rapidamente os Erros do Python

O segredo para corrigir rapidamente os erros do Python é ter uma estratégia para lidar com cada tipo descrito na seção "Distinguindo os tipos de erro", anteriormente neste capítulo. Se o Python não reconhecer um erro durante o processo de compilação, geralmente vai gerar uma exceção ou você verá um comportamento indesejado. O uso de expressões lambda para definir um aplicativo que conta com o paradigma funcional realmente não muda nada, mas o uso de expressões lambda cria circunstâncias especiais, como as descritas no box "Introdução à conexão do algoritmo", do Capítulo 16. As próximas seções descrevem a combinação de processos para a correção de erros que podem ser empregados quando se usa o Python no modo funcional.

Entendendo as exceções predefinidas

O Python vem com muitas expressões predefinidas, bem mais do que se pode pensar. Veja uma lista delas em `https://docs.python.org/3.6/library/exceptions.html` [conteúdo em inglês]. A documentação divide a lista em categorias. Veja um panorama resumido das categorias de exceção do Python com as quais você trabalha sempre:

» **Classes básicas:** As classes básicas fornecem os blocos de construção essenciais (como a exceção `Exception`) para outras exceções. Mas você pode realmente vê-las, como a `ArithmeticError`, ao trabalhar com um aplicativo.

» **Exceções concretas:** Os aplicativos podem ter erros difíceis ou complicados de resolver porque não há uma boa maneira de lidar com eles, ou eles sinalizam um evento com o qual o aplicativo deve lidar. Por exemplo, quando um sistema fica sem memória, o Python gera uma exceção `MemoryError`. A recuperação desse erro é difícil porque liberar memória de outros usos nem sempre é possível. Quando o usuário pressiona uma tecla de interrupção (como Ctrl+C ou Delete), o Python gera uma exceção `KeyboardInterrupt`.

O aplicativo deve lidar com essa exceção antes de continuar com qualquer outra tarefa.

» **Exceções do SO:** O sistema operacional pode gerar erros que o Python passa para o aplicativo. Por exemplo, se seu aplicativo tentar abrir um arquivo que não existe, o sistema operacional vai gerar uma exceção `FileNotFoundError`.

» **Avisos:** O Python tenta avisar sobre eventos ou ações inesperadas que resultariam em erros mais tarde. Por exemplo, se tentar usar incorretamente um recurso, como um ícone, o Python vai gerar uma exceção `ResourceWarning`. Lembre-se de que essa categoria em particular é um aviso, não um erro real — ignorá-lo poderá fazer com que se lamente depois, mas pode ignorar.

Obtendo uma lista de argumentos da exceção

A lista de argumentos fornecida com as exceções varia segundo a exceção e o que o emissor fornece. Nem sempre é fácil descobrir o que se espera obter como informações extras. Um modo de lidar com o problema é simplesmente imprimir tudo usando este código:

```
import sys
try:
    File = open('myfile.txt')
except IOError as e:
    for Arg in e.args:
        print(Arg)
else:
    print("File opened as expected.")
    File.close();
```

A propriedade `args` sempre contém uma lista de argumentos da exceção no formato de string. Você pode usar um loop `for` simples para imprimir cada um dos argumentos. O único problema dessa abordagem é que você não tem os nomes dos argumentos, portanto sabe as informações da saída (o que é óbvio nesse caso), mas não o que as chamou.

PAPO DE ESPECIALISTA

Um método mais complexo de lidar com o problema é imprimir os nomes e o conteúdo dos argumentos. O seguinte código mostra os nomes e os valores de cada argumento:

```
import sys
try:
    File = open('myfile.txt')
except IOError as e:
    for Entry in dir(e):
        if (not Entry.startswith("_")):
            try:
                print(Entry, " = ",
    e.__getattribute__(Entry))
            except AttributeError:
                print("Attribute ", Entry, " not
    accessible.")
else:
    print("File opened as expected.")
    File.close();
```

Neste caso, comece obtendo uma lista dos atributos associados ao objeto de argumento do erro usando a função `dir()`. A saída dessa função é uma lista de strings contendo os nomes dos atributos que podem ser impressos. Apenas os argumentos que não iniciam com sublinhado (_) têm informações úteis sobre a exceção. Porém até algumas dessas entradas são inacessíveis, então você deve colocar o código de saída em um segundo bloco `try...except`.

O nome do atributo é fácil porque está contido em `Entry`. Para obter o valor associado a esse atributo, use a função `__getattribute()` e forneça o nome desejado. Quando executar o código, verá o nome e o valor de cada atributo fornecidos com determinado objeto de argumento do erro. Neste caso, a saída real é:

```
args    =   (2, 'No such file or directory')
Attribute   characters_written  not accessible.
errno   =   2
filename    =   myfile.txt
filename2   =   None
strerror    =   No such file or directory
winerror    =   None
with_traceback  =   <built-in method with_traceback of
    FileNotFoundError object at 0x0000000003416DC8>
```

Considerando o tratamento de exceções no estilo funcional

As seções anteriores deste capítulo explicaram como usar as exceções, mas, como apresentado nos outros capítulos, o Haskell desencoraja o uso das exceções, em parte porque elas indicam um estado, e muitos fãs da programação funcional desencorajam esse uso também. O fato de que o Haskell apresenta as exceções quando necessário é uma prova de que elas não são proibidas, o que é bom considerando que, em algumas situações, você precisa usar exceções ao trabalhar com o Python.

Entretanto, ao trabalhar em um ambiente de programação funcional com o Python, você tem alternativas ao uso das exceções que estão mais alinhadas com o paradigma de programação funcional. Por exemplo, em vez de gerar uma exceção como resultado de certos eventos, sempre se pode usar um valor de base, como visto em `https://softwareengineering.stackexchange.com/questions/334769/functional-style-exception-handling` [conteúdo em inglês].

O Haskell também tem um tratamento numérico especial que você pode querer incorporar no uso do Python. Por exemplo, como mostrado no Capítulo 16, o tipo `Fractional` permite instruções como 5 / 0 no Haskell. A mesma instrução produz um erro no Python. Felizmente, você tem acesso ao pacote `fractions` no Python, como descrito em `https://docs.python.org/3/library/fractions.html` [conteúdo em inglês].

Embora tal pacote resolva alguns problemas e você tenha um tipo fracional completo, ele não lida com o problema 5 / 0; você ainda obtém uma exceção `ZeroDivisionError`. Para evitar isso, é possível usar técnicas especiais, como as encontradas nas mensagens em `https://stackoverflow.com/questions/27317517/make-division-by-zero-equal-to-zero`. O importante é que terá maneiras de resolver as exceções em alguns casos, se quiser usar um estilo mais funcional de relatório. Se realmente quiser ter as vantagens de usar o Haskell em seu aplicativo Python, o módulo hyphen em `https://github.com/tbarnetlamb/hyphen` tornará isso possível. [Conteúdos em inglês.]

6 A Parte dos Dez

NESTA PARTE...

Descubra as bibliotecas essenciais do Haskell.

Descubra os pacotes essenciais do Python.

Consiga trabalho usando as técnicas da programação funcional.

NESTE CAPÍTULO

» Melhorando a interface do usuário com imagens e sons

» Manipulando melhor os dados

» Trabalhando com algoritmos

Capítulo 18
Dez Bibliotecas Essenciais do Haskell

O Haskell suporta muitas bibliotecas, e por isso é um bom produto para usar. Mesmo que este capítulo explore algumas das ofertas mais interessantes das bibliotecas do Haskell, verifique também a lista bem extensa de bibliotecas disponíveis em http://hackage.haskell.org/packages/ [todos os conteúdos deste capítulo estão em inglês]. Há chances de encontrar uma que atenda a quase todas as necessidades nessa lista.

LEMBRE-SE

O problema é descobrir com precisão qual biblioteca usar e, infelizmente, o site Hackage não ajuda muito. Em geral, as pequenas descrições associadas são suficientes para colocá-lo na direção certa, mas experimentar é o único modo real de determinar se uma biblioteca atenderá às suas necessidades. E mais, busque críticas online sobre as várias bibliotecas antes de começar a usar uma. Claro, essa é a parte agradável do desenvolvimento: descobrir novas ferramentas para atender a necessidades específicas e você mesmo testá-las.

binary

Para armazenar certos tipos de dados, devemos serializá-los, ou seja, mudá-los para um formato que possa armazenar em um disco ou transferir por rede para outra máquina. A serialização pega as estruturas e os objetos de dados complexos e os transforma em uma série de bits que um aplicativo consegue reconstituir depois na estrutura original ou no objeto usando a desserialização. O importante é que os dados não viajem em sua forma original. A biblioteca binary (http://hackage.haskell.org/package/binary) permite que um aplicativo serialize os dados binários usados para diversas finalidades, inclusive arquivos de som e gráficos. Ela trabalha nas strings de bytes lentas que podem ter uma vantagem no desempenho, contanto que não tenham erros e o código se comporte bem.

> **DICA**
>
> Essa biblioteca em particular é mais rápida e, por isso, tão útil para as necessidades de tempo reais dos dados binários. Segundo seu criador, é possível fazer a serialização e a desserialização das tarefas em velocidades que chegam a 1Gbps. De acordo com a análise em https://superuser.com/questions/434532/what-data-transfer-rates-are-needed-or-streaming-hd-1080p-or-720p-video-or-stan, a taxa de dados de 1GB/seg é mais do que suficiente para atender à exigência da taxa de transferência de 22Mbps para o vídeo de 1080p usado para muitas finalidades atualmente. Essa taxa pode não ser boa o bastante para as taxas de dados de vídeo de 4K, como mostrado pela tabela em http://vashivisuals.com/4k-beyond-video-data-rates/.

Se achar que a binary não atende às suas necessidades de processamento de vídeo e áudio, também poderá experimentar a biblioteca cereal (http://hackage.haskell.org/package/cereal). Ela fornece muitos recursos da binary, mas tem uma estratégia de codificação diferente (execução rígida versus lenta). Leia uma pequena explicação das diferenças em https://stackoverflow.com/questions/14658031/cereal-versus-binary.

VERSÃO GHC

A maioria das bibliotecas usadas com o Haskell especificará uma versão GHC. O número da versão informa os requisitos do ambiente Haskell; a biblioteca não funcionará com uma versão GHC mais antiga. Na maioria dos casos, você deseja manter sua cópia do Haskell atualizada para assegurar que as bibliotecas que quer usar funcionarão com ela. Note também que muitas descrições da biblioteca incluirão requisitos de suporte, além do número de versão. É comum fazer atualizações do GHC para obter o suporte requerido ou importar outras bibliotecas. Sempre entenda os requisitos do GHC antes de usar uma biblioteca ou supor que a biblioteca não está funcionando corretamente.

Hascore

A biblioteca Hascore, encontrada em https://wiki.haskell.org/Haskore, oferece meios de descrever música. Você a utiliza para criar, analisar e manipular músicas de várias maneiras. Um aspecto interessante dessa biblioteca em particular é que ela ajuda a ver a música de um jeito novo. Também permite que as pessoas que podem não conseguir trabalhar originalmente com música se expressem. O site mostra como a biblioteca permite visualizar a música como um tipo de expressão matemática.

É claro que alguns músicos provavelmente acharão que exibir música como matemática não faz sentido. Porém é possível encontrar muitos sites que apoiam totalmente a matemática na música, como a página American Mathematical Society (AMS), em http://www.ams.org/publicoutreach/math-and-music. Outros sites, como o Scientific American (https://www.scientificamerican.com/article/is-there-a-link-between-music-and-math/), até expressam a ideia de que saber música pode ajudar uma pessoa a entender melhor a matemática também.

LEMBRE-SE O importante é que a Hascore permite experimentar a música de um novo jeito por meio da programação de aplicativos do Haskell. Encontre outras bibliotecas de música e som em https://wiki.haskell.org/Applications_and_libraries/Music_and_sound.

vect

A computação gráfica em computadores se baseia muito na matemática. O Haskell fornece muitas bibliotecas matemáticas adequadas para a manipulação gráfica, mas a vect (http://hackage.haskell.org/package/vect) é uma das melhores escolhas, porque é relativamente rápida e não entra em detalhes. E mais, você pode vê-la sendo usada em aplicativos existentes, como o mecanismo LambdaCube (http://hackage.haskell.org/package/lambdacube-engine), que ajuda a apresentar gráficos avançados no hardware mais recente.

DICA Se seu principal interesse em uma biblioteca gráfica é experimentar uma saída relativamente simples, a vect vem com o suporte OpenGL (https://www.opengl.org/), incluindo operações projetivas com quatro dimensões e quatérnions. Carregue o suporte separadamente, mas ele está totalmente integrado na biblioteca.

vector

Todas as tarefas de programação giram em torno do uso de arrays. O tipo de lista imutável e predefinido é uma configuração com lista vinculada, significando que se pode usar a memória de forma ineficiente e não processar os requisitos de dados em uma velocidade que funcionará para seu aplicativo. E mais, não é possível passar uma lista vinculada para outras linguagens, o que pode ser uma exigência ao trabalhar em gráficos ou outro cenário no qual a interação de alta velocidade com outras linguagens é um requisito. A biblioteca vector (http://hackage.haskell.org/package/vector) resolve esse e muitos outros problemas para os quais um array funcionará melhor do que uma lista vinculada.

A biblioteca vector não inclui apenas muitos recursos para gerenciar os dados, mas também tem formas mutáveis e imutáveis. Sim, usar objetos de dados mutáveis acaba com a programação funcional, mas, às vezes, é necessário infringir um pouco as regras para processar os dados com rapidez o bastante para disponibilizá-los quando necessário. Por causa da natureza dessa biblioteca em particular, precisa haver uma execução ativa (no lugar da execução lenta com a qual o Haskell normalmente conta). O uso do processamento ativo também assegura que não haverá perda de dados e os problemas de cache serão menores.

aeson

Muitos bons armazenamentos de dados hoje usam o JSON (JavaScript Object Notation) como um formato. Na verdade, você vê o JSON usado em lugares que poderia não considerar inicialmente. Por exemplo, o Amazon Web Services (AWS), entre outros, usa o JSON para fazer tudo, desde criar regras de processamento até arquivos de configuração. Com essa necessidade em mente, precisa-se de uma biblioteca para gerenciar os dados JSON no Haskell, e é quando o aeson (http://hackage.haskell.org/package/aeson) entra em cena. Essa biblioteca fornece tudo o que é necessário para criar, modificar e analisar os dados JSON em um aplicativo Haskell.

NOMES DA BIBLIOTECA

Muitos nomes de bibliotecas neste capítulo são relativamente simples. Por exemplo, a biblioteca de texto trabalha com texto, portanto não é difícil lembrar o que importar quando a utiliza. Mas alguns nomes são um pouco mais criativos, como é o caso de aeson. Acontece que, na mitologia grega, Aeson é o pai de Jason (http://www.argonauts-book.com/aeson.html). Claro, nesse caso, JSON veio primeiro.

attoparsec

Os arquivos de dados com formato misto podem ter problemas. Por exemplo, uma página HTML pode ter dados ASCII e binários. A biblioteca attoparsec (http://hackage.haskell.org/package/attoparsec) fornece meios de analisar esses arquivos de dados complexos e extrair os dados necessários. O desempenho real dessa biblioteca em particular depende de como você escreve sua análise sintática (parsing) e se usa uma avaliação lenta. Porém, segundo várias fontes, é possível conseguir velocidades de análise relativamente altas usando tal biblioteca.

DICA

Uma das maneiras mais interessantes de usar attoparsec é analisar os arquivos de log. O artigo em https://www.schoolofhaskell.com/school/starting-with-haskell/libraries-and-frameworks/text-manipulation/attoparsec explica como usar a biblioteca para essa tarefa em particular. O artigo também dá um exemplo do que envolve a escrita de uma análise sintática. Antes de decidir usar essa biblioteca, passe um tempo vendo alguns tutoriais para assegurar que entende o processo de criação da análise.

bytestring

Use a biblioteca bytestring (http://hackage.haskell.org/package/bytestring) para interagir com os dados binários, como os pacotes de rede. Uma das melhores coisas ao usar bytestring é que ela permite interagir com os dados usando os mesmos recursos das listas do Haskell. Assim, o tempo de aprendizado é menor do que se pode imaginar, e seu código é mais fácil de explicar para as outras pessoas. A biblioteca também é otimizada para um uso com alto desempenho, portanto deve atender a qualquer requisito de velocidade de seu aplicativo.

Diferentemente de muitas outras partes do Haskell, bytestring também permite interagir com os dados da maneira como você realmente precisa. Com isso em mente, é possível usar uma das duas chamadas de bytestring:

- » **Rígida:** A biblioteca mantém os dados em um grande array, que pode não usar os recursos com eficiência. Mas essa abordagem permite interagir com outras APIs e linguagens. Você pode passar os dados binários sem se preocupar que eles aparecerão fragmentados para o destinatário.
- » **Lenta:** A biblioteca usa arrays rígidos e menores para manter os dados. Essa abordagem usa os recursos com mais eficiência e pode agilizar as taxas de transferência. Use a abordagem lenta ao realizar tarefas como o streaming de dados online.

> **DICA**
> A biblioteca bytestring também suporta várias apresentações de dados para facilitar a interação conveniente com eles. E mais, é possível misturar dados binários e de caracteres quando necessário. Um módulo `Builder` também permite criar com facilidade strings de bytes usando uma concatenação simples.

stringsearch

Manipular strings pode ser difícil, mas você é auxiliado pelo fato de que os dados manipulados são legíveis por seres humanos em grande parte. Quanto às strings de bytes, os padrões são muito mais difíceis de ver, e a precisão geralmente fica mais crítica pelo modo como os aplicativos as usam. A biblioteca stringsearch (`http://hackage.haskell.org/package/stringsearch`) permite realizar bem rapidamente as seguintes tarefas nas strings de bytes:

» Pesquisar sequências de bytes em particular.
» Dividir as strings em partes usando marcadores específicos.
» Substituir sequências de bytes específicas por novas.

Essa biblioteca funcionará com strings de bytes rígidas e lentas, por isso é um bom acréscimo para as bibliotecas, como bytestring, que suporta as duas formas de chamadas bytestring. A página em `http://hackage.haskell.org/package/stringsearch-0.3.6.6/docs/Data-ByteString-Search.html` mostra mais sobre como a biblioteca realiza suas várias tarefas.

text

Há vezes em que as capacidades de processamento de texto do Haskell deixam muito a desejar. A biblioteca text (`http://hackage.haskell.org/package/text`) ajuda a realizar muitas tarefas usando várias formas de texto, inclusive Unicode. É possível codificar ou decodificar o texto quando precisar para atender a diversos padrões UTF (Unicode Transformation Format).

> **DICA**
> Por mais útil que seja ter uma biblioteca para gerenciar o Unicode, a biblioteca text faz muito mais em relação à manipulação de texto. Para começar, ela pode ajudar nos problemas de internacionalização, como a devida colocação de letras maiúsculas das palavras em strings.

A biblioteca também funciona com as strings de bytes nos modos rígido e lento (veja a seção "bytestring", antes neste capítulo). Oferecer essa funcionalidade significa que a biblioteca text ajuda nas situações de streaming para fazer as conversões de texto rapidamente.

moo

A biblioteca moo (http://hackage.haskell.org/package/moo) oferece a funcionalidade AG (algoritmo genético) para o Haskell. O AG normalmente é usado para fazer vários tipos de otimização e resolver problemas de pesquisa usando as técnicas encontradas na natureza (seleção natural). Sim, o AG também ajuda a entender os ambientes ou os objetos físicos ou naturais, como se pode ver no tutorial em https://towardsdatascience.com/introduction-to-genetic-algorithms-including-example-code-e396e98d8bf3?gi=a42e35af5762. O importante é que ele conta com a Teoria da Evolução, um dos princípios da inteligência artificial (IA). Essa biblioteca suporta diversas variantes do AG diretamente:

» Binário usando strings de bits:
  - Codificações binária e de Gray
  - Mutação pontual
  - Cruzamentos com um ponto, dois pontos e uniforme
» Contínuo usando uma sequência de valores reais:
  - Mutação gaussiana
  - Cruzamentos BLX-α, UNDX e SBX

DICA Crie também outras variantes com a codificação. As prováveis incluem:

» Permutação
» Árvore
» Codificações híbridas, que precisariam de personalizações

O readme (http://hackage.haskell.org/package/moo-1.0#readme) dessa biblioteca explica outros recursos moo e descreve como eles se relacionam com as duas variáveis AG diretamente. Claro, as variantes codificadas terão recursos diferentes dependendo de seus requisitos. O único exemplo fornecido com o readme mostra como minimizar a função de Beale (veja https://www.sfu.ca/~ssurjano/beale.html para ter uma descrição). É surpreendente as poucas linhas de código que esse exemplo em particular requer.

> **NESTE CAPÍTULO**
> » Melhorando a interface do usuário com imagens e sons
> » Manipulando melhor os dados
> » Trabalhando com algoritmos

Capítulo 19
(Mais) Dez Pacotes Essenciais do Python

Este capítulo examina alguns dos pacotes mais interessantes do Python disponíveis hoje. Diferentemente do Haskell, encontrar críticas sobre os pacotes do Python é muito fácil, junto com artigos indicando as listas dos pacotes favoritos das pessoas. Porém, se você quiser ver uma lista mais ou menos completa, o melhor lugar será Python Package Index, em https://pypi.org/ [todos os conteúdos deste capítulo estão em inglês]. A lista é tão grande que você não encontrará uma única, terá que pesquisar por categorias ou necessidades particulares. Assim, este capítulo reflete apenas algumas escolhas interessantes, e, se não encontrar o que precisa, pesquise online.

MÓDULOS, PACOTES E BIBLIOTECAS

Há uma confusão geral em relação a alguns termos (*módulo*, *pacote* e *biblioteca*) usados no Python, e, infelizmente, este livro não o ajudará a desatar esse nó cego. Quando possível, este capítulo usa o termo do revendedor para qualquer produto sobre o qual esteja lendo. Mas os termos têm significados diferentes, como pode ser visto em https://knowpapa.com/modpaclib-py/. Como consequência, sites como PyPI usam pacote (https://pypi.org/) porque oferecem coleções de *módulos* (que são os arquivos .py individuais), ao passo que alguns revendedores usam o termo *biblioteca*, supostamente porque o produto usa um código compilado criado em outra linguagem, como C.

Naturalmente, você pode perguntar por que o código principal do Python é chamado de biblioteca. É porque a biblioteca principal é escrita em C e compilada, mas você tem acesso a todos os *pacotes* (coleções de módulos) que complementam a biblioteca principal. Se achar que uma ou mais descrições deste capítulo têm o termo errado, realmente não é uma questão de querer usar o errado, mas lidar com a confusão causada por vários termos que não estão bem definidos nem são usados adequadamente.

Gensim

Gensim (https://radimrehurek.com/gensim/) é uma biblioteca do Python que pode fazer o processamento da linguagem natural (PLN) e o aprendizado automático de dados textuais. Oferece muitas opções de algoritmo:

- » TF-IDF
- » Projeções aleatórias
- » Alocação Dirichlet latente
- » Análise semântica latente
- » Algoritmos semânticos
  - word2vec
  - document2vec (https://code.google.com/archive/p/word2vec/)

PAPO DE ESPECIALISTA

Word2vec é baseado em redes neurais (redes rasas, sem aprendizado profundo) e permite transformações significativas de palavras em vetores de coordenadas que podem ser operadas de modo semântico. Por exemplo, operar na representação de vetores `Paris`, subtrair o vetor `France` e adicionar o vetor `Italy` resulta no vetor `Rome`, demonstrando como a matemática pode ser usada e o modelo Word2vec certo para fazer operações semânticas no texto. Por sorte, se isso parecer grego para você, o Gensim tem excelentes tutoriais para facilitar o uso desse produto.

PyAudio

Uma das melhores bibliotecas independentes da plataforma para trabalhar com som no aplicativo do Python é PyAudio (`http://people.csail.mit.edu/hubert/pyaudio/`). Ela permite gravar e reproduzir sons quando necessário. Por exemplo, um usuário pode fazer um áudio com notas das tarefas a realizar mais tarde e reproduzir a lista de itens quando precisar.

DICA

Sempre há dilemas ao trabalhar com som em um computador. Por exemplo, uma biblioteca independente da plataforma não consegue aproveitar os recursos especiais que determinada plataforma possui. E mais, pode não suportar todos os formatos de arquivo que a plataforma usa. O motivo para usar uma biblioteca independente da plataforma é assegurar que seu aplicativo forneça um suporte de som básico em todos os sistemas com o qual interaja.

USANDO O SOM CORRETAMENTE

O som é um modo útil de passar certos tipos de informação para o usuário. Porém é necessário ter cuidado com seu uso porque os usuários com necessidades especiais podem não conseguir ouvi-lo, e, para aqueles que ouvem, usar som demais pode interferir nas operações comerciais normais. Mas, às vezes, o áudio é um meio importante de comunicar informações extras para os usuários que podem interagir com ele (ou simplesmente dá um toque especial para tornar o aplicativo mais interessante).

CLASSIFICANDO AS TECNOLOGIAS DE SOM DO PYTHON

Saiba que há muitas formas de som nos computadores. Os serviços básicos de multimídia fornecidos pelo Python (veja a documentação em https://docs.python.org/3/library/mm.html) oferecem uma funcionalidade essencial de reprodução. Você também pode gravar certos arquivos de áudio, mas a seleção dos formatos é limitada. E mais, alguns pacotes, como winsound (https://docs.python.org/3/library/winsound.html), dependem da plataforma, portanto não podem ser usados em um aplicativo projetado para funcionar em qualquer lugar. As ofertas-padrão do Python são para fornecer um suporte multimídia básico para reproduzir os sistemas de som.

As funcionalidades convencionais de áudio, projetadas para aprimorar a utilização do aplicativo, são cobertas por bibliotecas como PyAudio. Veja uma lista delas em https://wiki.python.org/moin/Audio. Porém normalmente elas focam as necessidades comerciais, como gravação de notas e sua posterior reprodução. A saída com alta fidelidade não faz parte do plano dessas bibliotecas.

Os jogadores precisam de um suporte de áudio especial para assegurar que possam ouvir os efeitos especiais, como um que indique alguém andando atrás deles. Essas necessidades são cobertas por bibliotecas como PyGame (http://www.pygame.org/news.html). Ao usá-las, você precisa de um equipamento de ponta e ter muito tempo para trabalhar apenas nos recursos de áudio do aplicativo. Veja uma lista dessas bibliotecas em https://wiki.python.org/moin/PythonGameLibraries.

PyQtGraph

As pessoas são visuais. Se mostrar a alguém uma tabela de informações e mostrar as mesmas informações como um gráfico, o gráfico sempre será o vencedor quanto a transmitir informações. Os gráficos ajudam as pessoas a verem tendências e compreenderem por que os dados seguiram uma determinada direção. Porém, colocar na tela os pixels que representam as informações em tabela é difícil, e é por isso que precisamos de uma biblioteca como PyQtGraph (http://www.pyqtgraph.org/) para simplificar as coisas.

Mesmo que a biblioteca seja projetada em torno de requisitos de engenharia, matemáticos e científicos, não há motivos para não usá-la para outras finalidades. A PyQtGraph suporta exibições em 2D e 3D, e pode ser usada para gerar novos gráficos com base na entrada numérica. A saída é completamente interativa, portanto um usuário pode selecionar áreas da imagem para aperfeiçoar ou fazer outros tipos de manipulação. E mais, a biblioteca vem com muitos componentes (controles, como botões, que podem ser exibidos na tela) para facilitar ainda mais o processo de codificação.

LEMBRE-SE

Diferentemente de muitas ofertas neste capítulo, a PyQtGraph não é independente, significando que você precisa ter outros produtos instalados para usá-la. Isso não é nenhuma surpresa, porque ela trabalha muito. É necessário que estes itens estejam instalados no sistema:

» Python versão 2.7 ou posterior
» PyQt versão 4.8 ou posterior (https://wiki.python.org/moin/PyQt) ou PySide (https://wiki.python.org/moin/PySide)
» numpy (http://www.numpy.org/)
» scipy (http://www.scipy.org/)
» PyOpenGL (http://pyopengl.sourceforge.net/)

TkInter

Os usuários respondem à GUI (Interface Gráfica do Usuário) porque é mais amistosa e requer menos raciocínio do que usar uma interface da linha de comando. Muitos produtos por aí podem fornecer uma GUI para seu aplicativo Python. Contudo, o produto mais usado é o TkInter (https://wiki.python.org/moin/TkInter). Os desenvolvedores gostam muito porque ele mantém as coisas simples. Na verdade, é uma interface para o Tcl/Tk (Tool Command Language/Toolkit) encontrada em http://www.tcl.tk/. Muitas linguagens usam o Tcl/Tk como base para criar uma GUI.

DICA

Você pode não gostar da ideia de adicionar uma GUI a seu aplicativo. Fazer isso costuma ser demorado e não torna o aplicativo mais funcional (também deixa o aplicativo lento em muitos casos). O importante é que os usuários gostem das GUIs, e, se você quiser que o aplicativo seja muito usado, precisará atender às exigências dos usuários.

PrettyTable

É importante exibir os dados em tabelas de um modo que o usuário consiga entender. O Python armazena esse tipo de dado em uma forma que funciona melhor para as necessidades de programação. Mas os usuários precisam de algo organizado que seja entendido e atraente visualmente para os humanos. A biblioteca PrettyTable (https://pypi.python.org/pypi/PrettyTable) permite adicionar com facilidade ao seu aplicativo da linha de comando uma apresentação em tabelas atraente.

SQLAlchemy

Um *banco de dados* é basicamente um modo organizado de armazenar dados repetidos ou estruturados no disco. Por exemplo, os *registros* do cliente (as entradas individuais no banco de dados) são repetidos porque cada cliente tem os mesmos requisitos de informação, como nome, endereço e número de telefone. A organização precisa dos dados determina o tipo de banco de dados usado. Alguns produtos do banco de dados são especializados na organização de texto, outros em informações em tabelas, e há ainda os que lidam com bits de dados aleatórios (como as leituras feitas com um instrumento científico). Os bancos de dados podem usar uma estrutura de árvore ou uma configuração unidimensional para armazenar os dados. Você ouvirá todo tipo de termo estranho quando começar a pesquisar sobre a tecnologia DBMS (sistema de gerenciamento de banco de dados); a maior parte significará algo apenas para um DBA (administrador do banco de dados) e não terá importância para você.

LEMBRE-SE O tipo mais comum de banco de dados é chamado de RDBMS (sistema de gerenciamento de banco de dados relacional), que usa tabelas organizadas em registros e campos (como uma tabela desenhada em uma folha de papel). Cada *campo* faz parte de uma coluna do mesmo tipo de informação, como o nome do cliente. As tabelas se relacionam de várias maneiras, portanto é possível criar relações complexas. Por exemplo, cada cliente pode ter uma ou mais entradas em uma tabela de pedidos de compra, então as tabelas do cliente e dos pedidos de compra estão relacionadas.

Um RDBMS conta com uma linguagem especial chamada SQL (Linguagem de Consulta Estruturada) para acessar os registros individuais internos. Claro, são necessários meios de interagir com o RDBMS e a SQL, que é onde entra a SQLAlchemy (http://www.sqlalchemy.org/). Esse produto reduz o trabalho necessário para pedir ao banco de dados para realizar tarefas, como retornar um registro específico do cliente, criar um novo registro do cliente, atualizar um registro existente e excluir o antigo registro do cliente.

Toolz

O pacote Toolz (`https://github.com/pytoolz/toolz`) preenche algumas lacunas do paradigma de programação funcional no Python. Ele é utilizado especificamente para o suporte funcional de:

- » Iteradores
- » Funções
- » Dicionários

Curiosamente, esse mesmo pacote funciona bem para os desenvolvedores do Python 2.*x* e 3.*x*; assim, é possível pegar um pacote simples para atender a muitas de suas necessidades de processamento de dados funcionais. O pacote é uma implementação pura do Python, isto é, funciona em todo lugar.

> **DICA**
> Se precisar de mais velocidade, não se importar muito com a interoperabilidade com os pacotes de terceiros existentes e não precisar da capacidade de trabalhar em toda plataforma, poderá usar uma implementação Cython (`http://cython.org/`), do mesmo pacote, chamada CyToolz (`https://github.com/pytoolz/cytoolz/`). Além de ser cinco vezes mais rápida, a CyToolz dá acesso a uma API do C, por isso há algumas vantagens em seu uso.

Cloudera Oryx

O Cloudera Oryx (`http://www.cloudera.com/`) é um projeto de aprendizado automático do Apache Hadoop (`http://hadoop.apache.org/`) que fornece uma base para realizar tarefas desse aprendizado. Enfatiza o uso de um streaming de dados dinâmico. O produto ajuda a adicionar as funcionalidades de segurança, governança e gerenciamento que faltam no Hadoop para que aplicativos de empresas possam ser criados com mais facilidade.

A funcionalidade fornecida pelo Oryx se baseia no Apache Kafka (`http://kafka.apache.org/`) e no Apache Spark (`http://spark.apache.org/`). As tarefas comuns desse produto são filtros de spam em tempo real e mecanismos de recomendação. Baixe o Oryx em `https://github.com/cloudera/oryx`.

funcy

O pacote funcy (https://github.com/suor/funcy/) é uma combinação de recursos inspirados pelo clojure (https://clojure.org/). Permite tornar o ambiente Python mais orientado ao paradigma de programação funcional, enquanto também adiciona suporte para o processamento de dados e algoritmos extras. Parece muita coisa para cobrir, e é, mas você pode dividir a funcionalidade desse pacote em particular nestas áreas:

- » Manipulação de coleções.
- » Manipulação de sequências.
- » Suporte extra para as construções da programação funcional.
- » Criação de decoradores.
- » Abstração do controle de fluxo.
- » Suporte adicional de depuração.

DICA

Algumas pessoas pulam a parte inferior das páginas de download do GitHub (e por um bom motivo, normalmente elas não têm muita informação). Mas as páginas do autor do funcy, na parte debaixo, dão acesso a links que explicam por que o funcy implementa determinados recursos. Por exemplo, você pode ler sobre "Abstracting Control Flow" (http://hackflow.com/blog/2013/10/08/abstracting-control-flow/), que ajuda a entender a necessidade desse recurso, sobretudo em um ambiente funcional. Na verdade, você pode achar que outras páginas do GitHub (não muitas) também têm links de ajuda.

SciPy

A pilha SciPy (http://www.scipy.org/) contém muitas outras bibliotecas para matemática, ciências e engenharia. Quando você obtém o SciPy, recebe um conjunto de bibliotecas designadas a trabalhar juntas para criar vários tipos de aplicativo. São elas:

- » NumPy
- » SciPy
- » matplotlib

- » IPython
- » Sympy
- » Pandas

A biblioteca SciPy em si foca as rotinas numéricas, como rotinas para a integração numérica e a otimização. A SciPy é uma biblioteca geral com funcionalidade para vários problemas. Também fornece suporte para bibliotecas específicas do domínio, como Scikit-learn, Scikit-image e statsmodels. Para tornar sua experiência ainda melhor, experimente os recursos em http://www.scipy-lectures.org/. O site tem muitas palestras e tutoriais sobre as funções da SciPy.

XGBoost

O pacote XGBoost (https://github.com/dmlc/xgboost) permite aplicar um BGM (Gradient Boosting Machine, ou aprendizado automático) (https://towardsdatascience.com/boosting-algorithm-gbm-97737c63daa3?gi=df155908abce) em qualquer problema graças a suas várias opções de funções objetivas e métrica de avaliação. Ele opera com diversas linguagens, inclusive:

- » Python
- » R
- » Java
- » C++

Apesar de o GBM ser um algoritmo sequencial (por isso é mais lento que os outros que podem aproveitar os computadores modernos com vários processadores), o XGBoost utiliza o processamento multitarefas para pesquisar em paralelo as melhores ações entre os recursos. O uso de multitarefas ajuda o XGBoost a entregar um desempenho imbatível quando comparado com outras implementações do GBM em R e no Python. Por tudo isso, o nome completo do pacote é eXtreme Gradient Boosting (ou XGBoost, para abreviar). Encontre uma documentação completa desse pacote em https://xgboost.readthedocs.org/en/latest/.

> **NESTE CAPÍTULO**
> » Superando-se
> » Criando um código especial
> » Trabalhando com dados

Capítulo **20**
Dez Áreas que Usam a Programação Funcional

Para muitas pessoas, o motivo para aprender uma nova linguagem ou um novo paradigma da programação está na capacidade de conseguir um bom emprego. Sim, elas também se divertem aprendendo algo novo. Contudo, na prática, esse algo novo também deve fornecer um resultado concreto. A finalidade deste capítulo é ajudá-lo a ver o caminho para uma nova ocupação que se baseia nas habilidades descobertas com o paradigma de programação funcional.

Começando com o Desenvolvimento Tradicional

Quando perguntados sobre as ocupações da programação funcional, vários desenvolvedores que a usam em seus trabalhos realmente começaram com um serviço tradicional, depois aplicaram as metodologias da programação funcional nele. Quando os colegas de trabalho viram que esses desenvolvedores estavam escrevendo um código mais limpo, que era executado com mais rapidez, começaram a adotar também essas metodologias.

LEMBRE-SE Teoricamente, essa abordagem pode ser aplicada em qualquer linguagem, mas ajuda usar uma linguagem pura (como o Haskell) quando possível ou uma impura (como o Python) quando não. Naturalmente, você encontrará céticos dizendo que a programação funcional se aplica apenas aos desenvolvedores avançados que já trabalham como programadores, mas, se fosse assim, ninguém teria um ponto de partida. Uma organização gostará de experimentar a programação funcional e continuará a contar com ela depois de os desenvolvedores demonstrarem seus resultados positivos.

O problema é como encontrar tal organização. Veja online em sites como Indeed.com (`https://www.indeed.com/q-Haskell-Functional-Programming-jobs.html` — todos os conteúdos referenciados neste capítulo estão em inglês), que oferece listas das linguagens que funcionam melhor para a programação funcional em ambientes tradicionais. No momento da elaboração desta publicação, só o Indeed.com tinha 175 listas de trabalhos do Haskell. Os trabalhos para os programadores Python com experiência em programação funcional atingiram 6.020 (`https://www.indeed.com/q-Python-Functional-Programming-jobs.html`).

DICA Alguns sites lidam especificamente com trabalhos de programação funcional. Por exemplo, o Functional Jobs (`https://functionaljobs.com/`) tem uma lista interessante de ocupações que podem ser experimentadas. A vantagem desses sites é que as listas são muito direcionadas; portanto, você sabe que realmente fará uma programação funcional. A desvantagem é que eles tendem a ser menos populares que os sites principais, então é possível não ver os vários trabalhos que se espera.

Optando pelo Novo Desenvolvimento

Com o surgimento dos sites de compras online, de informações e outros tipos, pode apostar que muito desenvolvimento novo também está ocorrendo. E mais, as organizações tradicionais precisarão de suporte para as novas estratégias, como usar o AWS (Amazon Web Services) para reduzir os custos (veja os livros *AWS For Admins For Dummies* e *AWS For Developers For Dummies,* de John Paul Mueller [Wiley, sem publicação no Brasil], para mais informações sobre AWS). Qualquer organização que queira usar a computação sem servidor, como a AWS Lambda (`https://aws.amazon.com/lambda/`), provavelmente precisará de desenvolvedores que sejam versados nas estratégias da programação funcional. Assim, o investimento para aprender o paradigma de programação funcional compensa na forma de encontrar um trabalho interessante usando novas tecnologias, em vez de passar horas maçantes atualizando um antigo código COBOL em um mainframe.

> **DICA** Ao optar pela nova rota de desenvolvimento, entenda os requisitos de seu trabalho e tenha as certificações necessárias. Por exemplo, ao trabalhar com o AWS, sua organização pode pedir que você tenha uma certificação AWS Certified Developer (ou outra). É possível encontrar a lista de certificações AWS em `https://aws.amazon.com/certification/`. Naturalmente, há outras organizações na nuvem, como Microsoft Azure e Google Cloud. O artigo em `https://www.zdnet.com/article/cloud-providers-ranking-2018-how-aws-microsoft-google-cloud-platform-ibm-cloud-oracle-alibaba-stack/` informa sobre os pontos fortes de cada uma dessas ofertas.

Criando o Próprio Desenvolvimento

Muitos desenvolvedores começaram em casa ou na garagem mexendo no computador só para ver o que aconteceria. Ficar fascinado com o código, sua essência, faz parte de transformar o desenvolvimento em paixão, em vez de ser apenas um trabalho. As pessoas mais ricas e conhecidas no mundo começaram como empreendedores em programação (pense em pessoas como Jeff Bezos e Bill Gates). Na verdade, você pode encontrar artigos online, como em `https://skillcrush.com/2014/07/15/developers-great-entrepreneurs/`, que mostram precisamente por que os desenvolvedores são ótimos empreendedores. A vantagem de ser o próprio chefe é fazer as coisas do seu jeito, colocar sua marca no mundo e criar uma nova visão do que o software pode fazer.

Sim, às vezes ganha-se dinheiro também, porém os desenvolvedores perceberam que se tornam bem-sucedidos somente depois que descobrem que criar o próprio ambiente de desenvolvimento significa fazer negócio, ou seja, oferecer um serviço que outra pessoa comprará. Artigos, como em `https://hackernoon.com/reality-smacking-tips-to-help-you-transition-from-web-developer-to-entrepreneur-9644a5cbe0ff` e `https://codeburst.io/the-walk-of-becoming-a-software-developer-entrepreneur-ef16b50bab76`, mostram como fazer a transição de desenvolvedor para empreendedor.

LEMBRE-SE: A conexão funcional entra em cena quando você começa a considerar que o paradigma de programação funcional é algo novo. Os negócios estão começando a prestar atenção nessa programação por causa de artigos como a oferta InfoWorld, em `https://www.infoworld.com/article/3190185/software/is-functional-programming-better-for-your-startup.html`. Quando as empresas descobrem que a programação funcional não só cria um código melhor como também torna os desenvolvedores mais produtivos (veja o artigo em `https://medium.com/@xiaoyunyang/why-functional-programming-from-a-developer-productivity-perspective-69c4b8100776`), começam a ver um motivo financeiro para contratar consultores (você) para colocar suas organizações no caminho do paradigma de programação funcional.

Encontrando um Negócio Inovador

Muitas empresas já usam as metodologias de programação funcional. Em alguns casos, elas começaram com essa programação, mas, em muitos outros, fizeram a transição do negócio. Uma delas é a Jet.com (`https://jet.com/`), que oferece compras online, sendo uma mistura de Amazon.com (`https://www.amazon.com/`) e Costco (`https://www.costco.com/`). Você lê sobre esse negócio em particular em `https://www.kiplinger.com/article/spending/T050-C011-S001-what-you-need-to-know-before-joining-jet-com.html`. O interessante é que o Jet.com conta com o F#, uma linguagem com vários paradigmas, parecida com o Python da perspectiva ambiental, para atender às suas necessidades.

DICA: A maioria das linguagens quer que você saiba que empresas reais as utilizam para fazer algo útil. Como consequência, é possível encontrar um site que forneça uma lista dessas organizações, como `https://wiki.haskell.org/Haskell_in_industry` para o Haskell e `https://wiki.python.org/moin/OrganizationsUsingPython` para o Python. As linguagens mais populares também produzem muitos artigos. Por exemplo, o artigo em `https://realpython.com/world-class-companies-using-python/` fornece uma lista de organizações bem conhecidas que usam o Python. É preciso ter cuidado ao se candidatar a essas organizações porque nunca se sabe se a pessoa realmente trabalhará com a linguagem de programação escolhida (ou se trabalhará como desenvolvedor).

Fazendo Algo Realmente Interessante

Se você é como algumas pessoas, que vão para o trabalho, fazem o serviço por 8 ou 10 horas, depois voltam para casa e se esquecem dele, esta seção não é para você. Por outro lado, há pessoas que querem deixar sua marca no mundo e se destacar. Se esse é seu caso, esta seção não funcionará para você também.

A seção é para as pessoas que ficam entre os dois extremos. Aquelas que não se importam em trabalhar algumas horas extras, contanto que o trabalho seja interessante e especial, e elas não tenham que gerenciar nenhum detalhe do negócio. Afinal, a diversão da programação funcional está em escrever o código e descobrir modos interessantes de ter dados para todas as situações. É onde entram os sites de serviços como o Functional Works (`https://functional.works-hub.com/`).

LEMBRE-SE

Sites como o Functional Works buscam candidatos em potencial para grandes organizações, como Google, Facebook, Two Sigma e Spotify. Os trabalhos são listados por categoria na maioria dos casos. Prepare-se para ler muito, porque os sites geralmente descrevem os trabalhos em detalhes. Isso porque essas organizações querem ter certeza de que você sabe onde está entrando e querem encontrar a melhor combinação possível.

Em geral, esses sites oferecem artigos, como "Compose Tetras" (`https://functional.works-hub.com/learn/compose-tetris-61b59`). Os artigos são interessantes porque dão uma melhor perspectiva do conteúdo do site e o motivo para uma empresa escolhê-lo, e não outro, para encontrar pessoas. Você aprende mais sobre programação funcional também.

Desenvolvendo Aplicativos de Aprendizado Profundo

Um dos subconjuntos mais interessantes e muito discutidos da IA (inteligência artificial) hoje é o aprendizado profundo, em que os algoritmos usam grandes quantidades de dados para descobrir padrões e usá-los para realizar tarefas baseadas em dados. Você pode ver o resultado como um reconhecimento de voz ou robótica, mas o computador vê dados, ou seja, muitos e muitos dados. Curiosamente, as técnicas da programação funcional facilitam muito criar aplicativos de aprendizado profundo, como descrito no artigo em `https://towardsdatascience.com/functional-programming-for-deep-learning-bc7b80e347e9?gi=1f073309a77c`. Esse artigo é interessante porque vê várias linguagens que não são explicadas neste livro, mas são igualmente importantes no mundo da programação funcional. É possível aprender mais sobre o mundo da IA no livro *Inteligência Artificial Para Leigos*, de John Paul Mueller e Luca Massaron (Alta Books), e o mundo do aprendizado automático em *Aprendizado de Máquina Para Leigos*, também de John Paul Mueller e Luca Massaron (Alta Books).

Escrevendo Código de Baixo Nível

Inicialmente, você pode não pensar em usar os métodos da programação funcional para escrever um código de baixo nível, mas a natureza ordenada das linguagens de programação funcional os torna perfeitos para essa tarefa. Veja alguns exemplos:

» **Compiladores e interpretadores:** Esses aplicativos (é isso que eles são) funcionam com muitos estágios de processamento, contando com estruturas de árvore para transformar o código do aplicativo em um aplicativo executável. A recursão facilita processar as estruturas em árvore e as linguagens funcionais são boas na recursão (veja o artigo em https://stackoverflow.com/questions/2906064/why-is-writing-a-compiler-in-a-functional-language-easier para obter detalhes). O Compcert C Compiler (http://compcert.inria.fr/compcert-C.html) é um exemplo desse uso.

» **Programações simultânea e paralela:** Criar um ambiente no qual o código do aplicativo é executado simultaneamente, em paralelo, é uma tarefa muito difícil para a maioria das linguagens de programação, mas as linguagens funcionais lidam com isso de modo fácil. Você pode escrever com facilidade um ambiente host usando uma linguagem funcional para os aplicativos escritos em outras linguagens.

» **Segurança:** A natureza imutável do código funcional o torna essencialmente seguro. Criar recursos de segurança de um sistema operacional ou aplicativo usando um código funcional reduz muito as chances de o sistema ser hackeado.

Fica mais fácil lidar com muitos aplicativos com codificação de baixo nível em uma linguagem funcional por causa do modo como trabalha. Mas pode surgir um problema quando os recursos são escassos porque as linguagens funcionais talvez precisem de mais recursos que as outras. E mais, se for necessário ter um desempenho em tempo real, uma linguagem funcional poderá não fornecer o máximo em velocidade.

Ajudando Outras Pessoas no Campo da Assistência Médica

O campo da assistência médica está encabeçando a criação de novos serviços, portanto seu novo trabalho pode estar nesse setor, segundo o artigo em https://www.cio.com/article/2369526/careers-staffing/103069-10-Hottest-Healthcare-IT-Developer-and-Programming-Skills.html. Se vê o trabalho no setor médico como possivelmente o trabalho mais chato no mundo, leia os anúncios em `https://remoteok.io/remote-jobs/64883-remote-functional-programming-medical-systems`. As possibilidades podem ser mais interessantes do que imagina. Por incrível que pareça, muitos desses anúncios, incluindo o referido neste parágrafo, requerem especificamente que você tenha experiência em programação funcional. Esse estudo em particular também especifica que o ambiente de trabalho é relaxado e a empresa espera um funcionário inovador na abordagem para a solução de problemas — dificilmente uma fórmula que resulta em um trabalho chato.

Trabalhando como Cientista de Dados

Como cientista de dados, é mais provável que você use os recursos de programação funcional do Python em vez de adaptar uma abordagem totalmente funcional usando uma linguagem como o Haskell. De acordo com o artigo em `https://analyticsindiamag.com/top-10-programming-languages-data-scientists-learn-2018/`, o Python ainda é a principal linguagem para data science.

Os artigos, como em `https://www.kdnuggets.com/2015/04/functional-programming-big-data-machine-learning.html`, parecem questionar apenas quanto da programação funcional entrou na comunidade data science; porém existe tal entrada. A discussão em `https://datascience.stackexchange.com/questions/30578/what-can-functional-programming-be-used-for-in-data-science` detalha os bons motivos para os cientistas de dados usarem a programação funcional, inclusive maneiras melhores de implementar a programação paralela. Quando considera que um cientista de dados poderia contar com uma GPU de até 5.120 cores (como NVidia Titan V, `https://www.nvidia.com/en-us/titan/titan-v/`), a programação paralela ganha um significado totalmente novo.

LEMBRE-SE

Naturalmente, data science envolve mais do que apenas analisar conjuntos de dados enormes. O ato de limpar os dados e fazer várias fontes de dados trabalharem juntas é extremamente demorado, sobretudo ao alinhar diversos tipos de dados. Mas, mesmo assim, usar uma linguagem funcional pode ser uma grande ajuda. Conhecer uma linguagem funcional é uma vantagem como cientista de dados, podendo levar a projetos avançados ou mais interessantes que as outras pessoas não têm. O livro *Python For Data Science For Dummies,* de John Paul Mueller e Luca Massaron (Wiley, sem publicação no Brasil), tem informações importantes sobre como usar o Python a seu favor em data science, e implementar as técnicas da programação funcional no Python é apenas outra etapa.

Pesquisando a Próxima Novidade

Muitas vezes, encontramos uma consulta de alguém interessado em trabalhar como pesquisador em um site de empregos como o Indeed.com (`https://www.indeed.com/`). Em alguns casos, a lista informará especificamente que é necessário ter habilidades em programação funcional. Essa exigência existe porque trabalhar com grandes conjuntos de dados para determinar se certo processo é possível, se um experimento terá êxito ou obter os resultados do estudo mais recente requer um processamento de dados rígido. Usando linguagens funcionais, é possível realizar essas tarefas com rapidez por meio do processamento paralelo. A tipagem rígida e a natureza imutável dessas linguagens são um bônus também.

> **DICA**
>
> Curiosamente, as linguagens preferidas para a pesquisa, como Clojure (veja `https://www.theinquirer.net/inquirer/feature/2462362/7-new-generation-programming-languages-you-should-get-to-know`), são também as mais caras, segundo sites como TechRepublic (`https://www.techrepublic.com/article/what-are-the-highest-paid-jobs-in-programming-the-top-earning-languages-in-2017/`). Assim, se quiser um trabalho interessante em uma área muito competitiva com alto salário, ser um pesquisador com habilidades em programação funcional pode ser exatamente o que procura.

Índice

SÍMBOLOS

:
    dois pontos em cálculo lambda, 82

!!
    operador, 95

.
    operador de composição, 148

*
    operador de multiplicação, 88

/
    argumento, 196

\
    barra invertida, 111

==
    operador, 176

->
    mapeamento, 87

|
    barra no construtor, 162

$
    operador de aplicação, 149

A

abordagem
    impura, 12
    pura, 12
abstração, 167–168
    funcional, 77
AG, funcionalidade, 275
Alan Turing, 76
algoritmos, 76, 109, 249
Alonzo Church, 76
Ambiente de Desenvolvimento Integrado. Consulte também IDE
Anaconda, 21–26
    Anaconda Navigator, 26, 44
    Anaconda Prompt, 27
    ferramentas, 26
    instalação, 21–26
        Linux, 22–23
        MacOS, 23–24
        Windows, 24–26

    Jupyter Notebook, 27
    Reset Spyder Settings, 27
    Spyder, 27
análise sintática ou parsing, 273
âncoras, 112
anexar, 210
aplicação da função, 77
aplicações, 287
    ambiente de desenvolvimento próprio, 289
    aprendizado profundo, 291
    assistência médica, 292
    data science, 293
    desenvolvimento novo, 289
    desenvolvimento tradicional, 288
    empreendedorismo, 289
aprendizado automático, 143
Argparse, 204
argumento
    AppendMode, 210
    ReadWriteMode, 209
    w, 209
    WriteMode, 208
arquivos, 205–216
    armazenar, 206–207
array, 91
ASCII, 218
assinatura
    Haskell, 134
associação, 99
avaliação
    estrita versus não estrita, 16
AWS, 272, 289

B

banco de dados, 282
barras invertida e normal, 207
Beale, função, 275
BGM, 285
biblioteca
    Argparse, 203
    Control.Monad, 123

Data.Binary.Builder e Data.ByteString.
  Builder, 224
Data.Bits, 222
Data.ByteString.Char8, 225
Data.List, 99
Data.Set, 128
functools, 97
HLearn, 234
math, 251
matrix, 143
NumPy, 97, 143, 219
pandas, 143, 241, 263
repa, 143
Scikit-learn, 33, 233
SciPy, 45
statistics, 97
SymPy, 220
tipos, 234
vector, 143
bibliotecas do Haskell, 269
  aeson, 272
  attoparsec, 273
  binary, 270
  bytestring, 273
  Hascore, 271
  moo, 275
  stringsearch, 274
  text, 274
  vect, 271
  vector, 272
blobs gaussianos, 236
bloco de notas, 21
bloqueio de arquivos, 209
booliano, 219
BREAD, 212
bug
  Haskell, 248–251
  Python, 258–261
  reduzir, 253
bugs, 20
Builder
  classe, 224

C

Cabal, 200, 207
  erro de atualização, 201
cabeçalhos, 41

cálculo lambda, 15, 76–88
  abstração, 80
  aplicação, 79–80
  objetivos, 77
  redução, 83–86
  variáveis, 78
    não tipado, 78
    simplesmente tipado, 79
caractere, 102
caractere curinga, 111
caracteres de escape, 111
caso básico, 127
caso indutivo, 78
casos, 142
categorias de erros, 258
células, 35–38
  conteúdo, 38
células de documentação, 36–38
certificações AWS, 289
classe
  IO, 186
classe do tipo, 178–180
classificação de dados
  Haskell, 154–155
  Python, 155–156
codificação, 11
codificação dos caracteres, 189
código, 63
código de baixo nível, escrever, 292
código de máquina, 13
código espaguete, 14
coleção, 124
colunas, 142
comando
  $ sudo apt-get, 50
  :set, 199
  :t, 158, 252
  :unset, 198
  CD, 38
comentar código, 43
comentários, 41–43
  adicionar, 41–43
compiladores, 292
compreensões de lista, 129
concatenação, 39, 98, 168
conjunto, 124
conjuntos, 101

conjuntos de dados, 33–34, 229–244
    manipular, 239–244
    padrão, 230–231
contêiner, 211
conversão, 84
conversão α, 83
conversão η, 86
correspondência de padrões, 107–120
    dados, 108–109
    expressão, 108
    Haskell, 114–117
    Python, 117–120
    transicionais, 109
CRUD, 140, 211–213
currying, 68–69, 80

D

dado global, 67
dados, 66–67
    binários e textuais, 218–219
    formato, 141
    imutáveis, 66
    intervalo, 141
    limpeza, 141
    linha de base, 141
    tipo, 141
    verificação, 141
dados ausentes, 175–178
dados binários, 217–228
    formato, 221–223
    Haskell, 224–226
    Python, 226–228
data
    palavra-chave, 161
DBMS, tecnologia, 282
declaração, 64–65
definição indutiva, 78
depuração, 20–21
deriving
    palavra-chave, 162
desserialização, 225, 270
diagrama de Hasse, 220
dicionário, 124
dicionários, 100–102
    chaves, 100
    HashMap, 100
dispositivo na nuvem, 188
domínio, 81

E

edição, 99
efeito colateral, 184–185
Emacs, 49
Emil Post, 76
Entrada/Saída (E/S), 183–194
    fundamentos, 184–189
    manipulação de dados, 189–190
    problemas, 185
enumeração, 163–164
erros
    Haskell, 247–256
    Python, 257–266
    versus exceção, 256
erro semântico, 260
erros, tipos, 259
estado do aplicativo, 67
estado, uso, 10
estruturas Dict e Set, 89
etapa indutiva. *Consulte* caso indutivo
exceção, categorias, 263
experimento de Bernoulli, 219–220
expressões regulares, 110–113
    biblioteca
        re, 117
    Regex, 110

F

F#, linguagem, 290
fatiamento e recorte, 142–147
    Haskell, 144–146
    Python, 146–147
fetch, 238
filtragem de dados, 150–152
    Haskell, 151
    Python, 152
flags, 219
função, 134–136
    %autosave, 190
    cmp100, 134
    cvtToName, 202
    cvtToTuple, 202
    dice, 145
    dir(), 240, 265
    displayData, 214
    doAdd e doSub, 134
    doRep, 125
    Dual, 170

fac, 56
filter, 99, 151
findall e finditer, 118
findNext e findPrev, 132
forM, 123
__getattribute(), 265
getdataset, 60
hPutBuilder, 225
htrace, 256
id, 66
import, 58
inc, 68
lines, 103
load_boston, 34
lookup, 129
map, 70, 148
non-curried, 68
openBinaryFile, 225
ord, 59
pack, 214
print, 209
putStringUtf8 e putCharUtf8, 224
putStrLn, 55
range, 94
readFile e writeFile, 215
readFile, writeFile e appendFile, 189
removeFile, 215
replace, 214
replicate, 194
reverse, 99
reverse e sort, 155
search e match, 118
set, 128
slice, 144
sortBy, 155
sorted, 155
split, 119
square, 148
start e end, 118
sub, 120
sum e length, 96
take e drop, 144
trace, 255
type, 158
unpack, 214
words, 103
zip, 99

funções mágicas
    Jupyter Notebook, 190–192

G

GADT, 200
GDPR, 231
gerenciar os dados, 63
GHC, 251, 270
GHCi, 54
grupo, 168
GUI, 197, 281

H

handle, 186
    de arquivo, 188
Haskell, 12, 48–60
    bibliotecas, 58–60
        Data.Char, 59
    compilar, 56–57
    funções, 67–70
    instalação, 48–54
    links da plataforma, 49
Haskell Curry, 76
haskell-mode, 49
história da computação, 77

I

IDE, 20–21
Indeed.com, 288
Infix, 88
instance
    palavra-chave, 164
instrução
    print, 126
inteligência artificial, 291
internacionalização, 274
interpretadores, 292
intervalo, 81
IO
    operador, 186
iteração, 99

J

JFIF
    assinatura, 222
JPEG, 222

JSON, 272
Jupyter Notebook, 27

K
Kurt Gödel, 76

L
lambda
    palavra-chave, 87
let, 92
letras maiúsculas, 110
linguagem, 16–17
    impura, 17
    pura, 12, 16
        Erlang, 12
        Lisp, 12
        OCaml, 12
        Racket, 12
linguagem preguiçosa, 250
linha de comando, 195–204
    Haskell, 198–203
    Python, 203–204
lista, 89–104, 124, 127–128
    avaliar, 94–98
    Haskell, 92
    manipular, 98–100
    Python, 93–94
    versus array, 91
local físico, 211
loop, 123
    for, 130
loop infinito, 248

M
manipulação de dados, 140–142
mapeamento, 140, 147–150
    Haskell, 148–149
    Python, 149–150
média, 178
mediana, 178
medida estatística, 177–178
método
    print(), 34
    reduce, 97
    sort, 155
miniaturas, conjuntos de dados, 235
moda, 178
módulo

    Builder, 274
    hyphen, 266
módulo, pacote e biblioteca, distinção, 278
mutabilidade, 74
mypy
    verificador de tipos estático, 159
MZ
    formato de arquivo, 222

N
neoVim, 49

O
objetos
    frozenset, 101
    Map e HashMap, 101
    set, 101
OpenGL, 271
operador
    AND, 161–162
    OR, 162–163
operador de aplicação, 79
organização de dados, 153–156
    agrupamento, 154
    categorização, 154
    classificação, 153
    embaralhamento, 154

P
pacote
    fractions, 266
    System.IO.Unsafe, 251
    Text.Regex.Posix, 114
    Text.Regix, 114
pacotes do Python, 277
    Cloudera Oryx, 283
    funcy, 284
    Gensim, 278
    PrettyTable, 282
    PyAudio, 279
    PyQtGraph, 280
    SciPy, 284
    SQLAlchemy, 282
    TkInter, 281
    Toolz, 283
    XGBoost, 285
padrões, 107
paradigma, 9

paradoxo Kleene-Rosser, 78
pares de chave/valor, 129
ponteiro do local, 212
ponto de interrupção, 256
procedimento, 65
    efeito colateral, 67
programação, 13–14
    declarativa, 10, 14
    funcional
        definição, 10–18
    imperativa, 11, 13
    literária, 21
    orientada a objetos, 14
    paralela, 293
    procedural, 13
    simultânea, 292
progressão, 109
prompts, 196–197
propriedade
    args, 264
protocolo de comunicação, 190
Python
    3.6.4, 20–46
    executar, 38–39
    Package Index, 277
    recursos, 45–46

R

recorte, 142
recuo, 39–41, 56
    automático, 39
recursão, 15, 109, 121–138, 248
    básica, 125–127
    conjuntos, 128–130
    dicionário, 129
        lista de associação, 129
    erros, 136–138
    listas, 131–134
    versus loop, 124
recursos, 142
redes neurais, 279
redução β, 84
registros, 142
repetição, 98, 122–123
repositório, 28–33
reverse
    palavra-chave, 156

S

segurança, 292
sequenciamento de mônadas, 193, 202
serialização, 225, 270
sinônimos
    Haskell, 166
site
    Hackage, 269
som, 279
SQL, linguagem, 282
strings, 102–104
    gerenciamento, 104

T

teoria do caos, 154
termos, 278
thread, 185
tipo, 81, 157–180
    assinatura, 159–160
    composição, 167–173
        monoides, 167–171
            associatividade, 167
            fechamento, 167
            identidade, 167
        semigrupos, 168–169, 173
    criar, 160
    Name, 165
    parametrizar, 174–175
    tipagem pato, 160
transparência referencial, 15

U

UCI Machine Learning Repository, 232
Unicode, padrão, 274
UTF, padrão, 189, 274

V

valor médio, 178
Vim, 49
vinculação tardia, 261

W

WinGHCi, 54, 254

X

XVI32, 221